Marcel Mauss
Schriften zum Geld

Herausgegeben von Hans Peter Hahn,
Mario Schmidt und Emanuel Seitz

Aus dem Französischen
von Eva Moldenhauer

Suhrkamp

Bibliografische Information der Deutschen Nationalbibliothek
Die Deutsche Nationalbibliothek verzeichnet diese Publikation
in der Deutschen Nationalbibliografie;
detaillierte bibliografische Daten sind im Internet
über http://dnb.d-nb.de abrufbar.

suhrkamp taschenbuch wissenschaft 2142
Erste Auflage 2015

Umschlag nach Entwürfen von
Willy Fleckhaus und Rolf Staudt
Druck: Druckhaus Nomos, Sinzheim
Printed in Germany
ISBN 978-3-518-29742-1

Inhalt

suhrkamp taschenbuch
wissenschaft 2142

Was ist Geld? Auf der Grundlage umfangreicher historischer und ethnologischer Forschungen hat der berühmte französische Ethnologe Marcel Mauss eine bislang wenig beachtete Skizze einer Geldtheorie entworfen, in deren Zentrum die Beobachtung steht, dass Geld Teil des Gesellschaftsvertrages und magisch-religiöser Vorstellungen ist. Mit dieser Integration von Religion und Ökonomie gelingt es Mauss, die Starrheit des neoklassischen oder neomarxistischen ökonomischen Denkens zu vermeiden und Geld als ein gesamtgesellschaftliches Phänomen zu beschreiben. Sein ethnologischer Blick eröffnet neue Perspektiven auf die ökonomischen Grundlagen moderner Gesellschaften. Eine Entdeckung!

Marcel Mauss (1872-1950), Soziologe und Ethnologe, lehrte an der École Pratique des Hautes Études, bevor er Professor am Collège de France wurde. Zusammen mit Émile Durkheim begründete er die Zeitschrift *L'Année Sociologique* und zusammen mit Lucien Lévy-Bruhl und Paul Rivet das Institut d'Ethnologie. Von ihm liegen im Suhrkamp Verlag außerdem vor: *Die Gabe. Form und Funktion des Austauschs in archaischen Gesellschaften* (stw 743) und *Schriften zur Religionssoziologie* (stw 2032).

Hans Peter Hahn ist Professor für Ethnologie an der Goethe-Universität Frankfurt am Main. Letzte Veröffentlichung im Suhrkamp Verlag: *Ethnologie. Eine Einführung* (stw 2085)

Mario Schmidt ist wissenschaftlicher Mitarbeiter der a.r.t.e.s. Graduate School for the Humanities der Universität Köln.

Emanuel Seitz arbeitet bei einer Personalberatung für Financial Services und als freier Autor und Übersetzer in Frankfurt am Main.

Vorwort

»Mauss sait tout!« – »Mauss weiß alles!« Diese eher saloppe Charakterisierung durch einen Schüler des bedeutenden französischen Ethnologen wurde in der letzten Zeit verschiedentlich aufgegriffen, um die universelle Gelehrtheit des Autors von *Die Gabe* herauszustellen. Dennoch ist diese Kennzeichnung nicht mehr als nur ein Teil einer angemessenen Beschreibung seiner Leistungen. Wichtiger als sein umfassendes ethnologisches Wissen ist Mauss' Haltung zur Wissensproduktion und Theoriebildung. Vor dem Zusammenstellen von Daten steht für ihn deren wiederholte Prüfung. Wie sich gerade in der großen Anzahl der von ihm verfassten Rezensionen zeigt, sind für Mauss die fortwährende Durchmusterung und Prüfung ethnologischen Wissens ein primäres intellektuelles Anliegen. Seine Maximen sind dabei Korrektheit und Vollständigkeit der Daten: Mängel oder Widersprüche in den ethnographischen Berichten deckt er schonungslos auf.

Diese Vorgehensweise ist wesentlich für seine eigene Theoriebildung: Wichtiger als universelle Anwendbarkeit waren für Mauss die Rücksichtnahme und umfassende Einbeziehung der verfügbaren Daten. Es geht nicht nur darum, »alles zu wissen«, sondern auch darum, das ethnographische Wissen sensibel zu interpretieren. Die kritische Beobachtung ethnologischer Wissensproduktion ist für Mauss wichtiger als das Schreiben einer umfassenden Ethnographie. Dieser sorgsame und reflektierte Umgang mit ethnographischen Daten kennzeichnet auch seine Studien zum Geld. Mauss war es wichtig, falsche oder unzulässig vereinfachende Erklärungen über die Natur von Geld zurückzuweisen.

Obgleich der vorliegende Band den Titel *Marcel Mauss, Schriften zum Geld* trägt, umfasst er neben den von Mauss selbst verfassten Texten auch solche seiner Kollegen und Mitarbeiter François Simiand und Maurice Leenhardt. Diese Vorgehensweise ist im Lichte des in der Durkheim-Schule eingeübten und später weiter praktizierten Prinzips der arbeitsteiligen Behandlung wichtiger Themen zu verstehen: Die Eigenart des Mauss'schen Denkens als Ethnologe zeigt sich erst im Kontrast zu Simiand, der als theoretischer Ökonom argumentiert, und zu Leenhardt, der als praktischer

Ethnograph agiert. Alle drei eint der Glaube, dass im Zentrum jeder Art von Geld das »Vertrauen« steht. Gerade in der Komplexität der unterschiedlichen Einbettungen zeigen die zusammengestellten Texte in überzeugender Weise die Reichweite der Ethnologie im Sinne Mauss' bis hin zur gegenwärtigen Finanzkrise als einer akuten Vertrauenskrise.

Dieses Buch konnte nur entstehen dank der tatkräftigen Unterstützung von verschiedenen Seiten. An erster Stelle möchten wir Eva Moldenhauer nennen. Sie hat sich auf die Herausforderung eingelassen, die schwierigen Texte von Mauss und Simiand zu übersetzen, und Details in langen Diskussionen geduldig mit uns geklärt. Weiterhin danken wir dem Suhrkamp Verlag für die Aufnahme des Bandes in die stw-Reihe. Schließlich muss dieser Band über Geld seinem Geldgeber besonders danken: eine großzügige Spende des Bankhauses Metzler machte diese gelungene Übersetzung möglich.

Frankfurt am Main, im Dezember 2014
Hans Peter Hahn, Mario Schmidt und Emanuel Seitz

Marcel Mauss als Ethnologe

Einleitung von Hans Peter Hahn

> Ich selber arbeite ganz einfach an meinem Material, und falls sich hier und da einmal eine brauchbare Verallgemeinerung zeigt, dann notiere ich sie mir […]. Mein Hauptinteresse ist keineswegs, ein großes theoretisches System zu entwickeln […], das ist sowieso eine unlösbare Aufgabe.[1]

Einführung

Ist es vorstellbar, eine wissenschaftliche Leistung hauptsächlich auf der Zurückweisung vermeintlich gesicherter Theorien und Begriffe im eigenen Fach aufzubauen? Wenn Marcel Mauss als Ethnologe und Soziologe durch eine besondere fachliche Errungenschaft zu kennzeichnen ist, dann dadurch, dass er einen solchen systematischen »Befreiungsschlag« realisierte und auf diese Weise Perspektiven eröffnete, die frei waren von Belastungen durch unhaltbare Vorannahmen seiner Vorgänger. Die auf diese Weise gereinigte und von skeptischer Offenheit gekennzeichnete Perspektive auf ethnologisches Wissen wurde allerdings zum Teil erst Jahrzehnte nach seinen Veröffentlichungen als zukunftsweisende Option für innovative Forschungen erkannt.

Bis vor wenigen Jahrzehnten war Mauss' Platz in der Geschichte der Ethnologie eher marginal. Scheinbar steht er nicht für irgendeine der großen Theorien, die dieses Fach im Laufe des 20. Jahrhunderts hervorgebracht hat, und ihm ist auch nicht eine jener grundlegenden ethnographischen Monographien zuzuordnen, die das Bild der Wissenschaft in jener Zeit prägten.[2] Die Ausnahme bildet der Essay über die Gabe, der jedoch zunächst nur als längerer

1 Zitiert nach Dirk Kaesler, »Marcel Mauss«, in: Dirk Kaesler, *Soziologische Abenteuer. Earle Edward Eubank besucht europäische Soziologen im Sommer 1934*, Opladen 1985, S. 154.

2 Henning Ritter, »Nachwort: Ethnologische Wende«, in: Marcel Mauss (Hg.), *Die Gabe: Form und Funktion des Austauschs in archaischen Gesellschaften*, Frankfurt/M. 1990, S. 188-208.

Aufsatz in der *Année Sociologique* erschien. Nicht nur der geringe, eher an einen Aufsatz erinnernde Umfang, sondern viel mehr noch die wechselhafte Rezeptionsgeschichte zeigen, wie schwierig es für spätere Ethnologen war, den Leistungen von Mauss gerecht zu werden. Die Probleme der Rezeption dieses französischen Ethnologen sollen im Folgenden schlaglichtartig an drei historischen Momenten gezeigt werden: erstens die Aneignung Mauss' durch Claude Lévi-Strauss; zweitens die Missverständnisse um die Existenz so genannter »Gabentauschgesellschaften«; und drittens die behauptete Fortführung der »Durkheim-Schule« durch Marcel Mauss. Anschließend soll ein Hinweis auf die besonderen Leistungen erfolgen, die es heute gerechtfertigt erscheinen lassen, ihn als einen der Gründerväter der Ethnologie in Frankreich zu bezeichnen.[3]

Drei mangelhafte Interpretationen

Einerseits kommt Lévi-Strauss das Verdienst zu, eine bemerkenswert ausführliche und inspirierte Einleitung zu einer Zusammenstellung zahlreicher Schriften von Mauss verfasst zu haben. Diese viel zitierte Edition erschien im Jahr 1950 unter dem Titel *Sociologie et Anthropologie* und 1974 auch in deutscher Sprache. In seiner Einleitung weist Lévi-Strauss[4] erstmals auf Mauss' grundlegende Rolle für die französischsprachige Anthropologie insgesamt hin und markiert damit den Anfang der bis heute immer intensiver werdenden Rezeption. Andererseits ist nicht ohne Irritation festzustellen, dass Lévi-Strauss in diesem Text seinen älteren Fachkollegen posthum als Strukturalisten *avant la lettre* präsentiert.[5] Er unterstellt, in der *Gabe* habe Mauss zwar richtig den binären Charakter reziproker Beziehungen erkannt; er habe es dann aber versäumt, dieser Einsicht als Grundlage menschlichen Denkens nachzugehen. Anstelle dessen habe er sich in indigenen Erklärungen verirrt. Zweifellos handelt es sich bei dieser ziemlich spezifischen Interpretation

3 Marcel Fournier, »Marcel Mauss oder die Gabe seiner selbst«, in: Stephan Moebius, Christian Papilloud (Hg.), *Gift – Marcel Mauss' Kulturtheorie der Gabe*, Wiesbaden 2006, S. 21-56.

4 Claude Lévi-Strauss, »Einleitung in das Werk von Marcel Mauss«, in: Marcel Mauss (Hg.), *Soziologie und Anthropologie I*, München 1974, S. 7-41.

5 Lévi-Strauss, »Einleitung in das Werk von Marcel Mauss«, S. 7-41.

um eine strategische Aneignung.[6] Aus naheliegenden Gründen hat Lévi-Strauss das Konzept der Gabe vom Strukturalismus her reinterpretiert, dabei aber die Originalität dieses Essays in seinem Zeithorizont vernachlässigt. Der beste Nachweis der Mängel der Interpretation von Lévi-Strauss liegt sicher in dem Fortleben des Mauss'schen Gabeparadigmas nach dem Strukturalismus. Gerade weil Mauss die strukturellen Aspekte nicht als entscheidend ansah und sich vielmehr den historisch spezifischen Praktiken zuwandte, ist es nicht hinreichend, ihn als »Proto-Strukturalisten« zu bezeichnen. Im Gegenteil, auch heute noch, nach dem Strukturalismus, ist sein Essay von Bedeutung, weil er auf Asymmetrien und unabschließbare Wechselverhältnisse eingeht.[7]

Nicht viel besser steht es um das zweite Missverständnis bei der Interpretation Mauss'. Es handelt sich dabei um die häufig ausgeübte Praxis von Wirtschaftsethnologen, auf der Grundlage des *Gabe*-Essays die menschlichen Gesellschaften in zwei Gruppen zu unterteilen: Dieser Interpretation zufolge wäre jede Gesellschaft weltweit entweder der Kategorie der »Gabengesellschaften« oder aber der der »Gesellschaften mit moderner kapitalistischer Ökonomie« zuzuordnen. Zwar hat Mauss durchaus darauf hingewiesen, dass Gaben im Kontext der von ihm ausgearbeiteten Verpflichtungen (Geben, Annehmen, Erwidern) nicht überall anzutreffen sind,[8] aber niemals hat er sein Konzept der Gabe im Sinne einer kategorialen Unterscheidung zwischen Typen von Gesellschaften überinterpretiert. Diese Interpretation kann als eine der schlimmsten »Entstellungen« der Arbeit von Mauss angesehen werden, zumal diese falsche Sichtweise über Jahrzehnte hinweg die Wirtschaftsethnologie dominierte. Angefangen von George Dalton[9] bis hin zu Chris A. Gregory[10] glaubten zahlreiche Wirtschaftsethnologen, die

6 Victor Karady, »Presentation«, in: Marcel Mauss, *Œuvres Vol. 1. Les fonctions sociales du sacré*, Paris 1968, S. 4. Matthias Walz, »Tauschsysteme als subjektivierende Ordnungen: Mauss, Lévi-Strauss, Lacan«, in: Stephan Moebius, Christian Papilloud (Hg.), *Gift – Marcel Mauss' Kulturtheorie der Gabe*, Wiesbaden 2006, S. 81-105.

7 Gerald Moore, *Politics of the Gift. Exchanges in Poststructuralism*, Edinburgh 2011.

8 Jonathan Parry, »The Gift, the Indian Gift and the ›Indian Gift‹«, in: *Man* (N.S.) 21/3 (1986), S. 453-473.

9 George Dalton, »Economic Theory and Primitive Society«, in: *American Anthropologist* 63 (1961), S. 1-25.

10 Chris A. Gregory, *Gifts and Commodities*, London 1982.

Logik wirtschaftlichen Handelns in den von den Fachkollegen so genannten »Gabentauschgesellschaften« von den modernen Wirtschaftssystemen abtrennen und einer vergangenen oder fremden Welt zuweisen zu können.

Wenigstens implizit steht hinter diesem Missverständnis ein evolutionäres Modell. Dem zufolge wäre eine unumkehrbare Entwicklung von »vormodernen« hin zu modernen Gesellschaften anhand des Verschwindens von Gaben im Mauss'schen Sinne zu konstatieren. Aber ein solches Modell entspricht definitiv nicht den Intentionen des Autors von *Die Gabe*. Wie Mauss im letzten Kapitel seines berühmten Essays unmissverständlich klarmacht, sind die Prinzipien der Gabe auch eine Grundlage der »modernen« zeitgenössischen Gesellschaften im 20. Jahrhundert. Die Zusammenstellung der Textausschnitte in diesem Band versteht sich unter anderem als ein Plädoyer dafür, diese offene Interpretation als die einzig zulässige herauszustellen.

James Carrier ist einer der Autoren, die diesem Missverständnis entgegentraten und für eine differenziertere Unterscheidung von Gabe und Ware plädierten. Wie er überzeugend gezeigt hat, sind die aus dem Gabentausch hervorgehenden Verpflichtungen auch in Warentransaktionen enthalten.[11] Die Idee einer Gabe ist in den Praktiken im Zentrum der Warentransaktion wiederzufinden, so wie eine kleinere russische Matroschka-Puppe in der größeren steckt. Die Gabe bleibt Teil der Warentransaktion, nicht etwa weil sie unverzichtbar ist, sondern vielmehr weil die Beteiligten sich von ihr den Vorteil einer besseren Glaubwürdigkeit versprechen.[12] Es ist also nicht ganz falsch, im Kontext von Warentransaktionen und Marketing von einer Instrumentalisierung der Gabe zu sprechen.

So wie auch Mauss selbst seine Einsichten über die Gabe auf die Gesellschaft Frankreichs im 20. Jahrhundert angewendet wissen wollte, so kann man bis heute sagen, dass sehr viele Aspekte der allgegenwärtigen Konsumkultur implizit die Prinzipien der Gabe befolgen.[13] Konsum als das wichtigstes Wirtschaftsprinzip des

11 James G. Carrier, *Gifts and Commodities: Exchange and Western Capitalism since 1700*, London 1995.

12 Andrej Rus, »›Gifts vs. Commodity‹ Debate Revisited«, in: *Anthropological Notebooks* 14/1 (2008), S. 81-102.

13 Frank Adloff, Steffen Sigmund, »Die *gift economy* moderner Gesellschaften. Zur

spätmodernen Kapitalismus kommt nicht aus ohne die zuerst von Mauss aufgezeigten Grundregeln der Gabe, so wie die Wirtschaft insgesamt nicht existieren könnte ohne gesellschaftliche Voraussetzungen, die sie selbst nicht hervorgebracht hat. Dies gilt, wie Marcel Hénaff[14] betont, gerade auch für die Regeln der Gabe, die in der kapitalistischen Wirtschaft immer wieder zu erkennen sind, wenn das Auge des Betrachters nur einmal dafür sensibilisiert ist.

Die Vorstellung, das Konzept der Gabe mit seinen Verpflichtungen aus der eigenen Gesellschaft auszuklammern (oder es wenigstens als wirtschaftlich bedeutungslos zu bezeichnen) und es »den Anderen« zuzuweisen, erweist sich nicht nur als sachlich unhaltbar, sondern sie kann auch durch eine genaue Lektüre des ursprünglichen Texts widerlegt werden. Mauss verweist nämlich unmissverständlich auf die zeitgenössische französische Gesellschaft als einen Kontext, in dem Prinzipien der Gabe unverzichtbar sind. Mit den Worten Florence Webers[15] muss Mauss so gelesen werden, dass die Gabe als Grundlage sozialer Einbettung gleichermaßen für den »Indigenen wie für den Arbeiter« von Bedeutung sei.

Allerdings ist Mauss für dieses Missverständnis insofern selbst mitverantwortlich, als er sein politisches Engagement fast durchgehend von seinen ethnologischen Studien getrennt hat.[16] Der vorliegende Band möchte in dieser Hinsicht zu der sich in den letzten Jahren abzeichnenden neuen Synthese in der Bewertung von Mauss' Schaffen beitragen, indem hier Teile der politischen Schriften und der ethnologischen Studien zusammen wiedergegeben werden.

Im Hinblick auf die erläuterte zweite Fehlinterpretation lässt sich für das Feld der Wirtschaftsethnologie feststellen, dass dieses Missverständnis bezüglich seiner Reichweite die Wirkung des *Gabe*-Essays über lange Jahre beschränkt hat. Erst mit der durch

Soziologie der Philanthropie«, in: Frank Adloff, Steffen Mau (Hg.), *Vom Geben und Nehmen. Zur Soziologie der Reziprozität*, Frankfurt/M. 2005, S. 211-235.

14 Marcel Hénaff, »Is There Such a Thing as a Gift Economy?«, in: Filippp Carlá, Maja Gori (Hg.), *Gift Giving and the ›Embedded‹ Economy in the Ancient World*, Heidelberg 2014, S. 71-84.

15 Florence Weber, »Introduction. Vers une ethnographie des prestations sans marché«, in: Marcel Mauss, *Essai sur le don*, Paris 2007, S. 56.

16 Keith Hart, »Mauss et sa vision de l'économie dans les années 1920-1925«, in: *La Revue du M.A.U.S.S.* 36 (2010), S. 37 f.

Carrier vehement vertretenen Öffnung der Interpretation wurde der eigentliche Anspruch, nämlich auf eine universell gültige Regel, überhaupt zur Kenntnis genommen. Er reicht weit über die Kulturen hinaus, die vielfach als das »klassische Feld« der Ethnologie bezeichnet wurden. Nicht zuletzt betrifft dieser Anspruch aktuelle Debatten über die Wirtschaft in modernen Gesellschaften.

Die Wirtschaftsethnologie muss nach der Anerkennung der Rolle von Mauss' *Gabe*-Essay neu geschrieben werden. Aus dieser revidierten, etwa seit den 1980er Jahren gültigen Perspektive steht Mauss ein zentraler Platz zu. Seitdem ist sein Beitrag auf gleicher Höhe zu sehen wie der anderer Klassiker des Faches, zum Beispiel Bronislaw Malinowski und Raymond Firth. Die Leistung des Gabe-Essays ist es, auf den Trümmern einer älteren, evolutionistischen Konzeption der »Entwicklung der Wirtschaftsweisen« ein ganz neues Modell aufgebaut zu haben. Seit Mauss und Malinowski geht es nicht mehr um Entwicklungsstufen, sondern um gemeinsame ökonomische Grundlagen aller Gesellschaften weltweit.[17] Im Zentrum von Mauss' Erkenntnis steht die Beobachtung, dass wirtschaftliches Handeln nicht von »Gier« und Gewinnstreben des Einzelnen getrieben wird, sondern als Grundlage und Konsequenz des gesellschaftlichen Handelns insgesamt gesehen werden muss. Geben erzeugt Gesellschaft genauso wie das Annehmen einer Gabe.[18]

Diese Erkenntnis zählt zu den Grundlagen der Wirtschaftsethnologie, auch wenn diese sich nach Erscheinen des *Gabe*-Essays wiederum in verschiedene theoretische Positionen aufgefächert hat. Zum Beispiel vertreten Firth[19] und andere eine affirmative Position gegenüber dem Kapitalismus und betonen immer wieder, welche Rolle Waren, Märkte und das Feilschen um Preise in allen Gesellschaften weltweit spielen.[20] Dem gegenüber steht jedoch auch eine kritische Position, die sich auf die häufig unterschätzte gesellschaftliche Macht über ökonomische Akteure und

17 Caroline Dufy, Florence Weber, *L'ethnographie économique,* Paris 2007. Richard R. Wilk; Lisa Cliggett, *Economies and Cultures: Foundations of Economic Anthropology. 2nd Edition*, Boulder 2007, S. 171.

18 Chris Hann, Keith Hart, *Economic Anthropology. History, Ethnography, Critique*, Cambridge 2011, S. 51.

19 Raymond Firth, *Themes in Economic Anthropology*, London 1967, S. 1-27.

20 Harold K. Schneider, *Economic Man. The Anthropology of Economics*, New York 1974.

Prozesse bezieht.[21] Diese zweite Position hat nichts mit evolutionärer Entwicklung zu tun, sondern vielmehr mit der Frage, wie wirtschaftliches Handeln überhaupt in den Kontext einer Gesellschaft insgesamt gestellt werden kann.[22] Die Anerkennung Mauss' als eines der Begründer der aktuellen Wirtschaftsethnologie beruht nicht nur auf der Überwindung des Missverständnisses bezüglich der »Gabentauschgesellschaften«. Sie hat ebenso viel zu tun mit der Arbeitsweise der Wirtschaftsethnologie heute, die nämlich im Anschluss an Polanyi und Mauss darauf besteht, Gesellschaften insgesamt zu betrachten.[23]

Die dritte mangelhafte Interpretation betrifft die Bewertung des Verhältnisses von Mauss zu seinem Onkel und Lehrer Émile Durkheim. Vielfach wird Mauss an erster Stelle als ein Schüler Durkheims bezeichnet, häufig sogar als dessen Meisterschüler und als Fortführer von dessen Denkschule nach seinem frühen Tod im Jahr 1917. Dies wird jedoch dem Potenzial des Werkes von Mauss in keiner Weise gerecht. Sicher ist es zutreffend, dass Mauss bei Durkheim vieles gelernt hat und zeit seines Lebens dessen Leistungen verteidigt hat.[24]

Mauss war Mitglied der Arbeitsgruppe um die von Durkheim gegründete Zeitschrift *Année sociologique* und hat in den Jahren um 1900 zahlreiche Buchbesprechungen zu damals aktuellen ethnologischen Werken verfasst. Mit seinem persönlichen thematischen Schwerpunkt, nämlich den Werken zur Entwicklung der Religion, hat er viel zur Erweiterung von Durkheims Modellen beigetragen. Dies gilt insbesondere im Hinblick auf die Rolle fremder Gesellschaften als grundlegender Modelle, die bestimmte Zusammenhänge

21 Hans Peter Hahn, »Notizen zur Umwertung der Werte. Perspektiven auf ökonomische Konzepte im interdisziplinären Diskurs«, in: Inga Klein, Sonja Windmüller (Hg.), *Kultur der Ökonomie. Zur Materialität und Performanz des Wirtschaftlichen*, Bielefeld 2014, S. 17-36. Karl Polanyi, *Ökonomie und Gesellschaft*, Frankfurt/M. 1979.

22 Anna Echterhölter, »Auftakt: Ökonomische Praktiken«, in: Anna Echterhölter, Dietmar Kammerer, Rebekka Ladewig (Hg.), *Ökonomische Praktiken*, Hamburg 2013, S. 7-21.

23 Anne Chapman, »Polanyi for the Student«, in: Philippe Clancier, *Autour de Polanyi. Vocabulaires, théories et modalités des échanges*, Paris 2005, S. 17-32.

24 Zur Bedeutung Durkheims für die Konstitution der Ethnologie in Frankreich vgl. Hans Peter Hahn, »Durkheim und die Ethnologie«, in: *Paideuma* 58 (2012), S. 261-282.

deutlicher erkennen lassen, als es bei der eigenen, der französischen Gesellschaft möglich wäre. So äußerte er sich schon sehr früh über den Zusammenhang von Religion und gesellschaftlicher Ordnung.[25] Mit Stephan Moebius[26] kann man sagen, dass er die Hinwendung des älteren Durkheim zum ethnologischen Wissen (das heißt die Berücksichtigung nichteuropäischer Kulturen) sowie zur Religion als Instrumenten der Analyse von Gesellschaft vorbereitet hat.

Relevant ist aber nicht nur die Umkehrung des Lehrer-Schüler-Verhältnisses im Hinblick auf dieses eine, allerdings außerordentlich bedeutsame Thema. Viel wichtiger ist noch eine fundamentale Differenz bezüglich der Rolle des Evolutionismus. Während es kaum möglich ist, den in den späten Werken Durkheims überdeutlich hervortretenden Evolutionismus in Abrede zu stellen, so ist bei Mauss zumindest in den späteren Veröffentlichungen eine eher kritische Einstellung zu dieser Ideologie des 19. Jahrhunderts zu finden. Im Kontext seiner gemeinsam mit Henri Hubert verfassten Studie über das Opfer aus dem Jahre 1899 unterscheidet sich Mauss von den zeitgenössischen Ethnologen, indem er gerade nicht eine »Genealogie« der Entwicklung aufstellt. Stattdessen sind gleichartige Kulturerscheinungen in anderen, älteren und vermeintlich auf der Evolutionsleiter weiter unten stehenden Kulturen viel besser so zu erklären, dass man sie als generische Übereinstimmungen auffasst.[27] Während Durkheim im Verlauf seiner Studien sich immer mehr auf den klassischen Evolutionismus zubewegt hat, vollzog Mauss eine intellektuelle Bewegung in entgegengesetzter Richtung: seine kritische Abgrenzung wurde immer deutlicher. Aus der Zeit nach dem Ersten Weltkrieg stammt seine Feststellung, dass der Begriff »primitiv« nur ein evolutionistisches Vorurteil sei.[28] Seine Skepsis gegenüber diesem Begriff brachte er dadurch zum Ausdruck, dass er ihn in späteren Werken nur in Anführungszeichen verwendete.[29]

25 Marcel Mauss, »La religion et les origines du code pénal d'après un livre récent«, in: *Revue d'histoire des religions* 34 (1896), S. 269-295.

26 Stephan Moebius, »Die Religionssoziologie von Marcel Mauss«, in: Marcel Mauss, *Schriften zur Religionssoziologie*, Berlin 2012, S. 617.

27 Wouter W. Belier, »Durkheim, Mauss, Classical Evolutionism and the Origin of Religion«, in: *Method & Theory in the Study of Religion* 11/1 (1999), S. 30.

28 Karady, »Presentation«, S. 14.

29 Seth Leacock, »The Ethnological Theory of Marcel Mauss«, in: *American Anthropologist* 56 (1954), S. 60.

Es greift also viel zu kurz und ist geradezu irreführend, Mauss als einen Durkheim-Schüler zu bezeichnen. Noch während der Jahre in der Arbeitsgruppe von Durkheim setzte Mauss aufgrund seiner umfassenden Kennerschaft der englischen und deutschen Literatur eigene Akzente. Natürlich war es sein Anliegen, das Werk Durkheims fortzusetzen, insbesondere im Hinblick auf die Durchsetzung der grundlegenden soziologisch-ethnologischen Vorgehensweise. Er trat dieses »schwere Erbe« ohne jedes Zögern an.[30] Mauss verstand es als seine wichtigste Aufgabe, nach dem Ersten Weltkrieg das Lebenswerk seines Onkels fortzuführen und trotz widriger Umstände die wissenschaftliche Beschäftigung mit Gesellschaften weltweit weiterzuentwickeln. Trotz der Nähe zu Durkheim sollen hier jedoch die Eigenständigkeit von Mauss als Ethnologe und die Autonomie seiner wissenschaftlichen Position hervorgehoben werden.

Eher implizit und ohne je öffentlich Durkheim kritisiert zu haben, erneuerte er nämlich dessen Vorgehensweise und nahm ihr einige ideologische Verengungen (zum Beispiel den Evolutionismus). Erst dadurch entstand die Basis für eine nachhaltige Rezeption seiner Werke bis in die Gegenwart. Mauss hat gewissermaßen durch den Verzicht auf belastete und unglaubwürdige Konzepte des 19. Jahrhunderts Neues geschaffen. Seine vorsichtige Skepsis und sein sorgfältiger Umgang mit den Quellen bilden eine Grundlage, die sich in der Gegenwart mehr als je zuvor als tragfähig und attraktiv erweist.

Dies belegt in jedem Fall die *Revue du M.A.U.S.S.*, die seit knapp 30 Jahren aktuelle Beiträge zu Mauss' Werk veröffentlicht. Diese Zeitschrift geht in ihrem Anspruch weit über die in dem Essay *Die Gabe* behandelten Fragen hinaus und versteht das Erbe von Mauss als eine Aufgabe, Gesellschaft insgesamt anders zu definieren, nämlich jenseits der Idee der Gewinnmaximierung für das Individuum und jenseits von Kosten-Nutzen-Rechnungen, die Entscheidungen vorausgehen. Mauss, so könnte man das aus dieser Lesart hervorgegangene neue Forschungsfeld umreißen, weigert sich, den Unterscheidungen von ökonomisch, sozial und religiös einen universalen kategorialen Charakter zu geben. Damit entfällt auch die Möglichkeit, eine »ökonomische Rationalität« von anderen Formen der Ra-

30 Fournier, »Marcel Mauss oder die Gabe seiner selbst«, S. 39.

tionalität oder des Kalküls abzutrennen. Mauss begründet dadurch eine Gesellschaftswissenschaft, die den Menschen nicht mehr in Domänen oder Sparten aufteilt, sondern sein Handeln insgesamt als in seine Kultur/en eingebettet beschreibt.[31]

Methodischer Eklektizismus

Zu der Zeit, als Mauss seine wichtigste Schrift veröffentlichte (das heißt *Die Gabe*, 1924), war die so genannte »Lehnstuhl-Ethnologie« schon längst passé. Ein Vergleich mit Malinowski zeigt, wie unterschiedlich die Methoden dieser beiden zeitgenössischen Ethnologen waren. Während Malinowski Jahre auf einer Insel verbringt und im Anschluss daran insgesamt drei Bände über diese eine Gesellschaft veröffentlicht, bilden gelehrte Bücher anderer Ethnologen immer noch die wichtigste Quelle für Mauss, der deshalb in mancher Hinsicht als Lehnstuhl-Ethnologe gelten muss.[32]

Mauss' Methode steht damit im Widerspruch zu den neuen Standards seiner Zeit. Dies hat einerseits mit seiner Ausbildung zu tun, da seine Lehrjahre vor allem mit dem Verfassen zahlreicher Rezensionen angefüllt waren, er aber absolut kein Training für eigene Feldforschung erhielt. Es hat andererseits sicher mit seinen Studienfächern zu tun, die insbesondere Linguistik und Religionsgeschichte umfassten.[33]

Man kann diese spezifische Entwicklung aber auch als einen nachhaltig bereichernden Zugriff auf die Ethnologie sehen. Victor Karady[34] beschreibt in überzeugender Weise die Gleichzeitigkeit des raschen Aufstiegs der »Feldforschung« in der anglophonen Welt und der intensiven Tätigkeit von Mauss als Leser von ethnographischen Dokumenten. Auf seine spezielle Art konnte Mauss einen eigenständigen Beitrag zur Entwicklung des Faches leisten: Indem er nämlich die damals in rascher Folge publizierten Werke kritisch prüfte, manchen Fehler entdeckte und insbesondere die

31 Christian Papilloud, »MAUSS – Mouvement Anti-Utilitariste dans les Sciences Sociales«, in: Stephan Moebius, Dirk Quadflieg, *Kultur. Theorien der Gegenwart*, Wiesbaden 2006, S. 267-281.

32 Hans Peter Hahn, *Ethnologie. Eine Einführung*, Berlin 2013, S. 66 f.

33 Stephan Moebius, *Marcel Mauss*, Konstanz 2006, S. 21 f.

34 Karady, »Presentation«, S. 26.

Konsistenz von Interpretationen im Lichte anderer zeitgenössischer Publikationen thematisierte. Als kritischer Beobachter der raschen Wissensproduktion konnte er zudem in seinen Rezensionen immer wieder auch eigene Positionen entfalten.

Auf der Grundlage dieser Arbeitsweise entstanden großartige Analysen der Religionen und Kulturen. Grundsätzlich ist die empirische Basis dieser Analysen eklektisch angelegt: Mauss suchte weder nach irgendeiner »Systematik« der Kulturen noch nach räumlichen und historischen Zusammenhängen, und er verfolgte auch nicht die Spur von Analogien zwischen historischen und ethnographischen Beispielen. Ihn interessierten vielmehr grundlegende Übereinstimmungen (die oben genannten »generischen Übereinstimmungen«) zwischen den ihm zur Verfügung stehenden Fallstudien. Im Grundsatz steht seine Methode deshalb im Rahmen eines historischen und vergleichenden Ansatzes, wobei er der Einzigartigkeit jedes einzelnen Fallbeispiels höchste Achtung entgegenbrachte.

Dazu gehörte nicht nur, dass Mauss selbst über Kompetenzen in vielen Sprachen verfügte, sondern auch, dass er der genauen Wiedergabe zentraler Begriffe und Aussagen in der Sprache der jeweiligen Kultur und Region hohen Wert zumaß. Ohne selbst Feldforschung zu betreiben, hat Mauss die Forderung nach Präzision und kritischer Aufnahme von Primärdaten auf die Spitze getrieben. Dieses von ihm aus der Praxis der Rezensionen heraus entwickelte Verfahren prägt zum Beispiel auch das Vorgehen in seinem berühmten Essay über die Gabe.

Mauss verfügt durch seine Arbeitsweise über eine eigenständige Strategie der Konsolidierung ethnographischer Daten. Sie zeichnet sich durch eine besondere Nähe zu den Quellen aus, auch wenn die damals sich rasch durchsetzende »Feldforschung« von ihm nicht genutzt wurde. Zutreffend beschreiben Iris Därmann und Kirsten Mahlke[35] die umfassenden Kenntnisse von Mauss und seine außerordentlich gute Vernetzung mit Ethnologen und Religionshistorikern in Europa. Nur wenige Ethnologen seiner Zeit haben sich so intensiv über aktuelle Forschungen und Publikationen informiert.

Dennoch muss zum Beispiel Mauss' *Handbuch der Ethnographie*

35 Iris Därmann, Kirsten Mahlke, »Das Notebook von Marcel Mauss. Eine Einführung in eine ›impressionistische Kladde‹«, in: Marcel Mauss, *Handbuch der Ethnographie*, herausgegeben von Iris Därmann und Kirsten Mahlke, München 2013, S. 10.

vor dem Hintergrund der fachlichen Entwicklung jener Zeit als ein gewissermaßen aus der Zeit gefallenes Dokument gelten. Bei näherer Lektüre handelt es sich eigentlich um einen Fragenkatalog, so wie er in der Zeit zwischen 1850 und 1900 üblich war. Es ist in diesem Sinne gerade nicht eine ethnographische Anleitung, sondern vielmehr eine offene Liste mit möglichen Fragen im Stil der in dieser Periode mehrfach aufgelegten *Notes and Queries*.[36] Wie es Därmann und Mahlke schon mit dem Titel ihrer »Einführung« zur deutschen Ausgabe nahelegen, kann man in der vorgelegten Zusammenstellung möglicherweise eine impressionistische Spiegelung ethnologischer Interessen erkennen. Im Vergleich etwa zu den damals schon weithin bekannten Forschungen Malinowskis wirkt dieser Text von Mauss aber viel mehr wie einer früheren Epoche des Faches entstammend. So konkret die Forderungen nach der Aufnahme ganz verschiedenartiger Daten wirken mag,[37] so unrealistisch wäre es, diese auch nur in Ausschnitten auszuführen. Dennoch kann man mit gutem Recht, so wie Keith Hart es tut, den Essay über die Gabe als eine Antwort auf die Veröffentlichungen Malinowskis oder gar als eine Kritik an diesen auffassen.[38]

Eng verbunden mit dieser These ist eine von Därmann und Mahlke in der »Einführung« zu Recht herausgestellte Leistung des *Handbuches*, die auch für die Frage nach der »Natur des Geldes« von Bedeutung ist. Als philologisch geschulter Wissenschaftler geht Mauss nämlich davon aus, dass einfache »Beobachtung« niemals ausreichend ist. Stets muss es darum gehen, auch Begriffe als solche (zum Beispiel in ihrer Wortgeschichte) zu verstehen und Varianten von Begriffen in ein Bedeutungssystem mit einzufügen. Mauss weiß um den polysemischen Charakter von Begriffen und weist direkte Übersetzungen aus indigenen Sprachen ins Französische daher zurück. Es liegt auf der Hand, dass damit auch eine Aussage getroffen ist über den Charakter einer möglichen Begriffsbestimmung von Geld.

36 Royal Anthropological Institute, *Notes and Queries on Anthropology*, London 1874. James Urry, »Notes and Queries on Anthropology and the Development of Field Methods in British Anthropology 1870-1920«, in: *Proceedings of the Royal Anthropological Institute* 1973 (1973), S. 45-57.

37 Därmann, Mahlke, »Das Notebook von Marcel Mauss. Eine Einführung in eine ›impressionistische Kladde‹«, S. 16.

38 Hart, »Mauss et sa vision de l'économie dans les années 1920-1925«, S. 38. Hann, Hart, *Economic Anthropology*, S. 47.

Gemeinsam mit Émile Durkheim hat Mauss schon sehr früh das Problem der Klassifikation in einem Aufsatz mit dem Titel »Über einige primitive Formen der Klassifikation« behandelt.[39] Dieser Text ist einer der Gründungsdokumente der so genannten Wissenssoziologie.[40] Auch wenn er von der weiteren Entwicklung dieser Forschungsrichtung vielfach als überholt betrachtet wurde, so hat sich in jüngerer Zeit doch wieder ein gewisses Interesse daran ergeben.[41] Der Argumentation dieses Aufsatzes aus dem Jahre 1903 zufolge können alle wichtigen Kategorien in einer Gesellschaft letztlich auf soziale Interaktionen und kulturelle Normen in genau dieser Gesellschaft zurückgeführt werden. Grundlegende Kategorien sind in den untersuchten Gruppen demnach keine objektiven, universalen Wissensbestände, sondern immer nur das Ergebnis von Aushandlungen innerhalb dieser Gesellschaften.[42]

Sicherlich hat diese Auffassung in einer positivistisch verankerten Vorstellung von Wissenschaft keinen Platz, außer die Bedingtheit der Begriffe wird eng an die Subjektivität der fremden Kulturen geknüpft. Mary Douglas hat in einer literarisch sehr eleganten, aber fiktiven Szene Durkheim einer kritischen Befragung zu diesem Thema ausgesetzt.[43] Wäre Durkheim schon damals zu der Einsicht gelangt, dass wirklich alle Kategorien, die der Wissenschaft eingeschlossen, das Ergebnis von kulturellen Aushandlungen sind, dann könnte er heute ohne Zweifel als Pionier des postmodernen Denkens gelten.

Der gemeinsame Aufsatz aus dem Jahre 1903 ist auch als ein Moment am Scheideweg zwischen Mauss und Durkheim zu verstehen. Während Durkheim von der Einsicht über die »Formen der Klassi-

39 Émile Durkheim; Marcel Mauss, »De quelques formes de classification – contribution à l'étude des représentations collectives«, in: *Année Sociologique* 6 (1903), S. 1-72.

40 Hans Joas, »Durkheim und der Pragmatismus«, in: Émile Durkheim, *Schriften zur Soziologie der Erkenntnis*, Frankfurt/M. 1987, S. 257-288.

41 David Bloor, »Durkheim and Mauss Revisited: Classification and the Sociology of Knowledge«, in: *Studies in the History and Philosophy of Science* 13/4 (1982), S. 81-112.

42 Sabine Maasen, *Wissenssoziologie*, Bielefeld 1999, S. 50 f.

43 Mary Douglas, »Preface«, in: Mary Douglas, *Implicit Meanings: Essays in Anthropology*, London 1975, S. 19.

fikationen« wieder zurück ging in die Welt objektiver, positivistisch definierter Begriffe und in seinem späteren wichtigen Werk zu den *Elementaren Formen des religiösen Lebens* objektive Definitionen von »profan« und »sakral« verwendete,[44] ging Mauss einen anderen Weg. Auf der Grundlage der ihm vertrauten Praxis der stets mit einem mehrfachen Wortsinn rechnenden philologischen Analyse misstraute er evolutionistischen Modellen. Wie bereits erwähnt, verwendete er den Begriff »primitiv« nur in Anführungszeichen und betonte die Komplexität grundlegender Begriffe wie »Religion« in allen Kulturen. Gerade auch im Hinblick auf das Konzept von »Geld« ist legitimerweise anzunehmen, dass Mauss sich für die Frage interessierte, was für eine Kategorie Geld in den Augen der Angehörigen verschiedener Gesellschaften darstellen könne. Damit ging er einen entscheidenden Schritt weiter als Durkheim, der die Vorstellung »objektiver« Kategorien niemals überwand.

»Soziale Tatsachen« finden sich bei Durkheim im Konzept der kulturellen Repräsentation aufgehoben. Sie sind ihm zufolge »objektive Realität«. Mauss hingegen verstand darunter Beobachtungen, die für sich genommen unverständlich sein müssen und deshalb einer weiteren Erklärung bedürfen.[45] Dieses Zulassen von Komplexität, die Bereitschaft sich auf spezifische, durch Ethnographie überhaupt erst in Erfahrung zu bringende Erklärungen einzulassen, kann als eine wesentliche Leistung von Mauss angenommen werden. Der von ihm geprägte Begriff der »totalen sozialen Tatsache« stellt genau dies an den Anfang jeder Analyse einer Kultur. Nicht durch die Zuweisung einer vermeintlich »objektiven« Kategorie (zum Beispiel Religion, Politik, Arbeit), sondern durch die genaue Beschreibung der Verflechtungen solcher Felder kann sich die wahre Bedeutung eines jeden Begriffes in einer Gesellschaft erst ergeben. So wie die Gabe eben zugleich ein religiöses wie auch ein wirtschaftliches und soziales Phänomen ist, muss eine Verbindung zwischen den Domänen – in je anderer Konfiguration – für jeden grundlegenden Begriff der sozialen Sphäre betrachtet werden.[46]

Mauss führt damit das große Projekt Durkheims fort: Es geht um die Idee einer weltumspannenden vergleichenden Kulturanthropologie auf der Grundlage zentraler Mechanismen der Ge-

44 Émile Durkheim, *Les formes élémentaires de la vie religieuse*, Paris 1912.

45 Karady, »Presentation«, S. 5.

46 Bruno Karsenti, *Marcel Mauss. Le fait social total*, Paris 1994.

sellschaftsbildung. Grundlegende Kategorien dieser Analyse sind soziale Begriffe wie »Arbeit(steilung)«, »Religion«, »Magie«, »Körper«, aber auch »Gebet« und »Opfer«. Mauss verabschiedet sich dabei jedoch von dem Arbeitsziel Durkheims, indem er nicht mehr nach der angeblich ältesten und einfachsten Form sucht, sondern jede Kultur als gleichwertig und als von vergleichbarer Komplexität geprägt betrachtet. Noch wichtiger war aber sicher, dass er auf einfache dichotomische Kategorien verzichtete. Die Arbeit an Kategorien kann nicht durch einfache Gegensatzpaare (wie sakral vs. profan) geleistet werden, sondern erfordert ein genaueres Verständnis der sozialen und kulturellen Phänomene der betrachteten Gesellschaft insgesamt.

Die klare Vorstellung von der Bedeutung des Sozialen ist vielleicht das wichtigste gemeinsame Erbe von Mauss und Durkheim. Wie Ilana Silber[47] herausarbeitet, ist es zudem genau dieser Aspekt, der Mauss' Arbeit von der Vorgehensweise Max Webers unterscheidet. Während Letzterer durchaus auch den Einzelnen als Handelnden im Blick hatte, galt für Mauss immer der Primat des Sozialen. Im Grunde handelt es sich beim *Geist des Protestantismus* und bei dem *Gabe*-Essay um Projekte mit gleichen Anliegen: In beiden Fällen geht es um die Historisierung und Kulturalisierung der Ökonomie. Diese Texte wollen zeigen, in welch hohem Maße wirtschaftliche Praktiken in Gesellschaft und Kultur eingebunden sind, auch wenn dies im alltäglichen Handeln den Beteiligten oft nicht bewusst ist. Beide Texte verfolgen diese Idee in zeitlich auseinanderliegenden Kulturen. Während Weber jedoch wichtige Einsichten auf der Ebene des Individuums ansiedelt, fokussiert Mauss ganz auf die Sphäre des Sozialen: Zwischen Menschen vollzieht sich etwas, das einerseits als wirtschaftliches Handeln gedeutet werden kann, das andererseits aber auch Gesellschaft insgesamt konstituiert.

Mit einiger Berechtigung ist zu erwarten, dass die von Mauss beschriebenen Eigenschaften des Geldes sich in einer ähnlichen Konstellation befinden: Einerseits ist Geld ohne Zweifel Ausdruck wirtschaftlichen Handelns. Weil es aber unbestreitbar die Eigenschaft hat, eine soziale Tatsache zu sein, konstituiert es zugleich die Gesellschaft als solche. Mauss erweist sich in seinen Schriften zum

47 Ilana F. Silber, »Mauss, Weber et les trajectoires historiques du don«, in: *La revue du M.A.U.S.S.* 36 (2010), S. 539-561.

Geld als ein innovativer Autor, gemessen an den problematischen Kategorien seines Onkels, aber auch im Lichte des grundlegenden Vertrauens in die Möglichkeit, Phänomene des Sozialen in der sozialen Sphäre zu erklären, ohne sie auf »Wirtschaft«, »Religion« oder »Politik« zu reduzieren.

I

Mauss und »primitives« Geld

Marcel Mauss

Die Ursprünge des Geldbegriffs (1914)

Nach den Anweisungen des Herrn Präsidenten kann ich leider keine langen Erörterungen – wie sie nötig wären – über die Definition des Geldes und über die Art und Weise anstellen, wie meines Erachtens die Ursprünge dieses Begriffs zu behandeln sind. Doch bevor ich mich den Tatsachen und Hypothesen zuwende, zu denen diese Fakten mich angeregt haben, erlaube ich mir, Ihnen vorab einige Hinweise zu geben.

Erstens versteht es sich von selbst, dass wir hier vom Begriff des Geldes sprechen. Das Geld ist keineswegs eine materielle und physische Tatsache, sondern im Wesentlichen eine soziale Tatsache; sein Wert ist der Wert seiner Kaufkraft und das Maß des Vertrauens, das man in es setzt. Und wir sprechen vom Ursprung eines Begriffs, einer Institution, eines Glaubens.

Zweitens geht es nicht darum, einen Ursprung aufzuzeigen, das heißt einen absoluten Anfang, sozusagen eine Geburt *ex nihilo*. Entgegen der allgemeinen Auffassung werden Sie nämlich sehen, dass es nicht sicher ist, ob es unter den Gesellschaften, die wir kennen oder die wir uns hypothetisch vorstellen, irgendeine gegeben hat, der alle zumindest analogen Begriffe für das fehlten, was wir heute mit dem Namen Geld bezeichnen. Wir untersuchen hier also nicht, wie in der Menschheit ganz plötzlich eine Idee des Geldes aufgetaucht ist, die ihr zuerst fremd war. Wir untersuchen, wie man sich die primitivste, vielmehr die einfachste, elementarste Form vorstellen kann, in der sich in den niedrigsten Gesellschaften, die wir kennen, der Geldbegriff gezeigt haben mag.

Natürlich handelt es sich hier lediglich um Hypothesen, Arbeitsanweisungen, provisorische Gegebenheiten. Doch eine so freundliche Versammlung wie die unsere hat ja gerade das Ziel, es zu ermöglichen, uns diese noch kaum skizzierten Ideen, diese erahnten und noch unzureichend ausgereiften Beweise mitzuteilen, von denen unsere wissenschaftliche Arbeit lebt.

*

Vor etwa vier Jahren arbeitete ich an den schönen Dokumenten, die die deutschen Missionare in Togo über die Ewe-Sprachen und -Nationen dieser Gegenden veröffentlicht haben. Damals befasste ich mich in keiner Weise mit der Frage nach den Ursprüngen des Geldbegriffs. Im Übrigen kannte ich zu diesem Thema nur das vorzügliche kleine Buch des verstorbenen Heinrich Schurtz,[1] das voller Tatsachen und Ideen steckt. Und auch wenn ich mich mit der Definition der ökonomischen Phänomene beschäftigen musste, insbesondere mit dem Begriff des Werts und des Geldes, so hatte ich diese Fragen doch nie zu einem besonderen Gegenstand meiner Forschungen gemacht.

Als ich die Ewe-Dokumente, die von Jakob Spieth übersetzten Texte und das Wörterbuch von Dietrich Westermann las, haben mir die Zufälle einiger Anmerkungen die Hypothese nahegelegt, die ich Ihnen hier vorstellen möchte.

Vor allem untersuchte ich den Begriff des *dzó*, der dem des *mana* entspricht, das heißt dem Begriff der magischen Macht, der magischen Substanzen und Handlungen bei den Ewe. Und unter den Ableitungen der Wurzel *dzó* fand ich im Wörterbuch von D. Westermann[2] das Wort *dzonú*, Zauberding. »Jede Art von Perlen oder perlenähnlich geformten [...] Gegenständen [...]« Es war einer der Name der Kauri-Muscheln, die ganz allgemein in der Magie und Religion der Negervölker so ausgiebig benutzt wurden.[3]

Um dieses Faktum herum kristallisierten sich sehr schnell andere Fakten, die eine Art System bildeten. Hier einige von ihnen, die sich gleichsam von selbst einander annähern.

Der Begriff des *mana* in Melanesien ist unmittelbar mit dem Begriff des Geldes verbunden.[4] Auf den Banks-Inseln und auf Santa-Cruz nennt man *rongo* (heiliges Rot) das Muschelgeld, das anderswo *diwara* genannt wird.[5]

1 H. Schurtz, *Grundriß einer Entstehungsgeschichte des Geldes*, Weimar 1889.

2 D. Westermann, *Wörterbuch der Ewe-Sprache*, 1. Teil, *Ewe-Deutsches Wörterbuch*, Berlin 1905, S. 93.

3 Dass die Kauris (*hotsui*) in erster Linie Talisman-Schmuck gewesen sind, beweist die Tatsache, dass die Kauri-Halsketten *nur* von den Priestern, den Magiern und den Zwillingskindern der Priester und Magier getragen werden (siehe D. Westermann, *Ewe-Deutsch*, a. a. O., S. 230, Sp. 1, s. v. *hotsui to-to*).

4 R. H. Codrington, *The Melanesians, their Anthropology and Folklore*, Oxford 1890, S. 103 usw.

5 R. H. Codrington, a. a. O., S. 325 f.

Ein anderes Beispiel für den Begriff der magisch-religiösen Kraft ist der Begriff des *manitu* (genauer *manido*) bei den Algonkin. Nun sagt P. Thavenet[6] aber wörtlich, dass die Perlen der Händler für die Algonkin (wahrscheinlich vom Stamm der Sauteux) die Schuppen eines *manitu*-Fischs waren.[7]

Anderswo ist der Begriff des Geldes mit dem präziseren Begriff des Heiligen verbunden. In Neuguinea wie im Bismarck-Archipel trägt das Geld, in den Männerhäusern aufbewahrt, den Titel *tambu*. Zu diesem Punkt gibt es eine alte Arbeit von Heinrich Schurtz.[8]

Wieder anderswo steht er deutlicher in Beziehung zum Begriff des Talismans. Dies ist besonders bei den Stämmen des amerikanischen Nordwestens der Fall, vor allem bei den Kwakiutl, wo der Name *logwa*, Talisman, insbesondere übernatürliches Wesen und Objekt, der wirkliche Name der Paraphernalien der Clans war, Decken und heraldische Kupferplatten, richtiges Geld, das bei der Reihe von Tauschhandlungen zwischen Clans im Laufe der Potlatschs verwendet wurde.[9] Doch die ursprüngliche Bedeutung des Wortes *lōgwa* steht mit einer Wurzel *lōg*^{u} in Zusammenhang, die Boas mit »übernatürliche Kraft« übersetzt.[10]

In all diesen Fällen war der religiöse und magische Charakter des Geldes stark ausgeprägt, und in zahlreichen Populationen hing der Begriff des Geldes namentlich mit dem der magischen Kraft zusammen.

Seitdem haben wir unsere Forschungen fortgesetzt und kaum eine den Ursprüngen hinreichend nahe Gesellschaft gefunden,

6 E. Tesa, *Intorno agli studi del Thavenet sulla lingua algonchina: osservazioui*, Pisa 1881, S. 18.

7 Das Wort *mi'gis*, das die Talismane bezeichnet und spezieller die großen Fischschuppen, ist auch ein Synonym für Perlen (vgl. W. J. Hoffman, *The Midewinwin of the Ojibwa*, VIIth Annual Report of the Bureau of American Ethnology, 1891, S. 215, 219, 220). Im Übrigen identifiziert P. A. Cuoq (*Lexique de la langue Algonkin*, Montréal 1886, S. 220) *mikis* mit *wampum*, der Muschelgeldkette der Irokesen.

8 K.T. Preuss, *Jahrbücher*, 1895, S. 50 ff.

9 Vgl. z. B. F. Boas, *The Social Organization and the Secret Societies of the Kwakiutl*, Reports of the U.S. National Museum, Wahington, D. C. 1897, die drei Verse auf S. 373; (vgl. *Kwakiutl Texts*, Memoirs of the American Museum of Natural History. Publications of the Jessup North Pacific Expedition, Leiden-New York 1902, 1. Serie, I, S. 355, 18 f.) Boas hat die Schreibweise variiert (*lōk, lōg*), es ist aber dasselbe Wort, und es bezeichnet dieselben Dinge.

10 Siehe F. Boas und G. Hunt, *Kwakiutl Texts*, a. a. O., III, S. 527. Vgl. I, S. 79. 1.2.

in der der Kult und die Magie der Steine, der Muscheln und der Edelmetalle diesen Dingen nicht einen wirklichen Wert verliehen. Die religiösen Verwendungen des Goldes in der Antike, die Steinschneider, die in den Zivilisationen der Alten Welt herumkamen, der arabische Name der Perle, *barakā* (Segen = gutes *mana*), alle diese Tatsachen drängen sich auf und sind zu bekannt, als dass wir darauf zu insistieren bräuchten.

Doch steigen wir die Stufenleiter der Gesellschaften weiter nach unten. Seit langem war uns die Bedeutung aufgefallen, die in einer großen Anzahl sehr primitiver oder sehr zivilisierter Gesellschaften die Kristalle und besonders die Quarzkristalle gewonnen haben. Wir hatten bereits auf die Tatsachen aufmerksam gemacht, die den Erwerb dieser Kristalle durch die australischen Magier betreffen.[11] Seitdem haben wir in einem sehr schlechten Buch, in dem allerdings alten Bericht über eine Begegnung einer alten Zauberin und einem englischen Schiffsleutnant auf Reisen,[12] die Bestätigung unserer Hypothese gefunden, den Grund, warum sich die das Licht zerlegenden Kristalle der primitiven Einbildungskraft aufgedrängt hatten: dem Feuer ausgesetztes und fest und kalt gewordenes Wasser – das ist eines der ersten Geheimnisse, dem der Mensch begegnet ist. Wir selbst sprechen in unserem Jahrhundert noch immer wie die alte Zauberin am Murray River.

Doch ist es, abgesehen von dieser Anekdote und dieser Hypothese, nicht frappierend, dass der Mythos des Quarzes, des Quarzberges, einer Quelle der Talismane,[13] sich im amerikanischen Nordwesten in fast den gleichen Termini wiederfindet wie in Australien?

Andererseits gibt es in Australien Tatsachen, die ihre Entsprechung nicht nur in diesen rein magischen und religiösen, sondern auch in diesen ökonomischen Tatsachen haben. Zum einen wird uns der Handel mit diesen Quarzsteinen und anderen Talismanen wie auch ihr Wert bestätigt. So haben B. Spencer und F. J. Gillen bei den Aranda den Gebrauch von *lonka-lonka* festgestellt, großen Muschelschalen aus dem Golf von Carpentria, wo auch der Donner

11 H. Hubert und M. Mauss, *Mélanges d'histoire des religions*, Paris 1909, S. 155, 167 ff.

12 W. H. Leigh, *Reconnoitering Voyages and Travels, with Adventures in the New Colonies of South Australia*, London 1839, S. 160.

13 Vgl. F. Boas, *The Social Organization*, a. a. O., S. 405; F. Boas und G. Hunt, *Kwakiutl Texts*, a. a. O., I, S. 111, 15, 20, 2. Serie, S. 29, 1. 25-30, usw.

herabgestiegen sein soll.[14] Das Wort *lonka-lonka* ist im Übrigen ein Wort für das europäische Kauderwelsch und bedeutet fern, fern.[15]

Und, was noch bemerkenswerter ist, in ebendiesen Stämmen sind nicht allein diese magischen Talismane Handelsobjekte, auch die heiligen Embleme der Individuen, die Tschuringas,[16] sind Tauschobjekte. Und wir haben den Beweis dafür, dass man nicht nur religiöse, sondern auch ökonomische Tatsachen in den Wallfahrten zu sehen hat, bei denen mit diesen totemistischen Emblemen Handel getrieben wird, die Spencer und Gillen beschrieben haben;[17] diese Besuche ziehen zahlreiche Leistungen nach sich: Nahrung, Nutznießung der Frauen usw., oder sie werden bei dieser Gelegenheit erbracht.[18] Mehr noch, ein weiterer Zeuge, E. Eylmann, sagt uns ausdrücklich und ohne den Anflug eines Vorurteils, dass die Tschuringas, die heiligen Gegenstände, denn dies ist die Bedeutung des Worts, bei diesen Stämmen als Wertmaßstab dienen.[19] Er erzählt eine Anekdote, in der seine Führer, die aus sehr weit voneinander entfernten Nationen stammten, ihm spontan sagten, es sei »das Geld der Schwarzen«.

Vielleicht ist dies der Umweg, auf dem man sich die primitiven Formen des Geldbegriffs vorstellen kann. Das Geld – welche Definition man sich auch zu eigen macht – ist ein Wertmaßstab, auch ein Gebrauchswert, der nicht fungibel ist, der beständig und übertragbar ist, der Gegenstand von Transaktionen und Verwendungen sein kann, ohne Schaden zu nehmen, der aber auch das Mittel ist, sich andere fungible, vergängliche Werte, Genüsse, Leistungen zu beschaffen. Der Talisman und sein Besitz aber haben, was uns betrifft, sehr früh, vermutlich schon in den primitivsten Gesellschaf-

14 Siehe unter anderem die Aranda-Formel in B. Spencer und F. J. Gillen, *The Native Tribes of Central Australia*, London 1899, S. 545, eine schlecht übersetzte Formel, sicherlich ist hier vom Donner im Wasser die Rede.

15 Vgl. H. Kempe, »Vocabulary of the Tribes Inhabiting the Macdonnell Ranges«, *Transactions of the Royal Society of South Australia*, XIV, 1898, s.v.

16 Zu diesen siehe E. Durkheim, *Les Formes élémentaires de la vie religieuse*, Paris 1912 (*Die elementaren Formen des religiösen Lebens*, übersetzt von Ludwig Schmidts, Frankfurt am Main 1981).

17 B. Spencer und J.W. Gillen, *Native Tribes*, a. a. O., S. 159; *Northern Tribes of Central Australia*, London 1904, S. 259 f.

18 Vgl. die Aranda-Formel, in B. Spencer und J. W. Gillen, *Northern Tribes*, a. a. O., S. 263.

19 E. Eylmann, *Die Eingeborenen der Kolonie Süd-Australien*, Berlin 1908.

ten, diese Rolle von Gegenständen gespielt, die von allen begehrt wurden und deren Besitz gleichzeitig ihrem Inhaber eine Kraft verlieh, die mühelos zur Kaufkraft wurde.

Doch gibt es hier außerdem nicht etwas, was mit der Natur der Gesellschaften zusammenhängt? Nehmen wir ein Beispiel. Das Wort *mana* bezeichnet in den malaiisch-melanesisch-polynesischen Sprachen nicht nur die Macht der Substanzen und der magischen Handlungen, sondern auch die Autorität der Männer.[20] Ebenso bezeichnet es die kostbaren Gegenstände, die Talismane des Stammes,[21] von denen wir wissen, bei welchem Austausch, welchen Schlachten, welchen Hinterlassenschaften sie eingesetzt wurden. Das hat nichts Irrationales, wenn wir uns den Geisteszustand vor Augen halten, in dem diese Institutionen funktionierten. Ist die Kaufkraft des Geldes nicht natürlich, wenn sie mit dem Talisman verbunden ist, der notfalls die von den Häuptlingen Abhängigen oder die Kunden der Magier zu den Leistungen zwingen kann, die diese von ihnen verlangen? Und besteht umgekehrt nicht die Notwendigkeit, sobald der Begriff des Reichtums in einer noch so vagen Form ins Spiel kommt, dass der Reichtum des Häuptlings und des Magiers vor allem in den Emblemen liegt, die ihre magischen Kräfte, mit einem Wort ihre Autorität verkörpern oder die Stärke des Clans symbolisieren? Schurtz merkt im Übrigen sehr scharfsinnig an,[22] nach Kubary, der die Beobachtung auf den Palau-Inseln machte,[23] dass das Geld ursprünglich nicht zum Erwerb von Konsumgütern verwendet wurde, sondern zum Erwerb von Luxusdingen und zum Erwerb von Autorität über die Menschen. Die Kaufkraft des primitiven Geldes ist unseres Erachtens in erster Linie das Prestige, das der Talisman demjenigen verleiht, der ihn besitzt und sich seiner bedient, um über andere zu herrschen.

Doch ist das nicht auch bei uns ein noch sehr lebendiges Gefühl? Und ist nicht der wahre Glaube, den wir gegenüber dem Gold und allen Werten hegen, die sich aus seiner Wertschätzung ergeben, zum großen Teil das Vertrauen, das wir in seine Macht set-

20 V. Tregear, *Maori Comparative Dictionary*, 1891, s.v.

21 Vgl. z. B. die von Percy Smith übersetzten Texte, »The Aotea Canoe«, *Journal of the Polynesian Society*, IX, 1900, oben.

22 H. Schurtz, *Grundriß einer Entstehungsgeschichte des Geldes*, a. a. O., S. 19.

23 J. S. Kubary, *Ethnographische Beiträge zur Kenntnis des Karolinen-Archipels*, 1889, S. 9.

zen? Liegt nicht das Wesen des Glaubens an den Wert des Goldes in dem Glauben, dass wir dank seiner von unseren Zeitgenossen Leistungen – Naturalien oder Dienste – erhalten können, die die Marktsituation uns zu fordern erlaubt?

Dies sind, sehr verehrte Herren, die wenigen Überlegungen, die ich Ihnen mit all den Vorbehalten vorlegen kann, die einfache Arbeitshypothesen beinhalten, einer Arbeit, an der durch Ihre Auskünfte und Ihre Kritik mitzuarbeiten ich Sie bitte.

Marcel Mauss
Rezension zu Swantons Werk über die Haida und die Tlingit[1] (1910)

[...] Doch es gibt eine Institution, die alle anderen beherrscht: die des Potlatschs, der in allen Gesellschaften des amerikanischen Nordwestens eine so beachtliche Rolle spielt.

Im Allgemeinen übersetzt man Potlatsch mit »Verteilung von Eigentum«, was in der Tat das charakteristische Merkmal dieses Brauchs gut wiedergibt, der im Wesentlichen in Tauschhandlungen und Verteilungen besteht. Aber es hieße, ihn zu verfälschen, wollte man ihn zu einem ausschließlich ökonomischen Phänomen erklären. Er beherrscht das religiöse, rechtliche, künstlerische Leben des Nordwestens. Geburt, Heirat, Initiation, Tod, Tätowierung, Errichtung des Grabmals usw., alles ist Vorwand für einen Potlatsch. Der Häuptling gibt einen Potlatsch, wenn er ein Haus baut, ein Emblem errichtet, eine Bruderschaft versammelt usw. Das Fest ist der Potlatsch. Beim Potlatsch lassen die Häuser und Clans ihre heiligen Gesänge erklingen, führen Hüte und Masken vor, spornen ihre Schamanen an, sich von den Geistern des Clans überwältigen zu lassen, das Ganze unter der Aufsicht der anderen Häuser und der anderen Clans. Aber das ändert nichts daran, dass alle diese Feste gewissermaßen nur dazu da sind, eine Verteilung der Güter und eine Art Austausch sehr besonderer Art zu begleiten. Und folgendermaßen spielen sich die Dinge ab. Wird beispielsweise der Sohn eines Häuptlings in eine Geheimgesellschaft initiiert? Dann gibt der Vater aus diesem Anlass ein Fest, einen Potlatsch für das Haus seines Sohnes (da die Abstammung matrilinear ist, gehören Vater und Sohn zu zwei verschiedenen Phratrien und Häusern). Bei diesem Fest verausgabt er das ganze Vermögen seines Clans. Und weil der Clan des Sohnes diesen Potlatsch angenommen hat, wird er *de facto* zum Schuldner des Clans des Vaters; seinerseits muss er Letzterem einen Potlatsch geben, jedoch einen noch beachtlicheren

1 J. R. Swanton, *Contribution to the Ethnology of the Haïda*, Leiden 1906; *Social Conditions, Beliefs and Linguistic Relationship of the Tlingit Indians*, Twenty-Sixth Report of the Bureau of American Ethnology, 1904-1905, Washington, D.C.

als den, den er erhalten hat. Die somit eingegangene Schuld muss mit Wucherzinsen beglichen werden, sonst verliert der Schuldnerclan seinen Namen, seine Waffen, seine Totems, seine Ehre, seine bürgerlichen, politischen und religiösen Rechte. Ein Familienvater versieht seine Tochter mit einer Mitgift, das heißt, dass er anlässlich der Heirat einen Potlatsch zugunsten der Leute der anderen Phratrie gibt, zu der der Schwiegersohn gehört. Dann aber schuldet ihm der Clan, in den seine Tochter geheiratet hat, das Doppelte. Generell muss der empfangende Clan mehr Eigentum »abtreten«, als er erhalten hat. Es besteht eine Art Rivalität zwischen den Kontrahenten, die gezwungen sind, einander zu überbieten. Also wucherischer Tausch zwischen Gemeinschaften, verbunden mit dem Ruhm der Totems und der Wappen; er begleitet alle Verträge, alle Handlungen des religiösen und ökonomischen Lebens, eine Gelegenheit für die adligen Häuser, ihre Schätze auszubreiten, ihre Masken, ihre Talisman-Hüte, ihre Decken, ihre Vorräte vorzuzeigen und ihre Güter zu verschleudern, all dies findet man in einem Potlatsch. Ein solcher Synkretismus sozialer Tatsachen ist unseres Erachtens einzigartig in der Geschichte der menschlichen Gesellschaften.

Zwei Tatsachen, die wir Swanton verdanken, helfen uns, das zu verstehen. Wie wir wissen, gibt es in Australien einen rituellen Austausch guter Dienste, religiöser und materieller Leistungen zwischen den beiden Phratrien desselben Stammes auf dem Initiationsterrain. Bemerkenswert ist nun, dass bei den Tlingit die Potlatschs immer von Phratrie zu Phratrie stattfinden. Alle Handlungen des religiösen, ökonomischen, rechtlichen Lebens sind Anlass, den verbündeten Clans der entgegengesetzten Phratrie »Respekt zu erweisen«. Desgleichen bei den Haida während der Potlatschs, die anlässlich der Heiraten und Beerdigungen stattfinden. Man darf sich also fragen, ob zwischen dieser Institution und der traditionellen Rivalität der Clans nicht eine Verbindung besteht.

Andererseits erfahren wir von Swanton, dass man bei den Tlingit bei jedem Geschenk, das einem Mitglied der anderen Phratrie gemacht wird, die Namen der Toten erwähnt. Die Geschenke, die von Lebenden gemacht und von Lebenden empfangen werden, richten sich in Wirklichkeit an die Toten, die sie an ihrem Aufenthaltsort erhalten sollen. Sie entsprechen dem, was man während anderer Bestattungsriten durch Feuer zerstört. Der Potlatsch wäre demnach sowohl ein Fest für die Toten wie ein Fest für die Lebenden. Letztlich glauben wir, dass die Toten, die auf diese Weise aufgerufen sind, davon zu profitieren, ebendiejenigen sind, die die Lebenden reinkarnieren. Der schamanistische Charakter der Tänze und des Kults und die vollständige Identität jedes Individuums mit dem Geist des Ahnen, den er reinkarniert, sind Tatsachen, die für diese Interpretation sprechen. Zwar ist dem Autor zufolge die soziale Seite des Haida-Potlatschs wichtiger als die religiöse Seite, aber Swanton teilt uns selber Mythen mit, in denen man sieht, wie die Geister der Vorfahren von einem Häuptling den Potlatsch verlangen. [...]

Marcel Mauss
Eine alte Form des Vertrags bei den Thrakern (1921)

I.

Schon lange vor dem Krieg wurde unsere Aufmerksamkeit (die von G. Davy und die meinige) auf gewisse Formen gelenkt, die der Vertrag und der Austausch der Reichtümer in sehr vielen Gesellschaften annimmt: australischen, afrikanischen, melanesischen, polynesischen, nordamerikanischen.[1]

Vertrag und Austausch sind hier keineswegs der individuelle und rein ökonomische Aspekt des Tauschhandels, eines Systems, dem man vereinbarungsgemäß den Namen »natürliche Ökonomie« verliehen hat, ohne sich vergewissert zu haben, ob es jemals eine Gesellschaft gegeben hat, in der diese Ökonomie ausschließlich oder regelmäßig funktionierte. Im Allgemeinen sind es nicht Individuen, sondern Gemeinschaften, Clans und Großfamilien, die sich gegenseitig verpflichten, häufig in Form eines fortwährenden Bündnisses, besonders anlässlich einer Heirat. Die wechselseitigen Verpflichtungen, die diese Gemeinschaften sich auferlegen, umfassen nicht nur alle Individuen und häufig aufeinanderfolgende Generationen, sondern erstrecken sich auf alle Tätigkeiten, auf alle Arten von Reichtümern: So tauscht man gegen Tänze, gegen Initiationen alles, was der Clan besitzt, mit der Verpflichtung zur Gegenleistung: Frauen, Kinder, Nahrung, Riten, Ererbtes, dies alles wird in Bewegung gesetzt. Folglich ist dieser Austausch nicht ausschließlich ökonomischer Natur. Ganz im Gegenteil. Wir schlagen vor, ihn »System der totalen Leistungen« zu nennen.[2]

Unter diesen normalen Formen des kollektiven Austauschs existiert eine überaus bemerkenswerte, die unseres Wissens vor allem im amerikanischen Nordwesten und in Melanesien verbreitet ist. Die amerikanischen Ethnologen nennen ihn im Allgemeinen »Potlatsch«, ein Wort, das bei den Stämmen oder vielmehr den

1 Siehe insbesondere *L'Année sociologique*, 9, S. 296 f.

2 M. Granet (*La polygynie sororale et le sororat dans la Chine féodale*, Paris 1920, S. 44) meinte sogar, dieses System im alten China wiederzufinden.

Konföderationen der nördlichen Pazifikküste Amerikas allgemein verbreitet ist. Es ist vor allem durch die bewundernswerten Arbeiten von F. Boas über die Kwakiutl bekannt. Wir schlagen vor, diesen Namen beizubehalten.[3] Der Potlatsch zeichnet sich durch zwei Merkmale aus: das erste ist, dass fast alle diese häufig höchst komplizierten Tauschhandlungen in Wirklichkeit eine Unmenge von Leistungen aller Art erfordern; sie beginnen mit der Überreichung anscheinend rein unentgeltlicher Geschenke, deren Äquivalent der Begünstigte im Übrigen mit Wucherzinsen zurückzuerstatten verpflichtet ist. Jede Transaktion hat ein luxuriöses Erscheinungsbild, das einer regelrechten Verschwendung. Dieses Merkmal der Gegenleistung (»sich revanchieren« sagen die Deutschen[4]) ist bei den gegenseitigen Einladungen unserer bäuerlichen Familien noch recht weit verbreitet. Ihre gesteigerte Form verleiht der Institution des Potlatschs ein zweites Merkmal, das in Melanesien recht ausgeprägt ist[5] und noch weit stärker in Amerika. Es ist ein agonistisches Merkmal. Die Clans, durch ihren Häuptling repräsentiert, greifen einander mehr an, als dass sie sich verbünden. Es ist eine konstante Rivalität, die bis zum Kampf, zur Tötung, zum Verlust des Namens und der Wappen gehen kann. Jedenfalls festigt dieses Mittel die Hierarchie der Familien und Clans. Diese umfassende Form des »Potlatschs« ist ziemlich selten.[6] Aber fast überall, vor allem in der Welt der Neger und in Polynesien, gibt es diese totalen Leistungen, die mit unentgeltlichen Gaben beginnen, deren Annahme die Verpflichtung, sie mit noch größeren Gaben, Festessen und Diensten zu erwidern, nach sich zieht.

3 Siehe F. Boas, *The Kwakiutl*, Washington 1897, S. 342, vgl. S. 660.

4 Denselben Ausdruck verwendet R. Thurnwald anlässlich der verschiedenen alternierenden Feste, deren Gesamtheit den *unu* des Stammes von Buin bildet, Insel Bougainville (Gazelle-Halbinsel); siehe R. Thurnwald, *Forschungen auf den Salomon-Inseln*, 1912, Bd. III, S. 8.

5 Wir selbst haben zu wiederholten Malen diese Ausdehnung des Potlatschs in Melanesien betont (siehe *L'Année sociologique*, 12, S. 372 f., 374, Vgl. *Bulletin de l'Institut français d'anthropologie*, 1921).

6 Siehe *L'Année sociologique*, 11, S. 296 f.

II.

Bis jetzt war unsere Suche, in der indogermanischen Welt ebenso charakteristische Tatsachen zu finden, ziemlich erfolglos.

Doch ganz durch Zufall habe ich in griechischen Texten den Beweis gefunden, dass bedeutende Populationen, die Thraker aus dem Norden des antiken Griechenlands, insbesondere die Odrysen in der Gegend von Byzanz, derartige Institutionen kannten. Genauer gesagt, sie kannten, um die oben festgelegte Terminologie zu verwenden, das System totaler Leistungen mit dem ersten Merkmal des entwickelten Systems des »Potlatschs«: Gaben mit wucherischer Rückgewinnung in der modernen Bedeutung des Worts. Xenophon hat diese Institutionen funktionieren sehen. Thukydides kennt sie vom Hörensagen. Aber sie haben den Sinn nicht begriffen. Man spürt sehr gut, dass die Griechen die Bräuche, denen sie sich schlau als Erste beugten, nicht verstehen. Das soll jedoch, worauf A. Meillet uns aufmerksam macht, den Wert ihres Zeugnisses nicht entkräften. Ganz im Gegenteil: sie zeichnen Tatsachen auf, die sie nicht hätten erfinden können.

Schon bei Homer findet man eine Geschichte dieser Art: die Episode von Glaukos, König von Lykien – ξεῖνος,[7] das heißt Gast, Freund –, durch Vertrag von Clan zu Clan, von König zu König mit Diomedes verbunden (*Ilias*, VI, 211 ff.), zeigt, dass die Griechen, Erfinder des »spondē« (Trankopfer) und des modernen Vertrags, diesen wucherischen Tausch schon nicht mehr verstanden, bei denen eine Partei viel mehr gibt, als die andere erhält. Hier die Geschichte: Glaukos und Diomedes begegnen sich in der Schlacht, erkennen sich als »Gastfreunde«, hören auf, sich zu schlagen, erzählen sich die Geschichte von Bellerophontes, tauschen ihre Rüstungen aus.[8] »Sie reichten einander die Hände und schworen sich treue Freundschaft. Da beraubte Zeus, der Kronide, den Glaukos

7 W. Tomaschek (»Die Thraker«, *Sitzungsberichte der Akademie der Wissenschaft*, Wien 1898, Bd. CXXVIII, S. 41) räumt die Verwandtschaft der Thraker und der Lykier ein.

8 Im Augenblick kann nicht die Rede davon sein, den thrakischen Brauch mit der von Homer erzählten Episode gleichzusetzen. Der Beweis wäre zu schwach, und wir erwähnen die Tatsache nur zur Veranschaulichung. Doch ist zu berücksichtigen, dass der Mythos und der Kult von Bellerophontes in seiner Legende in Abdera eng mit den Thrakern verbunden sind (siehe Tomaschek, ibid.).

seiner Sinne, sodass er mit Diomedes seine goldene Rüstung gegen die eherne tauschte, den Wert von hundert Stieren gegen den von neun.« Somit hatten die Griechen des Homer'schen Epos diese Bräuche funktionieren sehen und hielten sie für verrückt.

*

Das wichtigste Dokument über die sehr klare Institution des Vertrags in verschwenderischer Form bei den Thrakern ist das von Xenophon.[9] Es ist im Übrigen höchst pittoresk und sehr gut geschrieben. Xenophon ist in Verlegenheit wegen der wenigen, die ihm von den »Zehntausend« bleiben. Diese »große Bande« ist Byzanz und den Lakedämoniern, die hier befehlen, unerträglich. Schließlich stellt Xenophon seine Männer in den Dienst des Königs von Thrakien, Seuthes, Anwärter auf den Thron der Odrysen. Dieses Anmieten wird nun aber genau wie eine Reihe von aufeinanderfolgenden Leistungen zweier Gemeinschaften vollzogen. Bei einer ersten Unterredung verspricht Seuthes der Armee Land, Beute. Er fügt hinzu:[10] »Und ich werde sie zu Brüdern und Tischgenossen und Teilhabern an allem machen, was wir zu erbeuten vermögen. Und dir, Xenophon, werde ich meine Tochter zur Frau geben, und wenn du selber eine Tochter hast, will ich sie nach thrakischem Brauch[11] kaufen; ich will dir Bisanthe[12] zum Aufenthalt geben, die schönste unter meinen Besitzungen am Meer.« Wir sehen bereits, dass der thrakische Anführer ein Soldabkommen nur als ein Bündnis von Tischgenossen und von Leuten begreift, die durch Heirat, durch Tausch von Töchtern und Gütern vereint sind. Doch das ist lediglich ein konventioneller Plan. Wenig später, als Xenophon die Armee zu ihm führt, spezifiziert Seuthes den Sold. Trotz allem ist dieser Vertrag noch nicht perfekt; ihn vollendet erst die unter dem Namen »Thrakisches Gastmahl« ziemlich bekannte Zeremonie, deren Ähnlichkeit mit einem »Potlatsch« sofort auffällt. Hier der Text: »Als sie vor dem Eingang waren, im Begriff, zum Essen zu gehen, stand ein gewisser Herakleides aus Maroneia da. Dieser trat an jeden heran, von dem er vermutete, er könnte dem Seuthes etwas schenken, zuerst zu einigen Einwohnern von Parion, die hier waren, um

9 *Anabasis*, VII, 2, 35.

10 Ebd., 2, 38 [nach der Übersetzung von Walter Müri, A. d. Ü.].

11 D. h. zu einem hohen Preis, siehe Herodot, V, 6.

12 Westlich von Perinthos auf der Propontide.

mit Medokos, dem Odrysenkönig, einen Freundschaftsvertrag abzuschließen, und die Geschenke für ihn und seine Frau mitführten [...]. So überredete er sie. Da er gehört hatte, Timasion aus Dardanos[13] besitze Trinkgefäße und fremdländische Teppiche, ging er zu ihm und sagte ihm, es sei Brauch, dass die von Seuthes zum Essen Geladenen ihn beschenkten: ›Wenn er hier mächtig wird, wird er imstande sein, dich nach Hause zurückzuführen und dich dort reich zu machen.‹ Auf solche Weise warb er für ihn, indem er jeden Einzelnen anging. Zu Xenophon tretend, sagte er: ›Du stammst aus der größten Stadt und stehst in höchstem Ansehen bei Seuthes, und vielleicht wirst du in diesem Lande befestigte Plätze und Land haben wollen, wie sie andere von euch Athenern besessen haben. Deshalb gebührt es sich, dass du Seuthes auf das Großzügigste ehrst. Ich lege es dir aus Wohlwollen ans Herz. Denn ich weiß, je größer deine Geschenke für ihn sind, umso größer wird das Gute, da du von ihm erfahren wirst.‹ Xenophon geriet über diese Worte in Verlegenheit. Denn er war von Parion herübergekommen und hatte gerade nur einen Sklaven und genügend Reisegeld mitgenommen.«

Wir sehen hier also einen Herold – einen Kammerherrn, den üblichen Beamten dieser Riten[14] –, einen hellenisierten Thraker, wie er die offizielle Reihe der Geschenke und Versprechungen eröffnet, die das Gastmahl weihen wird. Nun folgt das Gastmahl, ein regelrechtes Gemeinschaftsessen mit gemeinsamem Trinken, bei dem ein jeder die Weine und Speisen aller anderen teilt und das die Angelegenheit wirklich besiegelt.

Im Laufe dieses Gastmahls findet die Zeremonie der Schenkungen[15] statt: »Als das Trinkgelage vorrückte, kam ein Thraker mit einem Schimmel herein, nach einem vollen Horn greifend, sagte er: ›Ich trinke dir zu, Seuthes, und schenke dir dieses Pferd, auf dem du in der Verfolgung einholst, wen du willst, und beim Rückzug keinen Feind zu fürchten hast.‹ Ein anderer führte einen Sklaven herein und schenkte ihn ihm auf die gleiche Weise, indem er ihm zutrank, ein anderer Kleider für die Frau. Timasion schenkte, indem er ihm zutrank, eine silberne Schale und einen Teppich im Wert von zehn Minen. Gnesippos, ein Athener, erhob sich und

13 Stratege von Xenophon, aus Dardanos verbannt.

14 Die Institution des Herolds ist weder in Melanesien noch in Nordwestamerika unbekannt.

15 *Anabasis*, VII, 3, 26.

sagte, es sein ein schöner alter Brauch,[16] dass der Wohlhabende den König durch Geschenke ehre; wer nichts besitze, dem schenke der König, ›damit auch ich‹, fuhr er fort, ›dich mit Geschenken ehren kann‹. Xenophon wusste nicht, was er tun solle. Als Ehrengast saß er gerade auf dem Stuhl direkt neben Seuthes. Herakleides befahl dem Weinschenken, ihm das Horn zu reichen. Da erhob sich Xenophon kühn – denn er war schon ein wenig betrunken –, nahm das Horn entgegen und sagte: ›Ich schenke dir, Seuthes, mich selbst und diese meine Kameraden zu treuer Freundschaft, keinen gegen seinen Willen, vielmehr alle noch weit mehr entschlossen als ich, deine Freunde zu sein.‹«

Es folgt eine kleine Rede, dank der Xenophon nichts anderes zu schenken braucht als sein Herz und seine Armee in der Hoffnung, ein Königreich zu erbeuten. Seuthes gab sich scheinbar damit zufrieden, denn sogleich stand er auf, trank mit Xenophon zusammen das Horn aus. Dann folgen Musik, Tänze, an denen Seuthes persönlich teilnimmt, und komödiantische Einlagen.

Später schließt Seuthes Verträge der gleichen Art mit zwei Lakedämoniern, die von Thibron, dem lakedämonischen Gouverneur geschickt waren, um sich der kleinen Armee Xenophons zu entledigen.[17]

Die ganze Affäre endet im Übrigen schlecht und recht. Der erwähnte Herakleides scheint ein treuloser Schatzmeister gewesen zu sein, und die Griechen waren sehr unzufrieden mit Seuthes' Verhalten.

*

Bei alledem handelt es sich natürlich um ein sehr bekanntes Merkmal des thrakischen Lebens. Zu ebendiesen Odrysen und dem Vorfahren Teres von König Seuthes sagt Thukydides (II, 97[18]): »Die Einkünfte erreichten den Wert von etwa vierhundert Silber-

16 Eine wenig verständliche und von Xenophon schlecht verstandene Rede. Sie lässt sich vielleicht erklären, indem man darin eine Anspielung auf den persischen Brauch sieht, dem Thukydides (siehe weiter unten) den thrakischen Brauch gegenüberstellt: der König erhält die großen Geschenke und macht selbst nur kleine. Jedenfalls zieht sich der Athener aus der Affäre, und Xenophon bereitet es natürlich Vergnügen, diese Art des Ausweichens zu beschreiben.

17 *Anabasis*, VII, 6, 3.

18 Nach der Übersetzung von Georg Peter Landmann. A. d. Ü.

talenten, was an Gold und Silber einging; dazu kamen Gold- und Silbergeschenke von mindestens gleichem Wert,[19] abgesehen von buntgewirkten und glatten Stoffen und anderem Hausrat, und nicht nur für den König selbst, sondern für die Großen neben seinem Thron und die Vornehmen der Odrysen. Denn umgekehrt als im Perserreich[20] führten sie den Brauch ein, den zwar auch die andern Thraker haben, mehr zu nehmen als zu geben (die Schande, eine Bitte abzuschlagen, war schlimmer, als eine nicht erfüllt zu bekommen), aber entsprechend ihrer Macht wandten sie ihn mehr an; man konnte gar nichts erreichen, ohne Geschenke zu bringen. So stand also dieses Königsreich in großer Macht da.«

Die Stelle ist völlig klar. Dennoch wird sie im Allgemeinen schlecht interpretiert und übersetzt. Besonders Tomaschek[21] hat sie nicht verstanden. Man täuscht sich vor allem in dem Satz, der in den klassischen Ausgaben im Allgemeinen in Klammern gesetzt wird; er ist wenig verständlich, wenn man die Institution nicht versteht, häufig hält man sie für interpoliert, jedoch ohne Grund. Übereinstimmend belegen die Manuskripte diesen Vorfall, und er entspricht völlig dem Thema und dem Stil von Thukydides. Er weist deutlich darauf hin, dass die Thraker die Leute aufforderten, Geschenke zu machen, und dass darin keine Bettelei zu sehen sei, sondern eine Form des Vertragsbeginns. Thukydides' Beschreibung ist hier – wie immer – klar und präzis.

*

Im Übrigen besitzen wir noch eine weitere Erwähnung solcher Tauschhandlungen im Zuge von Gastmählern, Heiraten und Verträgen. Anaxandridas, häufig preisgekrönter Komödiendichter (Preise von 382 bis 349 v. Chr.), schildert uns in seinem *Protesilas* die Hochzeit von Iphikrates[22] bei König Kotys[23] von Thrakien:

19 Offensichtlich stellt Thukydides hier die aus den Tributen von Teres' Untertanen stammenden Ressourcen denen gegenüber, die von den Geschenken und kollektiven Verträgen der Fremden an das Königreich herrühren.

20 Zweifellos spielt Gnesippos auf diesen Brauch an (siehe oben).

21 A. a. O., S. 82.

22 Siehe Athenaios, *Deipnosophistai*, IV, 131. Vermutlich stammt diese Stelle aus einem Dialog zwischen Sklaven, darunter einem Thraker (vgl. δεσποσύνοις δείπνις, Schlussvers), Personen, die damals auf der komischen Bühne hoch in Mode waren. Der ganze Text vergleicht ein thrakisches Festgelage und eine

Macht ihr das, was ich sage, dann werden wir euch
mit vortrefflichen Mahlen empfangen, die nicht
mit all dem, was in Thrakien bei Iphikrates geschah,
zu vergleichen. Man sagt doch, es sei
schon ein fürstliches Essen gewesen daselbst.
Denn es hatten da Decken von Purpur den Markt
bis zum Norden hin völlig bedeckt.
Und die Männer, sie schwelgten in Käse und Fett,
in unzähligen Mengen mit schmutzigem Haar.
Und die kupfernen Kessel umfassten mehr Raum
als Gemächer, in denen zwölf Liegen bestehn.
Aber Kotys, mit Schürze versehen, er trug
höchstpersönlich die Suppe in Schalen aus Gold,
und er kostete aus den Krateren den Wein,
war noch früher betrunken als mancher am Tisch.
Den Aulos blies dann Antigeneidas für sie,
und sang auch Argas, und es schlug
Kephisodotos aus Archanaí die Kithara dazu.
Und sie priesen in Liedern das Lob,
mal auf Sparta mit weitem Gebiet,
mal auf Theben mit Toren, die sieben an Zahl,
es erklangen, vom Wechsel belebt, Harmonien.
Sie empfingen als Gaben zwei Herden danach

thrakische Hochzeit mit einem Hochzeitsmahl in Athen und besteht nicht ausschließlich (wie es A. und M. Croiset, *Histoire de la littératur grecque*, 1899, II, S. 620, zu verstehen geben) in der Beschreibung des thrakischen Festmahls. Die des athenischen Gastmahls folgt auf den hier übersetzten letzten Vers [deutsche Übersetzung von Carl Friedrich].

23 Name der thrakisch-ägäischen Könige von Ilion. Es ist auch der Name der Muttergottheit bei den Thrakern (Strabon, 404). Schließlich ist es der Name eines Tanzes. – Ohne irgendeine Hypothese für bewiesen zu halten, unterstreichen wir dieses Merkmal. Es scheint mehreren thrakischen Stämmen gemeinsam zu sein. Denn einer der Namen der Könige Thrakiens, der von Sitalkes, ein Name oder vielmehr ein erblicher Titel, bezeichnet auch (Xenophon, *Anabasis*, VI, 1, 6) einen Gesang oder vielmehr einen Mimen des Tods des Helden in einem thrakischen Tanz. – Wenn es, wie wir vermuten, in dieser Institution wichtige Begriffe gäbe, dann wären die thrakischen Bräuche den amerikanischen und melanesischen Potlatsch-Arten sehr ähnlich. Denn diese großen Systeme von Rechten und Festen enthalten eine beträchtliche Anzahl Leistungen, die rituell und zugleich ästhetisch sind; der Adlige, der Häuptling, das Mitglied der melanesischen oder nordamerikanischen Bruderschaft trägt den Namen, die Maske und tanzt den Tanz des Geistes, den er verkörpert und dessen Rang der seine wird.

von rotbraunen Pferden und eine von Ziegen dazu,
einen goldenen Schild,
[...] einen Becher in Schneckenhausform,
einen Krug noch mit Schnee, einen weitern mit Hirse gefüllt
wie auch Zwiebeln, zwölf Ellen tief war das Gefäß,
und Polypen dazu noch hundert.
Wie man sagt, hat es Kotys in Thrakien so
einst bereitet zum Hochzeitsfest für Iphikrates.
Doch viel festlicher wird es noch sein
als bei diesen und prächtiger in dem Palast
dann bei unseren Herrschern [...].

Dieser komische Text ist nicht weniger kurios als die Memoiren des geschickten Atheners und die genauen Aussagen der Historiker. Denn er zeigt uns einen König, der ein Festmahl gibt und seine Tochter tauscht, wie Seuthes es tat, das Ganze gegen eine lächerliche Mitgift. Sogar die Übertreibung des thrakischen Brauchs beweist dessen Kraft und Bekanntheit.

Es wäre äußerst interessant, bei anderen antiken Völkern diese Riten und Bräuche der Verausgabung, der Rivalität der wucherischen und luxuriösen Verpflichtungen zu finden. Vielleicht könnte man darin sehen, wie diese Formen allmählich verfielen und schließlich zum einfachen Tauschvertrag wurden. Eine Untersuchung der germanischen Schenkung und des Tauschs in den keltischen Texten wäre sicher aufschlussreich. Ich würde mir wünschen, dass sich kompetentere Wissenschaftler als ich damit befassten. Es ist schon ein wesentlicher Punkt, in einem europäischen und indogermanischen Volk der Antike etwa so wie in Melanesien oder in Nordamerika sich vermischende Formen des Vertrags, der Heirat, des Tauschs, der religiösen und ästhetischen Leistungen gefunden zu haben.

Marcel Mauss

Der wirtschaftliche Tausch auf den Celebes-Inseln (1925)

[...] Die Toradja sind jener bedeutende Stamm auf Zentral-Celebes, dessen Beobachtung es A. C. Kruyt, seinem Missionar und Ethnographen, ermöglichte, unsere Wissenschaft um viele neue Tatsachen zu bereichern. Fast alle diese Tatsachen stammen diesmal von den Toradja aus Minahassa und von einigen aus Timor.[1] Wir sahen, dass diese Forschungen – die Richtung, in die K. und F. D. E. van Ossenbruggen sie führen – ein weiteres Mal mit den unseren übereinstimmen und sie zudem ergänzen.

Kruyt zeigt uns mit vortrefflichen Formulierungen, dass das Wort »kaufen« für die Leute auf Celebes in keiner Weise dieselbe Bedeutung hat wie für uns. Erstens heißt kaufen vor allem, jemanden um etwas bitten, was er einem nicht abschlagen kann. Sodann ist die Bezahlung – der angegebene und zwangsläufig akzeptierte Preis – *immer* eine Sache, die mit dem erbetenen Gegenstand nicht in ökonomischer Beziehung steht. Es ist der Natur und der Bestimmung nach etwas Magisches: es ist Eisen, Kupfer, Baumwolle, Reis in festgelegten Mengen und Formen und stellt ein magisches Band her oder wendet eine der Transaktion innewohnende magische Gefahr ab. Schließlich sind die einzigen Dinge, die sich in einer der unseren mehr oder weniger entfernten Bedeutung als »gekauft« bezeichnen lassen, vor allem magische oder religiöse Dinge: die »Mutter« der Schicht Töpfererde; die Drachenbaum-Blätter, die den Initiierten zum Waschen dienen; die magischen Formeln, die Dienste der Priesterin.

Es scheint sogar, dass in diesem System die häufigsten Fälle eines Kaufs nicht diejenigen sind, die bei Menschen, sondern diejenigen, die bei den eifersüchtigen Geistern der Erde, der Luft, des Wassers, der Vegetation getätigt werden. So »kauft« man dem »Reis« seine Ähre ab, und der Besitzer »kauft« dem »Wald« das Holz ab, das er fällt. Das Thema, auf das Kruyt hinweist, ist für den Komparatisten

1 A. C. Kruyt, »Koopen in Midden Celebes«, *Mededeelingen der Koninklijke Akademie van Wetenschapen, Afdeeling Letterkunde*, Bd. 56, Serie B, 1923.

überaus lohnend; es liegt dem *do ut des* des Opfers wie auch dem Vertragsrecht zugrunde.

Beiseitelassen muss man Kruyts Bemerkungen über den »Kauf« der Braut, der bei den Toradja weit primitivere Formen zeigt als im übrigen Indonesien. Der Preis, der der Familie der Frau gezahlt wird, scheint für Kruyt wie für van Ossenbruggen magischer Natur zu sein und fast gänzlich dazu bestimmt, die von der Übertretung des Tabus entfesselte magische Kraft zu »bannen«.[2]

All dies ist wesentlich. Doch müssen diese Bemerkungen vervollständigt werden, um befriedigend zu sein. Wer zahlt wem? Das sollte immer spezifiziert werden. Und wer liefert die Zahlungsmittel, und an wen gehen sie letztlich? Zum Beispiel wüsste man gern, wer dieser Onkel ist, der die Heirat bezahlen muss. Außerdem wird die Frage noch in Begriffen unseres Rechts gestellt. Kruyt erzählt eine hübsche Anekdote über die »Geschenke« einer holländischen Kommission, die die Toradja »kauften«. Hier liegt ein ganzes Rechts- und Wirtschaftssystem vor, in dem der »Kauf« lediglich ein Fall ist, und wir hoffen, dass der Bericht, den wir in dieser Nummer der *Année* veröffentlicht haben, die geschätzten Ethnographen zu weiteren Bemerkungen anregen wird, die dem Geist der Eingeborenen noch gerechter werden.

2 F. D. E. v. Ossenbruggen, *Het primitieve Denken*, 's Gravenhage 1915, S. 246.

Marcel Mauss
Grundlegende Anmerkung zum Gebrauch des Geldbegriffs (1923)

Trotz der Einwände von B. Malinowski (»Primitive Currency«, *Economic Journal*, 1923) wollen wir den Terminus Geld beibehalten. Malinowski hat im Voraus gegen den Missbrauch Protest erhoben[1] und kritisiert die Nomenklatur von Ch. Seligman. Den Begriff Geld behält er Gegenständen vor, die nicht nur als Tauschmittel dienen, sondern auch als Wertmaßstab zur Bestimmung des Werts. Einwände der gleichen Art hat F. Simiand wegen des Gebrauchs des Wertbegriffs bei Gesellschaften dieser Art gegen mich erhoben. Sicher haben diese beiden Wissenschaftler von ihrem Standpunkt aus recht; sie verstehen das Wort Geld und das Wort Wert im engen Sinn. So gesehen gab es einen ökonomischen Wert erst dann, als es Geld gab, und Geld gab es erst, als die kostbaren Dinge – selbst verdichtete Reichtümer und Zeichen der Reichtümer – wirklich zu Geld gemacht wurden, das heißt festgelegt, entpersönlicht, von jeder Beziehung zu einer moralischen, kollektiven oder individuellen Person außer der Autorität des Staates, der die Münzen prägt, losgelöst waren. Wird aber die Frage so gestellt, dann ist sie nur die nach einer willkürlichen Grenze, die man ziehen muss, wenn man dieses Wort gebraucht. Meines Erachtens definiert man damit nur einen zweiten Typus von Geld, den unseren.

In allen Gesellschaften, die denen vorausgingen, in denen man das Gold, die Bronze und das Silber zu Geld gemacht hat, gab es andere Dinge, besonders Steine, Muscheln und Edelmetalle, die als Tausch- und Zahlungsmittel verwendet wurden; in vielen von denen, die uns noch heute umgeben, funktioniert dieses System *de facto*, und ebendieses beschreiben wir.

Allerdings unterscheiden sich diese kostbaren Dinge von dem, was wir üblicherweise als schuldtilgende Instrumente auffassen. Zunächst haben sie, zusätzlich zu ihrer ökonomischen Natur, ih-

1 B. Malinowski, *Argonauts of the Western Pacific*, New York 1922, S. 499, Anm. 2 (dt.: *Argonauten des westlichen Pazifik*, übers. v. Heinrich Ludwig Herdt, Frankfurt am Main 1979, S. 442, Anm. 2).

rem Wert, eine eher magische Natur und sind vor allem Talismane: *life givers*, wie Rivers sagte und wie auch Perry und Jackson sagten. Zudem ist ihre Zirkulation innerhalb einer Gesellschaft und sogar zwischen den Gesellschaften ziemlich allgemein; sie sind jedoch noch mit Personen oder Clans verbunden (die ersten römischen Münzen wurden von *gentes* geprägt), mit der Individualität ihrer ehemaligen Besitzer sowie mit Verträgen, die zwischen moralischen Wesen geschlossen werden. Ihr Wert ist noch subjektiv und persönlich. Zum Beispiel werden die aufgefädelten Muschelmünzen in Melanesien an der Handspanne des Gebers gemessen.[2] Wir werden noch weitere wichtige Beispiele für diese Institutionen sehen. Es stimmt, dass diese Werte instabil sind und dass ihnen das für ein Wertmaß, für einen Maßstab nötige Merkmal fehlt: ihr Preis zum Beispiel steigt und fällt mit der Zahl und der Größe der Transaktionen, bei denen sie verwendet werden. Malinowski vergleicht die *vaygu'a* der Trobriander, die im Laufe ihrer Reisen Prestige erwerben, sehr schön mit den Kronjuwelen. Ebenso erhöht sich der Wert der nordwestamerikanischen heraldischen Kupferplatten und der Matten auf Samoa bei jedem Potlatsch, jedem Austausch.

Doch andererseits haben diese kostbaren Dinge in zweierlei Hinsicht dieselben Funktionen wie das Geld unserer Gesellschaften und verdienen es, zumindest zur selben Gattung gerechnet zu werden. Sie haben Kaufkraft, und diese Kraft wird gezählt. Dieser oder jener amerikanischen »Kupferplatte« ist eine Zahlung von so und so vielen Decken geschuldet, dieser oder jener *vaygu'a* entsprechen so und so viele Körbe Yams. Die Idee der Zahl ist vorhanden, auch wenn diese Zahl nicht von einer staatlichen Autorität festgelegt wird und im Laufe der Kulas und Potlatschs bei jedem Austausch variiert. Außerdem ist diese Kaufkraft wirklich schuldtilgend. Auch wenn sie nur zwischen Individuen, Clans und bestimmten Stämmen und nur zwischen Partnern anerkannt wird, ist sie darum nicht weniger öffentlich, offiziell und festgelegt. Brudo, ein Freund von Malinowski, der sich wie dieser lange auf den Trobriand-Inseln aufgehalten hat, bezahlte seine Perlenfischer sowohl mit *vaygu'as* wie mit europäischem Geld oder mit Waren zu festem Kurs. Der

2 W. H. R. Rivers, *History of the Melanesian Society*, Cambridge 1914, Bd. II, S. 527; Bd. I, S. 64, 71, 101, 160 ff. Vgl. den Ausdruck *Schulterfaden*: R. Thurnwald, *Forschungen auf den Salomo-Inseln und dem Bismarck-Archipel*, Berlin 1912, Band III, S. 41 f., 1, S. 189, siehe 15; *Hüftschnur*, Bd. I, S. 263, 1, 6, usw.

Übergang von einem System zum anderen verlief reibungslos, war also möglich. Zum Geld der Rossel-Insel in der Nachbarschaft der Trobriand-Inseln gibt Armstrong überaus deutliche Hinweise und verharrt, falls ein Irrtum vorliegt, im selben Irrtum wie wir.[3]

Unseres Erachtens hat die Menschheit lange Zeit tastende Versuche gemacht. In der ersten Phase hat sie entdeckt, dass bestimmte Dinge, die fast alle magisch und kostbar waren, durch den Gebrauch nicht zerstört wurden, und sie hat sie mit Kaufkraft versehen.[4] (Damals hatten wir nur den fernen Ursprung des Geldes gefunden.) In einer zweiten Phase, nachdem es gelungen war, diese Dinge innerhalb und außerhalb des Stammes zirkulieren zu lassen, fand die Menschheit heraus, dass diese Kaufinstrumente als Mittel zur Zählung und Zirkulation der Reichtümer fungieren konnten. Dies ist das Stadium, das wir gerade beschreiben. Und von diesem Stadium an hat man vor recht langer Zeit in den semitischen Gesellschaften, anderswo vielleicht vor nicht so langer Zeit, das Mittel gefunden – dritte Phase –, diese kostbaren Dinge von den Gruppen und den Menschen abzulösen und sie – bis auf weiteres – zu permanenten Instrumenten des Wertmaßes zu machen, sogar des universellen, wenn nicht des rationalen Wertmaßes.

Unserer Meinung nach gab es also eine Geldform, die der unseren vorausging. Abgesehen von denjenigen, die in Gebrauchsgegenständen bestehen, zum Beispiel in Afrika und in Asien die Platten und Barren aus Kupfer, Eisen usw. und in unseren antiken Gesellschaften sowie in den heutigen afrikanischen Gesellschaften das Vieh.

Wir entschuldigen uns, dass wir in diesen allzu umfassenden Fragen Partei ergreifen mussten. Aber sie berühren unser Thema zu sehr, und es galt, Klarheit zu schaffen.

3 W. E. Armstrong, »A Unique Monetary System«, *Economic Journal*, 1924 (in den Druckfahnen mitgeteilt).

4 Vgl. M. Mauss, *Die Ursprünge des Geldbegriffs*, siehe oben S. 27-33.

Marcel Mauss
»Geld« im *Handbuch der Ethnographie* (1947)

Die Anpassung der beiden ökonomischen Systeme der Produktion und des Konsums erfolgt durch den Begriff des Werts. Wenn keine einfache rechtliche Anpassung vorliegt wie bei der totalen Leistung, wird der Wert durch das Geld gemessen.[1]

Das Geld ist ein Phänomen, das häufiger vorkommt, als man glaubt. Sogar in Australien können bestimmte Felskristalle, die als ungemein kostbar gelten, in gewissem Sinne als Wertmaßstab dienen. Folglich muss man alle diese Anfänge von Geld untersuchen, die im Allgemeinen Rohstoffen oder kostbaren Dingen entsprechen: Quarz, Bernstein, Nephrit ... Die Einwohner von Atakpamé in Togo kennen einen Gott des Tausches.

Sobald es wirklich Geld gibt, gibt es Tausch, und ein dynamisches und psychologisches Element schaltet sich ein. Die sozialen Beziehungen sind der Definition nach immer dynamisch; statisch sind sie nur durch Konvention: dadurch, dass sie Menschen verschiedenen Geschlechts und Alters zusammenführen, erzeugen sie eine gewisse Dynamik.

Das Geld existiert in ganz Nordamerika: bei den Irokesen ist das *wampum* eine Perlenarbeit, die man ausleiht, die man jedoch um einen Rang erhöht zurückgeben muss, denn der Tausch steigert ihren Wert. Die Eskimos, ganz Melanesien, ein Teil von Polynesien kennen das Geld: die Maori praktizieren den Jade-Kult.

Das Geld kann sich in ganz verschiedenen Formen zeigen: Edelsteine, polierte Steinäxte, Platten aus Wildleder, Papiergeld wie in China ... Bestimmte Schmuckstücke aus seltenen Federn können als Geld fungieren; alle Kristalle, alle Edelsteine, die Kauri-Mu-

1 W. Ridgeway, *The Origins of Metallic Currency and Weight Standards*, Cambridge 1982. – H. Schurz, *Grundriß einer Entstehungsgeschichte des Geldes*, Weimar 1898. – F. Simiand, »La Monnaie, réalité sociale«, *Annales sociologiques*, Serie D, Sociologie économique, Fasz. K, S. 1-58, 1934; und Diskussion im Institut français de sociologie, ebd., S. 59-86 (siehe in diesem Band S. 120). – W. E. Armstrong, *Rossel Island. An Ethnologic Study*, Cambridge 1928. – M. Leenhardt, *Gens de la Grande Terre*, Paris 1937, S. 121-130.

scheln, die in ganz Afrika verbreitet sind und aus dem Indischen Ozean stammen; schließlich alle Arten von Metall.

Elliot Smith und Perry glauben beweisen zu können, dass die ganze megalithische Zivilisation eine Zivilisation von Goldsuchern war.[2] Messing als Draht, in Platten, als Armband, Eisen als Messer, als Speer oder als Spaten, dies alles ist in Afrika weit verbreitet.

Bestimmte Matten, zum Beispiel auf Samoa, dienen als Geldeinheit. Sehr häufig sind diese Matten mit Wappen geschmückt; man häuft sie an wie Wertpapiere eines Unternehmens. Im gesamten amerikanischen Nordwesten ist die Geldeinheit eine Decke. Noch heute zahlt der Bundesstaat die Entschädigungen, die er an die enteigneten Indianer zahlen muss, mit Decken.

Eine der merkwürdigsten Geldarten ist das überaus fungible Salzgeld: die Salzplatte ist in ganz Afrika, von Guinea bis Abessinien und zum Niltal gültig. Tabakgeld; Alkohol und Palmwein, Biereinheit. Pro Kopf des Viehs berechnetes Geld.

Ab dem Moment, an dem es eine rechtliche Preisskala gibt, gibt es ein Geldsystem, das ein Geld ausprägt. Der gerechte Preis ist der statistisch bestimmte Preis; wir können ihn nicht von irgendetwas ableiten. Diese Hierarchie der Preise bildet etwas Festes inmitten beweglicher Dinge.

Ab dem Moment schließlich, an dem sich die europäischen Nationen einschalten, taucht das Problem des ökonomischen Clash auf, das Problem der Akkulturation oder der Kolonisation.

2 Siehe insbesondere W. J. Perry, *The Relationship between the geographical distribution of megalithic monuments and ancient mines*, Memoirs and Proceedings of the Manchester literary and philosophical Society, Bd. 60, S. 1, 1915-1916; *The Children of the Sun*, London 1923; *The Growth of Civilization*, London 1924.

II
Die Durkheim-Schule und das Geld

Maurice Leenhardt
Das Geld in Neukaledonien
(1922)

Das neukaledonische Geld ist bekannt. Man findet es in zahlreichen Museen. Es besteht aus Muschelspitzen, die abgeschnitten und so lange an einem Stein gerieben werden, bis sie eine kleine Perle bilden. Und diese Perlen werden zu einer langen Schnur aneinandergereiht. Diese Perlenschnüre gibt es in mehreren Arten und verschiedenen Qualitäten. Die gebräuchlichste ist grob und weiß. Ihr Wert erhöht sich mit ihrer Feinheit und ihrer dunklen Färbung. Den höchsten Wert hat die schwarze, »so fein«, sagt die Legende, »dass der Hauch eines Atems sie bewegt«.

Die Weißen, die in Neukaledonien zur Zwangsarbeit verurteilt sind, haben begriffen, welche Bedeutung das neukaledonische Geld für die Beziehungen zu den Kanaken hat. Sie haben eine modernere Technik mitgebracht und stellen mit Hilfe von gewöhnlichen Steinen und Schleifsteinen falsches Geld her. Einer dieser Falschmünzer versicherte mir lange vor dem Krieg, er verdiene in diesem Metier vier Francs am Tag. Europäische Händler handeln in ihren Läden mit kaledonischem Geld für 40 Francs pro Meter. Die Kanaken unterscheiden das echte sehr gut vom falschen, aber da sein Wert in ihm selbst liegt und keinesfalls in ihrem Glauben daran, genügt es ihnen für die Praxis der üblichen Tauschgeschäfte.

Jede Familiengruppe besitzt in einem heiligen Korb Geld, das ihr Patrimonium ist. Immer ist es an einem »Kopf« befestigt, das heißt an einem Kunstgegenstand, der bald aus einer sehr feinen Flechtarbeit mit Perlmuttgehängen, bald aus einer Skulptur besteht. Dieser Teil ist der einzige, der einen höheren Wert hat als alle Geldarten. Es wird liegend in einem kleinen Einbaum aufbewahrt, der in ein gepflegtes Netz eingebettet ist, und das Ganze ist von feuerfesten Rinden und Blättern umhüllt, die es im Fall eines Brands schützen sollen. Wenn ein Unglück geschieht, flüchtet man mit dem heiligen Korb; er ist das Wertvollste im Leben. In den Legenden spielt er eine wundersame Rolle; in der Praxis habe ich gesehen, wie von der Armee verfolgte Rebellen immer den heiligen Korb ihrer Familie trugen.

Die im täglichen Leben verwendeten Geldschnüre werden in diesem Korb oder, wenn sie nicht alle hineinpassen, in seiner Nachbarschaft verwahrt. Sie werden jeweils in einem Beutel aus Baumwollfasern aufbewahrt, den eine Schnur aus Fledermaushaar verschließt, die in einer Nadel aus Menschen- oder Tierknochen endet. So ist er nie verknotet. Heute werden diese Beutel aus Stoff hergestellt, und das Fledermaushaar wird durch Wolle ersetzt. Alle, die 1917 beim Kriegsschwur gegen die Weißen getragen wurden, waren auf diese Weise gefertigt und ähnelten mehr einem Artikel aus Paris als einem Gegenstand der Kanaken.

Der gewöhnliche Tausch des kaledonischen Geldes ist bekannt. Es wurden Kanaken gesehen, die auf einer Matte oder auf einem sehr sauberen Platz mit viel Anmut und Sorgfalt die Perlenreihen ausbreiteten und so ihre Geschäfte tätigten. Aber das Geld taucht noch bei ganz anderen Anlässen als bei Abrechnungen auf; man findet es bei Trauerfällen, bei Kriegsschwüren usw. Diese verschiedenen Verwendungen verdienen es, hervorgehoben zu werden, damit wir wissen, was genau die Eingeborenen mit diesem kaledonischen Geld verbinden, das auf der ganzen Insel auf dieselbe Weise verwendet wird und dessen je nach den Regionen unterschiedlicher Name häufig dem jungen Mädchen als Eigenname gegeben wird.

I. Familienbeziehungen

1. *Geburt.* Man bringt dem Onkel mütterlicherseits einen Stängel »mea moru«, Stücke von Basttüchern, und eine bestimmte Länge kaledonisches Geld. Dieses Geld stellt den Atem des Kindes dar. Man bittet den Onkel, für die Atmung des Neffen zu sorgen, was er tut, indem er ihm ins Ohr bläst. Er bekundet sein Wohlwollen dadurch, dass er die Geschenke entgegennimmt und seinerseits, ohne ein anderes Geschenk, eine ganz kurze einfache Geldschnur gibt.

2. *Heirat* (A). Bei gewöhnlichen Heiraten werden mütterliche Cousinen ersten Grades ausgetauscht, wie es zwischen den Eltern in den ersten Lebensjahren des Kindes festgelegt worden ist. Sie versprechen auf beiden Seiten, ihre Töchter auszutauschen. Dieser Schwur zwischen Mitgliedern zweier Phratrien wird durch den Tausch zweier genau gleich langer Geldschnüre unterstrichen. Wenn später eine der Parteien pflichtwidrig sein sollte und nichts

sie bewegen könnte, zur Ordnung zurückzukehren, läge ein Schaden vor, den kein Geld wiedergutmachen könnte. Die schuldige Partei kann zwar das Geld, das sie einst erhalten hat, zurückgeben, aber der Streit ist nicht beendet, solange die geschädigte Partei nicht zustimmt, ihrerseits das Geld zurückzugeben, das sie angenommen hatte. Da die beiden Gelder die zwei Bestandteile ein und desselben Bandes sind, muss jedes einmütig aufs Neue ausgetauscht werden, damit die Geste der Auflösung abgeschlossen ist. Der Kläger verlangt eine Abwicklung und keine Bezahlung.

3. *Heirat* (B). Wenn es keine Schwestern zu tauschen gibt, kann der Mann, der eine Frau haben möchte, trotzdem eine finden, indem er der Familie eine sehr lange Geldschnur anbietet. Diesmal besteht keine Geldgleichwertigkeit jeder Seite, doch sobald die Frau ihrem Mann folgt, erhält sie von ihrer Familie Stoffe, Armbänder usw., die den Reichtum der Kanaken bilden, und man gibt dem Ehemann eine ganz kleine Geldschnur, um anzuzeigen, dass man ihm die junge Frau ohne Hintergedanken überlässt.

4. *Eröffnung des »pilou«.* Bekanntlich repräsentieren die Gäste bei diesen Festen die Gruppen der mütterlichen Seite. Ihre Menge tritt vor die Menge der Gastgeber, die sich in eine Reihe gestellt haben, um sie zu empfangen. Einer der Gäste tritt nach den üblichen Reden vor, wobei er einen Strauß trägt, in dem zwei oder drei Geldschnüre stecken. Er sagt ein paar Worte und wirft dann diesen Strauß der Menge der aufgereihten Gastgeber zu.

5. *Ende des »pilou«.* Wenn das Fest zu Ende ist, überreicht jede Familie gesondert ihren Onkeln mütterlicherseits zusammen mit Geschenken eine lange Geldschnur, denn sie ist glücklich über deren Anwesenheit, die für sie anlässlich der Geburt eines Kindes, der Beschneidung eines anderen oder des Endes der Trauer um einen Verstorbenen eine Sicherheitsgarantie ist. Die Onkel bekunden ihre Zustimmung, indem sie bloß eine ganz kleine Geldschnur geben. Nur sie genießen dieses Privileg, denn die Gäste tauschen bei diesen »pilous« immer ähnliche und identische Geschenke aus.

6. *Tod.* Gleich nach dem Ableben schickt man dem mütterlichen Onkel Geld, das »Ende des Toten« genannt wird. Es ist der Atem des Verstorbenen, den man dem Onkel bringt, denn sein Leben kam von ihm. Die Verwandten des Verstorbenen wollen sich das Wohlwollen ihrer mütterlichen Verwandten bewahren, damit die Bindung an ihr Land bestehen bleibt. »Wir überreichen dieses

Geld«, sagen sie, »damit das Gerippe des Worts bestehen bleibt, die Liane, die unsere Länder vereint, damit der Teil der Nahrung, der Yams und der Taro, auch weiterhin immer vorhanden ist, damit das Feuer erhalten bleibt, das von der neuen Frau des mütterlichen Clans entzündet wurde, damit die für sie und ihren Mann gebaute Hütte für alle mütterlichen Verwandten, die vorbeikommen, ein Schutz bleibt und sie sich dorthin zurückziehen können und den Wind den Federbusch ihres Turbans streicheln lassen oder in dieser Hütte ihre Sachen trocknen können, wenn der Regen sie genässt hat.« Das Geld ist der konkrete Ausdruck dieser Wünsche.

7. *Trauer*. Die Familien eilen herbei, um den väterlichen Verwandten des Toten ihr Beileid auszusprechen. Sie überreichen die üblichen Geschenke, bringen aber auch Geld mit, das den am »Kopf« der Geldschnüre befestigten Perlenreihen in dem heiligen Korb hinzugefügt wird. Jede Familie fügt ihre Länge hinzu. Die Verwandten des Verstorbenen erhalten nur und geben nichts als Gegenleistung.

8. *Tabu*. Es bestehen in den Familien Tabus zwischen erstgeborenen Brüdern und Schwägerinnen. Der erstgeborene Bruder ist Häuptling. Sieht er durch Zufall seine Schwägerin, hat er das Recht, verärgert zu sein. Es ist ein Kriegsgrund. Dann bietet man ihm Geld an; dieses hebt das Tabu zwar nicht auf, beugt jedoch der Schwere des Vergehens vor, es schafft einen Spielraum, zweifellos der erste Schritt zur endgültigen Aufhebung des Tabus. Der Häuptling gibt nichts als Gegenleistung.

II. Kriegsbeziehungen

Das kaledonische Geld begleitet alle Kriegsvereinbarungen, die durch Knoten aus Basttüchern oder Sträuße aus Gräsern und besonderen Blättern unterstrichen werden. Letztere Gegenstände bilden die Elemente einer Sprache, die es den Kanaken ermöglicht, Herausforderungen anzuzeigen oder Abkommen zu unterzeichnen. Doch der Wert der in dieser Sprache abgegebenen Erklärungen beruht auf dem Geld, das das Zeichen begleitet. Es ist das Siegel einer Vereinbarung.

9. *Mord*. Handelt es sich um einen von einer geheimen Autorität angeordneten Mord? Dann gibt ein Bote einem benachbarten

Freund den Namen des Opfers, eine Schlinge und eine Geldschnur. Der ins Auge gefasste Mann wird unter irgendeinem Vorwand gerufen, und wenn er mit gesenktem Kopf eintritt, wird er in der Schlinge gefangen und erwürgt. Dann schnürt man den Basttuchknoten zu und schickt ihn dem Häuptling, aber diese Sprache hätte keine Gültigkeit, würde sie nicht von einer der zunächst gesendeten Geldschnur entsprechenden begleitet. Sie gewährleistet, dass die Tat in vollem Einvernehmen mit demjenigen, der sie erbeten hatte, und im Geheimen begangen wurde. Das Geld ist hier ein Tausch, der den Schwur bei einem erwiesenen Dienst besiegelt.

10. *Verdrehtes Wort.* Das Gleiche gilt, wenn es darum geht, eine Tat in der Ferne zu bewirken, ohne dass man die Verantwortung dafür übernehmen will. Ein Dorf überfällt seinen Nachbarn, danach kommt es in der Gegend zu einem allgemeinen Aufruhr, und die Verantwortung scheint einzig bei dem provozierenden Dorf zu liegen, während dieses nur auf die Anstiftung eines mächtigen Häuptlings hin gehandelt hat, dessen Interessen diese Kämpfe dienten.

Der Knoten, den er diesem Dorf geschickt hat, um es dazu zu bewegen, ist bemerkenswert wegen der konkreten Art, in der er ein verdrehtes Denken wiedergibt. Aber er hat nur dann Gültigkeit, wenn das kaledonische Geld ihn begleitet und ein weiteres Geld übersandt wird, sobald alle Intrigen zum Abschluss gekommen sind.

11. *Bündnis.* Es wird durch symmetrische Knoten in ein und demselben Basttuch angezeigt. Der Austausch gleicher Geldmengen markiert auch den Schwur der Vereinbarung.

12. *Frieden.* Der Frieden wird vom Sieger angeboten, der dem Eingeborenen-Ausdruck zufolge »das Gebiet schenkt«. Denn wir erinnern uns, dass der Primitive seine Hegemonie über die Menschen sichert, aber nicht das Land erobert, das ihnen gehört. Trägt er den Sieg davon, dann fordert er seine Gegner auf, ihre Dörfer wiederaufzubauen, und schickt ihnen mit seinem Basttuchknoten Geld, und die Besiegten beeilen sich, ihre Zustimmung durch das Senden einer ebenso langen Geldschnur kundzutun.

13. *Zuflucht.* Wenn die Flüchtigen verstreut sind, schickt ihnen der Häuptling, der ihnen Gastfreundschaft gewähren will, einen Basttuchknoten, der die Liane darstellt, mit der die Feldfrüchte getragen werden. Er wird von Geld begleitet. Wenn die Flüchtigen

kommen und bei ihm Zuflucht suchen, bekunden sie die Annahme seiner Gastfreundschaft mit einer gleich langen Geldschnur. Die Sicherheit wird durch den Austausch des kaledonischen Geldes gewährleistet.

14. *Neutralisierung*. Wenn es jedoch darum geht, jemanden auf ein gefürchtetes Terrain zu rufen, schickt man ihm eine Geldschnur, die die Neutralität des Orts, an den er bestellt wird, garantiert. Er akzeptiert das Versprechen und kommt im Vertrauen in dieses Geld zum Treffpunkt. Er gibt nichts anderes als Gegenleistung. (Ich habe diese Erfahrung während einer Revolte gemacht, bei der ich auf diese Weise einen aufrührerischen Häuptling und seinen Zauberer bewegen konnte, mich aufzusuchen.)

15. *Gefangene*. Die Gefangenen werden nicht immer eingemeindet. Derjenige, den man behalten will, wird mit einer Zeremonie im Stamm empfangen, in deren Verlauf man ihm alles Nötige gibt: Feld, Hütte. Er bietet dann kaledonisches Geld an, um aufgenommen zu werden. Wenn er zufällig keines hat, gibt ihm derjenige welches, der ihn gefangen genommenen hat und ihn empfängt, damit er es bei der Zeremonie darbieten kann, bei der er von allen akzeptiert wird. Er bietet also keinen Wert als Gegenleistung der Güter an, deren Nutznießung ihm gewährt wird, sondern einen Treueschwur, den er auf diese Weise zum Dank für die Adoption besiegelt.

III. Diverse Beziehungen

16. Außerhalb der Familie und des Kriegs spielt das kaledonische Geld eine weitere wichtige und vielfältige Rolle. Bei den Kanaken ist die Beleidigung eine tödliche Verletzung. Wer es gewagt hat, eine solche auszusprechen, hat die Möglichkeit, die Folgen durch das Angebot von kaledonischem Geld zu verhindern. Ebenso derjenige, der einen Ehebruch begangen hat.

Ist das die Idee einer Wiedergutmachung? Zweifellos ist sie im Keim vorhanden, aber dazu müsste es die Idee eines nach einem Wert geschätzten Schadens geben. Diese Idee ist jedoch nicht vorhanden. Die Tat wird durch die Gabe dieses Geldes nicht ausgelöscht. Zwar hat sich das Feuer des Zorns des Mannes gelegt, aber es schwelt weiter. Die Angelegenheit ist erst dann beendet, wenn der

Geschädigte seinerseits Geld zum Ausgleich für das erhaltene gibt; dann hat die Disharmonie ein Ende: »Unsere Körper sind gleich«, sagen die Kanaken. Es ist die Versöhnung. Ebenso tauschen nach dem Krieg Freunde und Gegner für jeden der auf beiden Seiten getöteten Männer Geld aus. Hier ist das Geld der konkrete Ausdruck eines Gleichgewichts, das wiederhergestellt, einer Gleichheit der Gefühle, die bekräftigt wird. Die keimende Idee der Wiedergutmachung wird absorbiert, noch bevor sie wahrgenommen worden ist.

17. Das Geld wird allein gegeben, wenn es darum geht, einen »Mund zu schließen«, das heißt, sich des Schweigens eines Zeugen bei vielen Gelegenheiten zu vergewissern, wo dies nötig sein kann: Ehebruch, Kriegsvorbereitung usw. Wir nennen es »Schweigen erkaufen«. Hier stellt sich das Geld als Kaufwert dar.

18. Ebenso werden die Geheimnisse des Zauberers oder der Besitz magischer Steine oder der Erwerb von Werkzeugen mit gegebenem Geld erlangt; wieder handelt es sich um einen Kauf.

*

Wenn wir diese verschiedenen Gegebenheiten zusammenfassen wollen, können wir drei Arten für den Gebrauch des kaledonischen Geldes unterscheiden.

1. Wenn Abhängigkeit vorliegt, sowohl Abhängigkeit vom Prinzip des totemistischen Lebens (wie in den Beziehungen zu den Onkeln mütterlicherseits) als auch Abhängigkeit gegenüber großzügigen Gastgebern (wie im Fall der Adoption von Gefangenen oder der Neutralität des Territoriums), gibt man Geld, dessen Wert rein mystisch oder moralisch ist.

Wenn man beim Tod eines Neffen einem mütterlichen Onkel Geld bringt und dieser kein anderes gibt, liegt kein Tausch vor, sondern eine Rückerstattung. Denn dieses Geld diente der vorherigen Generation dazu, dem Neugeborenen den Atem zu schenken. Es ist die »Liane«, die den Menschen an das Land seiner mütterlichen Verwandten bindet. Es kehrt zu diesen zurück, um ihnen den letzten Hauch des Nachkommen zu überbringen, es bezeichnet das Kommen und Gehen von Leben und Tod, das Auf und Ab, Merkmale der Harmonie und des Gleichgewichts der Gesellschaften. Nach einem an anderer Stelle zitierten Ausspruch eines Kanaken stellt es das Spiel einer Nadel zum Nähen der Bedachung dar, die bald außen, bald innen immer dieselbe Liane hin- und herführt, die das Stroh befestigt. Und dieses normale Spiel des Geldes erscheint dem alten mütterlichen Onkel und den Ahnen, die er repräsentiert, als hinreichender Grund, das Wohlwollen auf die Nachkommen auszudehnen.

Das Geld erscheint hier als ein symbolischer und versöhnender Gegenstand, dem die erledigte Arbeit einen eigenen Wert verliehen hat und der dazu dient, auf konkrete Weise in den Familien- und den sozialen Beziehungen den Rhythmus des Lebens darzustellen und zu sichern.

2. Wenn eine Vereinbarung vorliegt, tauscht man zwei gleiche Mengen Geld aus. Der Begriff des Tauschs, der noch nicht ausdifferenziert worden ist, taucht deutlich und in vollem Umfang bei den Vereinbarungen zwischen den Kanaken auf: Heirat, Abkommen, Kriegsschwur. Ganz konkret ist es die Idee, dass es die gleiche – man müsste sagen: die identische – Sache ist wie eine Versöhnung, wenn die Eingeborenen angesichts zweier gleich großer Geldmengen folgern: »Unsere Herzen sind gleich.«

3. Wenn ein Kauf vorliegt, wird das Geld als Gegenleistung für einen Gegenstand gegeben. Es ist ein Tauschwert. Dies entspricht einer anderen Idee und ist bereits eine Abstraktion. Aber dieser Fortschritt ist noch mäßig ausgeprägt; der Austausch des Geldes ist auf die wenigen Gegenstände beschränkt, deren schwierig zu erreichender Besitz den Eingeborenen zum Wertbegriff geführt hat; auf das Schweigen anderer, die magische Kraft, das Werkzeug. Für alle anderen Gegenstände gilt weiterhin der direkte Tauschhandel.

Dieser Austausch mittels Geld müsste allgemein werden, damit auch die noch beschränkte Idee des Werts sich verallgemeinert.

Hat die Einführung des modernen Geldes auf der Insel vor 60 Jahren einen Fortschritt gebracht? Sicherlich, aber ihre Auswirkung ist so langsam, dass wir noch heute sehen, wie das moderne Geld das kaledonische Geld nach alter Art ersetzt. Es wurde ein konventioneller Kurs zwischen dem europäischen und dem Kanaken-Geld festgelegt, eine bestimmte Länge entspricht einem Écu, und dieser Écu wird ohne Berücksichtigung des Handelswerts des Gegenstandes gegeben. Im Grunde ist die Bezahlung bei dieser Art des Tauschs kein Kauf, sondern ein Vertragssiegel. Die fünfundzwanzig Francs, die für eine geheiratete Frau überreicht werden, kaufen diese Frau nicht, sondern besiegeln den Vertrag ihrer Überlassung, den Heiratsvertrag. Ebenso deckt bei einer Beleidigung der Écu, der gebracht wurde, um das ausgesprochene Bedauern zu unterstreichen, nicht den Wert der Beleidigung, sondern er kennzeichnet vielmehr das erste konkrete Element eines Wiedergutmachungsvertrags, dessen zweites Element der von dem sich aussöhnenden Geschädigten überreichte Gegenstand ist.

Wie dem auch sei, diese wenigen Hinweise genügen, um uns zu zeigen, dass die Verwendungsarten des kaledonischen Geldes bei weitem die enge Bedeutung dieses Terminus übersteigen. Und wir würden uns freuen, wenn sie helfen könnten, die wahre Bedeutung dieser Verwendungen im Geist der Eingeborenen zu erhellen.

Leserhinweis zu Simiand

Simiands Geldtheorie lässt sich bereits grob mit den zentralen Begriffen abgrenzen und charakterisieren, die als Ableitungen von Geld mit dem Adjektiv monetär gebildet werden (vgl. Abb. 1). Geld (*monnaie*) lässt sich auf zwei Weisen betrachten: Entweder als Tatsache (*fait monétaire*), was er als den richtigen Weg, oder als Funktion, was er als einen Irrweg bezeichnet. Das Denken des Gelds als Funktion führt dazu, in allem, was Geld ist, nur eine mathematische Variable, den Term (*terme monétaire*) zu sehen, der eigentlich für etwas anderes steht und leer ist. Ein Preis in diesem verengten Sinn wäre nur der Ausdruck für die Menge an gesellschaftlich aufgewendeter Arbeit oder die individuellen Präferenzen oder das Verhältnis der Güter untereinander. Irrig sei dieser Weg, weil er durch dieses Stehen-für-anderes das Geld letzten Endes nur als entbehrliches Hilfsmittel betrachtet.

Wer dagegen die ökonomischen Tatsachen ernst nimmt, versteht die Repräsentativität als notwendiges Merkmal des Geldes (*représentation monétaire*).[1] Es steht für Glauben und Vertrauen in Wert (*foi*, *croyance*, *confiance*). Die Repräsentation zerfällt in eine konkrete Form des Geldes (*forme monétaire*, *forme de monnaie*) und einen abstrakten Geldausdruck (*expression monétaire*), der in der Form verkörpert wird. Die Form führt zu verschiedenen Geldmitteln (*moyens monétaires*), das heißt zu verschiedenen geldwerten Zahlungsmitteln, also zu all dem, das eine Schuld abgleicht, wenn es übereignet wird. Diese Mittel sind ein Pfand (*gage*) für das Vertrauen, aber als notwendige Verkörperungen des Geldes sind sie keine wertlosen Verkehrsmarken wie Jetons. Darunter fällt Geld im eigentlichen Sinne (*monnaie propre*), das in einem System mit Metallgeld das Geldmetall (*métal monétaire*) ist. Weitere Geldmittel sind Fiatgeld (*monnaie fiducaire*), das entweder in dieses Geldmetall konvertierbar (*moyen convertible*) ist, wie es der Geldschein war, als ihn die Zentralbanken auf Verlangen noch in Gold umtauschen können mussten. Oder es ist unkonvertierbar (*moyen inconverti-*

1 Zu den Repräsentationen denkt Simiand die Institutionen als Gegenbegriff, die aber hier nicht näher behandelt werden. Vgl. Philippe Steiner, »Religion und Wirtschaft. Mauss, Simiand und das Durkheim'sche Programm«, in: Berliner Journal für Soziologie 22 (2013), S. 478-479.

ble), wozu ungedeckte Anleihen oder Kreditgeld zählen, die in dem Vertrauen verwendet werden, den Wert wieder zurückzubekommen. Wie die Untersuchung zeigt, ist in einem weiteren Sinn das eigentliche Geld auch nur eine Spielart des Fiatgeldes.

Der Geldausdruck bezeichnet den nominalen Wert im Rückgriff auf einen Geldmaßstab (*étalon monétaire*) und eine Geldeinheit (*unité monétaire*). Der Maßstab ist das Messende selbst ohne seine Verkörperung, der Zählfuß, der im System des Goldstandards eine Goldquantität war. Die *unité* ist dagegen die Unterteilung des Maßstabes, was im Deutschen zu einer Doppeldeutigkeit führt: Sie bezeichnet Geldeinheiten im Sinne von Euro und Cent, aber auch verschiedene Formen der Währungen wie Yen und Rubel, denn beides definiert sich (im Goldstandard) als unterschiedlich gemessene Goldquantitäten. Das Verhältnis von Mittel, Einheit und Standard kann im Bild des Meters verdeutlicht werden: Das Mittel, das einen Meter verkörpert, ist der Pariser Urmeter, aber das Maß selbst definiert sich als die Länge des zehnmillionsten Teils der Strecke zwischen Nordpol und Äquator. Dieser Maßstab kann nun in Einheiten unterteilt werden: in Zentimeter und Millimeter, was Euro und Cent entspräche, oder in 3,208 Fuß oder 39 Zoll, was den anderen Währungen entspräche. Beim Geld müssen wie beim Meter diese Seiten von Form und Ausdruck bestimmt werden. Die berechtigte Art, von einem Preis zu sprechen, weiß Geldmittel, Maßstab und Einheit, die im Preis vereinigt sind, voneinander zu unterscheiden.

Simiand setzt außerdem eine grobe Kenntnis der Positionen in der Wirtschafts- und Geldtheorie voraus. Als ein Vertreter der Neoklassik verstand etwa Carl Menger, mit dessen Zitat Simiand einsetzt, Gold und Geld als ein besonderes Objekt im Handel, ein Gut oder eine Ware, und Schulden als ein sekundäres Phänomen. Geld verschleiere durch sein Hinzutreten also nur den eigentlichen Warentausch. Simiand kennzeichnet dies als ein Erkenntnisstadium auf zweiter Stufe, dem Illusionismus, der rein funktionalistischen Theorie. Dem geht ein blanker Glaube an Gold voran, für den der Merkantilismus steht, ohne dass sich Simiand mit einem der Autoren näher auseinandersetzt. Impliziter Gegner unter den zeitgenössischen Ökonomen ist außerdem John Maynard Keynes mit seiner Ablehnung des Goldstandards als Variante des monetären Funktionalismus. Dessen Satz »In truth, the gold standard is already a barbarous relic«[2] zitiert Simiand zu Anfang, ohne ihn weiter zu kennzeichnen. Simiand beugt sich im Sinne des Positivismus vor den Tatsachen, speziell vor der Tatsache, dass Gold, obwohl sein Wert nur auf Glauben beruht, eine notwendige Verkörperung des Geldes sei. Epistemologisch entspricht diese Skizze dem Drei-Stadien-Gesetz Comtes zur Geistesentwicklung: Auf einen kindlich-religiösen Glauben folgt eine jugendliche Metaphysik, um mit einer männlich-positiven Wissenschaft zu enden,[3] die es je nach Geldsystem (*systém monétaire*) in bestimmtem Maße hinnimmt, dass sowohl die Geldformen als auch der Geldausdruck auf die Handlungen der Menschen Einfluss nehmen. Der Wert eines Geldes hänge eben mehr an Schätzung, Meinung und Ermessen als an Kalkulation, Berechnung und Arithmetik.

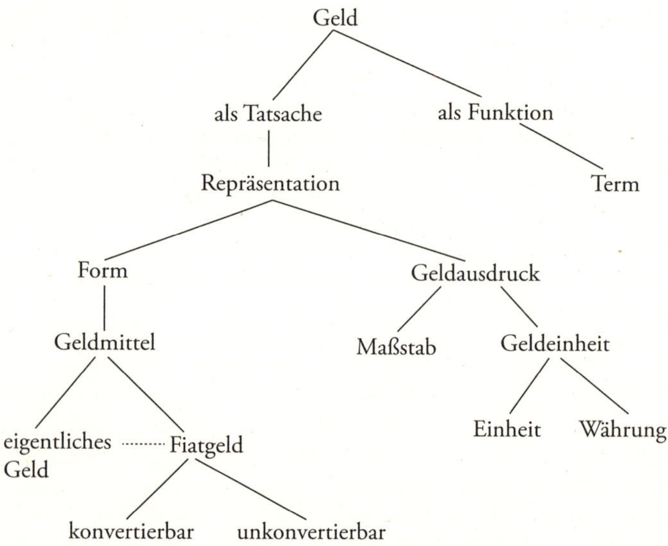

Abb. 1 Schematische Darstellung der Begriffe Simiands

2 John M. Keynes, *A Tract on Monetary Reform*, London 1924, S. 172.
3 Auguste Comte, *Rede über den Geist des Positivismus*, hg. u. übers. v. Iring Fetscher, Hamburg 1979, S. 2-40.

Zeitgenössischer Anlass für den Artikel ist der unterschiedliche Umgang der verschiedenen Nationen mit dem Goldstandard. Nach dem Ersten Weltkrieg konnten feste Tauschraten der einzelnen Währungen zu Gold nicht eingehalten werden, blieben aber ein Ziel der Politik. 1925 kehrten England und einige andere Länder zum Goldstandard zurück, erst 1928 Frankreich.[4] Während Frankreich in der Folge die Goldreserven der Welt aufkaufte, lösten sich 1931 England und 1933 die Vereinigten Staaten wieder vom Goldstandard, um die Geldmenge zu erhöhen. Zum Zeitpunkt des Artikels gehörte Frankreich mit Belgien, Holland, der Schweiz, Polen und Italien zu den wenigen Ländern des »Goldblocks«, der weiter auf einer Parität der Währung zum Gold bestand.[5]

Emanuel Seitz

4 Kenneth Mouré, *The Gold Standard Illusion: France, the Bank of France, and the International Gold Standard, 1914-1939*, Princeton 2002, S. 153 f.; 179

5 Ebd., S. 145-220.

François Simiand
Das Geld, eine soziale Realität (1934)

I.

Als Motto zu dem lehrhaften kritischen Teil seiner *Principles of Money*[1] zitiert J. L. Laughlin 1903 folgende Sätze, die Carl Menger 1882 schrieb:

> The enigmatic phenomenon of money is even at this day without an explanation that satisfies; nor is there yet agreement on the most fundamental question of its nature and functions. Even at this day we have no satisfactory theory of money.[2]

Dieses Urteil fällt also kein verachtenswerter Empiriker oder Soziologe, sondern der Meister der psychologischen Österreichischen Grenznutzenschule; und vielleicht werden wir weiter unten sehen, warum die Ausrichtung dieser Schule eher dazu führen konnte als die anderer Ökonomien, die mit abstrakten Konzepten operieren. Doch hier werde ich zunächst nur deshalb davon ausgehen, um zu fragen, ob derselbe C. Menger heutzutage genügend Gründe hätte, sein Urteil zu modifizieren, nachdem zu den 5000 oder 6000 Werken über das Geld, die nach seiner Schätzung von 1909 veröffentlicht wurden, vor allem seit einem Jahrzehnt, zweifellos noch einige tausend hinzugekommen sind; und insbesondere, ob er der Meinung wäre, dass diese Sätze an Gültigkeit verloren hätten und sich nicht mehr anwenden ließen auf Theorien unserer Zeit, die mit einer Sicherheit vorgelegt werden, die proportional ist zur Meinung, die zumindest die Autoren selbst von ihrem eigenen Genie haben, beziehungsweise auf die Thesen, Ausführungen und Versuche von Männern der Praxis im Finanz- oder Bankwesen, deren uninformierter und deshalb vielleicht naiver Selbstgefälligkeit nichts anders zu »erfinden« gelingt als bereits beurteilte – und verurteilte – alte Kamellen.

Es ist, ehrlich gesagt, nicht so, dass wir in diesem neuen Bei-

1 *The Principles of Money*, London 1903, S. 225.

2 *Economic Journal*, 1982, S. 240.

trag auf Seiten der Theorie die Werke der Wissenschaft, die in der Analyse oder der Erkenntnis einen Fortschritt darstellen, nicht anerkennen und auf Seiten der Praxis nicht Lösungen ausmachen, die ebenso vernünftig wie möglich sind und sich durch die Erfahrung selbst als vernünftig erwiesen haben. Aber auch auf den Besten dieser buntscheckigen, heterogenen Schar scheint das Motto »Jeder hat seine Wahrheit« zu passen. Und damit wäre noch nicht genug gesagt.

Was uns an dieser Vielfalt in theoretischer wie in praktischer Hinsicht heute noch frappierender zu sein scheint, ist letzten Endes, dass viele dieser Repräsentanten, die nach dem Motto »Jeder nach seiner Wahrheit« verfahren, und keineswegs diejenigen, die weniger qualifiziert sind, nicht davon ablassen, faktisch eine Wahrheit anzuerkennen und gleichzeitig eine andere zu praktizieren, ohne dass sie daraus die kritische Pflicht abzuleiten scheinen, etwas zu reformieren und das eine mit dem anderen zu vereinen. Nehmen wir einige Beispiele.

a) Vor dem Ersten Weltkrieg und seither zu wiederholten Malen kamen bemerkenswerte englische Autoren, Männer sowohl der Praxis wie der positiven Theorie auf diesem Gebiet, in scharfsinnigen neuen Analysen der englischen Praxis, die als die fortschrittlichste galt, zu dem Ergebnis, uns einen Banker zu zeigen, der, wie es schien, aus nichts Geld macht, es »erschafft« – oder genauer aus der Eröffnung und Verwendung von gegenseitigen Krediten. Damit wiesen sie den Weg – auf dem ihnen alsbald allzu eilfertige oder simplizistische Logik-Schüler bis ans Ende folgten –, das Gold in den Bereich der Nutzlosigkeiten und der abergläubischen Vorstellungen einer anderen Zeit zu verbannen, da man ja mit ebenso viel Leichtigkeit wie Ergiebigkeit darauf verzichten zu können schien. Doch in denselben Jahren, und mehr noch in den Jahren darauf, konnte es nicht ausbleiben, dass die positive Vorsicht ebendieser Männer auf das Vorhandensein einer Reserve und einer Letztgarantie hinwies, die in zwei oder drei Stufen mit den Goldreserven der Zentralbank gebildet worden waren. Und einer von ihnen kam zu dem Schluss, dass es letztlich sinnvoll zu sein schien, das Gold beizubehalten, und zwar aus drei Gründen: 1. der Unzulänglichkeit des Kredits im Kriegsfall; 2. der Interessen der Betreiber der Goldminen; 3. und dieser dritte Punkt ist der charakteristischste: aus der Tatsache, dass es noch keine Erfahrung gibt, bei der man ganz ohne

Gold auskam: ein Grund, der natürlich – falls er dazu taugt, nicht darauf zu verzichten – auf unbegrenzte Zeit verhindern wird, dass es so weit kommt.[3] Was taugen demnach im Grunde diese Thesen, zu denen der erste Teil dieser Beiträge führte, wenn wir eine kohärente Vollständigkeit des Ausdrucks einerseits und der Ausführung andererseits anstreben?

b) Es ist merkwürdig, dass man sich meistens so wenig zu erinnern scheint, wie sehr in einem etwas über hundert Jahre alten historischen Beispiel die (damaligen) Führungskräfte der Bank of England – namentlich Ricardo und der *Bullion report* – sich völlig in dem getäuscht haben, was sie eigentlich genau taten: als sie nämlich behaupteten (in vollem Vertrauen, sowohl theoretisch wie praktisch), sie behielten ein (im Sinn der Klassik) vollkommen gesundes Geld aufrecht, während es doch gegenüber dem Gold verfiel und seine Wechselkursparität verlor. Hätte man mit dieser Erinnerung nicht früher dem misstrauen müssen, was in unserer Zeit die große Zentralbank dem Anschein nach faktisch riskierte, die der Welt so gern als Vorbild hingestellt wird und die sich selbst sehr gern als solches hinstellt? Und hätte man sich nicht viel weniger wundern sollen, dass sie, obgleich sie sich abermals ausdrücklich in einem berühmten neuen Bericht und in allen ihren öffentlichen Erklärungen auf die allerklassischsten Prinzipien berief, unzweifelhaft genügend Vertrauen in ihren »über alles erhabenen« inneren Genius hatte, um in Wirklichkeit auf mehr oder weniger direkte, aber bestimmte Weise weitgehend den Regeln zuwiderzuhandeln, die sie in der Lehrmeinung weiterhin für wesentlich hielt (besonders was die Liquidität des Aktivbestands und den Vorrang kurzfristiger Verwendungen betrifft), und gedankenlos, wie es scheint, den Weg der Katastrophe einschlug, die nach kurzer Zeit unausweichlich auch eintrat? Und vielleicht würde man sich auch viel weniger wundern, dass seine Wortführer seit diesem Abenteuer gern die routinierte und lähmende Praxis der Goldhortung anprangern, der ein Nachbar [Frankreich, Anm. d. Hg.] sich in ebender Zeit schuldig gemacht haben soll, in der die Bank of England für sich selbst und zum Zweck, ihre Reserven aufzublähen, stetige Käufe dieses angeblich fruchtlosen Metalls tätigt.

c) Ein brillanter Ökonom und Publizist des gleichen Landes, des-

3 Vgl. *L'Année sociologique*, neue Serie, Bd. I, S. 798.

sen kleinste Schriften, kaum sind sie erschienen, sogleich weltweit Aufmerksamkeit erregen, hatte nicht bemerkt (wir haben bereits darauf hingewiesen), dass das 19. Jahrhundert Preisschwankungen kannte – sogar im England des Viktorianischen Zeitalters –, die voll und ganz den Bewegungen entsprechen, deren Neuheit oder Anomalie er in jüngster Zeit verkündete: eine Entsprechung, die sich objektiv erkennen lässt, nicht anhand irgendwelcher Eindrücke, die summarischen Diagrammen mit mehr oder weniger (vor allem für diesen schnellen Leser) trügerischem Maßstab entnommen werden, sondern anhand einer Gesamtheit völlig korrespondierender Tatsachen und Zeugnisse. Den früheren Formulierungen über die quantitative Geldtheorie fügte er unlängst noch bemerkenswerte Analysen, die von der allmählichen Anerkennung der Komplexität der Materie zeugen, sowie einige Einfälle über die »barbarische Reliquie« Gold hinzu, die mühelos die Gestalt sowohl brillanter wie tiefsinniger Paradoxa annahmen.[4] In jüngerer Zeit, da er die bei den (vor allem britischen) Ökonomen seltene Gabe der Phantasie besitzt – auch wenn sie oft abenteuerlich und mannigfaltig ist -, verwendet er sie dazu, gegen die derzeitige weltweite Unruhe Heilmittel zu empfehlen, die darauf hinauslaufen, durch künstliche monetäre Notbehelfe, besonders durch eine künstliche Manipulation des Goldes (das Gold hätte demnach einige Macht?) zu versuchen, reale Maßnahmen zu ergreifen: neue Lösungen, die, wie es scheint, in einigem Widerspruch nicht nur zu seinen letzten Thesen stehen, sondern auch zur *Konzeption* des Geldes, die, wie weiter unten zu sehen sein wird, unseres Erachtens für die quantitative Theorie wesentlich ist – und im Übrigen ebenso im Widerspruch zu dem Charakter, den auch wir für Geld *als Tatsache* für wesentlich halten.

Und Beispiele für solche Schwankungen, Uneinigkeiten, für die Unvereinbarkeit zwischen grundsätzlichen Auffassungen und tatsächlicher Anwendung, die dennoch beide bei demselben Mann oder in derselben Institution anzutreffen sind, ließen sich noch viele anführen. Doch zielen unsere Bemerkungen nicht auf irgendeinen billig ironischen Überblick über den Wankelmut oder die Inkompatibilität von menschlichem Geist und menschlichem Handeln in diesem wie in anderen Bereichen; es genügt uns, dass wir sie in

4 Vgl. *L'Année sociologique*, neue Serie, Bd. I, S. 778-784, und *Revue critique*, Abt. III, B.

diesen wenigen repräsentativen Fällen wohl krasser und variantenreicher finden als gewöhnlich, sodass wir zu der Frage übergehen können, die uns wichtiger ist: Sollte es für diese spezielle Einschätzung dieser Variable nicht auch einige spezielle Gründe geben? Und sollte dieser Grund nicht der sein, dass in diesem ganzen Rahmen die theoretische und praktische Bestimmung der monetären Tatsache derart mangelhaft versucht wurde, dass die Natur dieser Tatsache berechtigterweise dieser versuchten Bestimmung entginge?

II.[5]

Entgegen dem Anschein könnte man behaupten, dass das ökonomische Denken mit der monetären Tatsache entstanden ist und sich entwickelt hat (oder sich zumindest am nutzbringendsten entwickelt hat); dass der Versuch des Fürsten, der führenden Persönlichkeiten, der ökonomischen Mächte, auf das ökonomische Leben einzuwirken, mit dem Geld oder durch das Geld begonnen hat, fortgeführt oder immer wieder aufgenommen wurde und schließlich, faktisch, Folgen haben konnte oder sogar hatte.

Lassen wir hier für eine erste Skizzierung dieser These den Rahmen unserer griechisch-lateinischen Antike beiseite, auch den unseres europäischen Mittelalters oder den anderer Zivilisationen (wir behalten uns vor, sie bald aufzugreifen); obwohl uns scheint – soweit uns bekannt ist, trifft dieser Gesichtspunkt auf sie zu –, dass sie diese These sowohl durch Übereinstimmung wie durch Unterschiede bekräftigen könnten.

Im Rahmen der Ökonomie vom sogenannten westeuropäischen modernen Typ hören wir, dass das »Endlich kommt Malherbe!«, das gern im Zusammenhang mit der physiokratischen Theorie oder dem Smith'schen Werk sowie mit der Ökonomie, die ihnen jeweils tatsächlich entspricht, ausgesprochen wird, für das ökonomische Denken und die ökonomische Entwicklung sogar dieses Typs nicht richtiger ist als Boileaus Halbvers für die französische Dichtung.

Nach vielen Jahrhunderten, in denen der ganze Wert des Geldes

5 Da ich zur Stützung und Entwicklung dieses Teils die Texte und die Diskussion, die zu dieser Interpretation führen, hier nicht im Einzelnen anführen kann, verweise ich auf die doppelte Reihe von Vorträgen, in denen ich sie in der École des Hautes Études 1932-1933 und 1933-1934 vorgestellt habe.

einzig (oder zumindest vor allem oder langfristig gesehen) nach der Quantität an Edelmetall, der die Währungseinheit entspricht, anerkannt – oder angefochten – wird, nach Jahrhunderten, in denen die gesamte leidenschaftliche Suche der mittelalterlichen Alchemie eine Huldigung vor dem absoluten Wert des Goldes ist (gleichzeitig ein spontanes Zeugnis für den empfundenen Mangel an Geld), kommt nun die große Erschütterung, die die »Preisrevolution« des 16. Jahrhunderts im Handel, in der Exekution langfristiger Verträge, im Leben der Personen, der Herrscher und der Reiche mit sich bringt: gezwungenermaßen – selbst unter Berücksichtigung der großen Münzentwertungen, die damals von der vorher geläufigen Praxis aufgegriffen wurden – lässt eine solche Erschütterung immerhin daran zweifeln, dass das Edelmetall ein sicheres Maß für den ökonomischen Wert ist, zumal durch dieselben Tatsachen der Überfluss dieses Metalls gleichzeitig die Quelle und das Zeichen für beispiellose Veränderungen des Wohlstands zu sein scheint.

Die These, wegen der man Bodin huldigt (der sie im Übrigen – und das gereicht ihm noch mehr zur Ehre – weniger eindeutig vorstellt, als man es in Erinnerung hat), lässt sich jedenfalls weder von der Praxis noch von der bullionistischen, dann merkantilistischen Theorie trennen, obwohl diese ihr bei einem oberflächlichen Überblick zu widersprechen scheinen. Alle Bewegungen, die sich damals im ökonomischen Leben abzeichnen, so reale und so folgenschwere, sogar für die damalige Zeit so wichtige und für die spätere Entwicklung so entscheidende Bewegungen, werden von jener doppelten Tatsache beherrscht. Die Praxis bemüht sich, der Erfahrung folgend, schnellstmöglich davon zu profitieren. Das ökonomische Denken, von dem wir in dieser Zeit einige erste Formulierungen erkennen, zeigt in seinen expliziten oder impliziten Widersprüchen, in seinen Argumentationen, sogar in seiner Ratlosigkeit die sich ihm aufdrängende Besorgnis, im Hinblick auf den Wert des Edelmetalls von etwas Absolutem zu etwas Relativem überzugehen und gleichzeitig dessen effektive Macht, tiefgreifende und dauerhafte Veränderungen zur Folge zu haben, erkennen und verstehen zu müssen.

In der zweiten Hälfte des 17. Jahrhunderts und vor allem an der Wende vom 17. zum 18. Jahrhundert scheint sich dann alles zu klären. Hier und dort, in Frankreich, in Großbritannien und vielleicht schon früher in Italien (aus denselben Gründen eher dort), scheint sich bei den Männern der Praxis oder des Denkens eine wachsende Befreiung von dieser jahrhundertealten Illusion abzuzeichnen. Gold und Silber sind nicht der wahre Reichtum; sie sind allenfalls das Zeichen dafür. Mehr noch, sie haben wirklich nur zu größerer Bequemlichkeit im Handel geführt. Der Tauschhandel mit Naturalien, mit den wahren Gütern, die den Menschen tatsächlich von Nutzen sind, dieser Tauschhandel, der für beide Tauschenden die einzig vorteilhafte Operation ist, weist in Wahrheit praktische Schwierigkeiten auf. Beispielsweise braucht Primus, Besitzer der Ware *a*, im Augenblick nicht die Ware *b*, die Sekundus besitzt, der jedoch *a* braucht, während für Primus die Ware *c* von Nutzen wäre, die Tertius besitzt, der gerne *b* hätte: Man sieht sofort, dass die Ware *b*, die von Sekundus auf Primus übergeht, ihm als dritte Ware erlaubt, sowohl Sekundus *a* zu geben als auch *c* von Tertius zu erhalten. Aber diese Kombination ist noch begrenzt. Auf jeden Fall kommt es bei solchen Tauschhandlungen zu Verwirrungen des Maßes, der Äquivalenz, der mangelhaften oder inadäquaten Teilbarkeit. Deshalb sind die Menschen *übereingekommen*, wird man uns sagen – mit jener verführerischen, aber oberflächlichen Klarheit, die den sogenannten Geist des 18. Jahrhunderts kennzeichnet –, als Tauschmittel ein gemeinsames Element zu wählen, das in den sogenannten Edelmetallen am besten repräsentiert ist und in denen sie in der Tat Wert bei kleinem Volumen, Homogenität, Teilbarkeit, Haltbarkeit usw. finden. Das ist das Geld, und mehr ist es nicht.

Der wahre Reichtum ist etwas ganz anderes. Was? Hier beginnen die Verwirrung und die Meinungsverschiedenheiten, und sie sollten bis heute andauern. Zwar gehört es nicht in den Rahmen dieses Essays, alle Etappen des ökonomischen Denkens auf diesem Weg zu verfolgen oder, und sei es nur summarisch, zu charakterisieren. Doch erkennen wir, dass sie alle das Bemühen aufweisen, eine gewisse Ordnung der Realität zu entwerfen, die tatsächlich verschieden geworden ist oder von nun an als verschieden anerkannt werden muss: die Tatsache, dass im ökonomischen Leben die Dinge, die Dienstleistungen, die Versprechen sich gemäß einer Ordnung mit nur einer spezifischen Größe vergleichen, schätzen, austauschen lassen, die, ohne auszudrücken, was alle Merkmale der Sache oder der Handlung für den Nutzen oder den Geschmack oder die Wertschätzung des Menschen sind, dennoch völlig und für sich allein ausdrückt, was ihr *ökonomischer Wert* ist.

Doch was wird der Ursprung, was die Grundlage dieses ökonomischen Werts sein? Zur gleichen Zeit, als der Wert sich von seinem Ausdruck in Gold oder Silber loslöste, verweltlichte ihn die Veränderung der Tatsachen und Ideen des 16. Jahrhunderts: in diesem Sinne trennte sie ihn von den ethisch-religiösen Werten, mit denen er bisher oft verbunden oder denen er untergeordnet wurde – ebenso wie der ökonomische Teil des sozialen Lebens damals mit dem ethisch-religiösen Teil, der höher stand und dieses ganze Leben regelte, verbunden oder ihm untergeordnet wurde. Wo für diesen verschiedenen Wert eine eigene Grundlage finden?

Mit einer Tiefe, die nicht genügend anerkannt worden ist, spricht das physiokratische Denken dem Menschen die Macht ab, diesen Wert zu schaffen; er kann ihn lediglich verlagern, ihn von einer Sache in eine andere umwandeln; eine anfängliche Entstehung, eine Vermehrung kann nur von einer wahrhaft schaffenden Kraft kommen, nur vom göttlichen Wirken (das sich in der Fruchtbarkeit und den Produkten der Erde selbst manifestiert). Transponieren wir die göttliche Hypostase, so wie sie die zeitgenössische Soziologie in vielen anderen Bereichen sichtbar gemacht hat; diese Erklärung bringt mit Scharfsinn zum Ausdruck, dass die Erschaffung eines ökonomischen Werts nicht das Werk individueller Menschen ist, die durch ihr Handeln die Gesellschaft bestimmen, *ut singuli* (da er sich ihnen aufdrängt und häufig außerhalb oder vor jeder ausdrücklichen Handlung ihrerseits sowie außerhalb existiert, im Unterschied oder sogar im Gegensatz zu ihrer eigenen Wertschätzung); er hat seinen Ursprung in einer Macht, die über die Menschen, die auch die anderen sozialen Werte schaffen, hinausgeht; er hat seinen Ursprung in der Gesellschaft.

Doch dieser Weg ist sicher nicht der des englischen Empirismus und des gesunden, klaren, aber nüchtern prosaischen Verstands, der – von Locke und seinen Epigonen über Bentham bis Mill, Bain und sogar Spencer – über die Psychologie und später sogar über die Soziologie herrschen sollte. Eine Ausnahme indes sind die scharfsinnigen Essays von Hume über den Handel und das Geld – scharfsinnig gerade durch die Unvereinbarkeit der beiden Themen, die er nebeneinanderstellt, ohne sie in Übereinstimmung bringen zu wollen, womit der englische Geist sich oft begnügt: der Glaubenssatz, dass die Edelmetalle nicht der wahre Reichtum sind, und zugleich die Anerkennung ihrer beachtlichen dynamischen Rolle in der modernen Entwicklung. Diese sowohl elegante wie aufrichtige Inkonsistenz auf diesem Gebiet wie in dem der Erkenntnis hätte einen Ökonomen wie Kant aus seinem dogmatischen Schlummer reißen können. Doch dem zweiten Glied dieses Gegensatzes war in der Theoriegeschichte keine Nachkommenschaft beschieden, zumindest nicht unmittelbar.

Nichtsdestoweniger besteht die Realität, die diesen Gegensatz ausdrückt, latent weiter fort, störend für das vereinfachende Denken, das mehr und mehr in der englischen Schule und später, durch die Verlockung einer scheinbaren Klarheit, auch in einigen Schulen des Kontinents vorherrschen wird. So hat auch das ganze 18. Jahrhundert, während es und gerade weil es sich so heftig dagegen wehrte, in den »merkantilistischen Irrtum« zurückzufallen, eine hartnäckige Obsession für den Reichtum, der mit dem Überfluss oder der Vermehrung der Edelmetalle verbunden ist oder sogar, wenn diese fehlen, mit denen anderer Geldmittel; und es lässt immer wieder, um diese Obsession zu bekämpfen, seine Anstrengung wie seine Ratlosigkeit erkennen, ohne all die Zunahmen und Veränderungen des Vermögens und der Macht zu erklären, die in der modernen Zeit zwischen den Staaten, zwischen den Wirtschaftszweigen oder zwischen den Klassen eingetreten sind. Aber seit das Sinken der Zuwachsrate dieser Edelmetalle fast überall einen relativen Mangel daran hat spüren lassen, dem abzuhelfen man außerstande ist, scheint die wiederholte Behauptung, sie seien nur der äußere Schein des Reichtums, auf seltsame Weise der Erklärung des Fuchses in der Fabel über die zu sauren Trauben zu ähneln. Dies erweist sich bei eingehender Lektüre dadurch, dass viele Autoren, gerade im Umfeld jener These, die Rolle, die diese Geldmittel in der tatsächlichen ökonomischen Entwicklung gespielt haben, anerkennen. Und wenn man genauer hinsieht, als man es gewöhnlich getan hat, haben auch die Auffassungen und Erfahrungen von Law noch lange nach der Katastrophe bei weitem nicht jede ernstgemeinte Achtung verloren: und auch wenn diese Katastrophe es schwer macht, sich widerstrebend darauf zu berufen, so wird sie doch oft mit diesen oder jenen Umständen, ja sogar Unvorsichtigkeiten erklärt, entschuldigt, aber nicht aufgrund des Systems selbst für unvermeidbar gehalten.

Bei Adam Smith selbst, dem Meister, der unbestreitbar eine Analyse und eine Interpretation der Gesamtheit des ökonomischen

Lebens vorlegt, die alle vorherigen übertreffen, begreift man, wie wir mehr und mehr glauben, die Hauptthesen nicht richtig, wenn man nicht erkennt, dass sie ursprünglich in der Diskussion über den Einfluss der Edelmetalle auf den ökonomischen Fortschritt entstanden sind. Die Ausführungen beispielsweise des Kapitels XII (1. Buch) sind, obwohl sie die Überschrift »Exkurs« tragen, im Gegenteil zweifellos ein Eckpfeiler der Smith'schen Konstruktion. Heute aber können wir in seinem Geist die Unzulänglichkeit und Ungenauigkeit der Quelle der Tatsachen beurteilen, mit denen er nach intensivem Bemühen in dieser Richtung (einem Bemühen, das nach ihm in keiner Epoche wiederholt wurde) in Ermangelung eines Besseren wohl oder übel vorliebnehmen musste. Statt sich damit zu begnügen, seine Schlussfolgerungen zu wiederholen, die sich allein auf diese ihm bekannten Grundlagen stützen, könnte man sich also fragen, da wir jetzt über immer mehr Daten verfügen, die wir uns zunutze machen können, ob seine Besorgnis und sein guter Glaube an die ursprüngliche, positive Information seine Theorie nicht zu ganz anderen Schlussfolgerungen hätten führen können.

Wie dem auch sei, nach seiner mühevollen Diskussion, die gerade dadurch, dass sie sich in den Rahmen einer Prüfung historischer Tatsachen stellte, seine Resultate stets in dem Maße, wie diese Tatsachen besser oder anders bekannt waren, korrekturbedürftig machte, musste er wohl meinen, die entscheidende Erleuchtung zu haben, als er schließlich die Formel fand (die er an den Anfang seines endgültig geordneten Werks stellte), dass alles in allem die jährliche Arbeit einer Nation ihren Reichtum ausmacht. Doch was will diese berühmte Formel anderes sagen, als dass die wirtschaftlichen Tätigkeiten eines Landes der unmittelbare und unerlässliche Faktor seiner ökonomischen Erfolge sind? Was die Frage offenlässt, ob diese Tätigkeiten nicht auf irgendeine Weise hervorgerufen werden und diese Erfolge nicht von diesen oder jenen Antezedenzien, darunter vielleicht den monetären Tatsachen, bedingt sind. Denn als er sich von dieser sehr weit gefassten These, die Ergänzungen oder weiter reichende Interpretationen verlangt, der Aufgabe zuwendet, anderswo als im Geld den Wertmaßstab zu finden, schwebt ihm zwischen dem Getreide und der menschlichen Arbeit alles Mögliche vor – mit Hilfe vieler anfechtbarer Annahmen (die sich seither tatsächlich als falsch erwiesen haben) und vieler praktischer

Schwierigkeiten, die ihm nicht entgehen –, um trotz allem wieder zum Geld zurückzukehren, zumindest was kurze Perioden betrifft: ein zwar eingeschränktes Geständnis, das jedoch sehr lehrreich war und sich weiterentwickeln ließ.

Haben wir nicht noch einen frappierenderen Fall mit J. B. Say, der in seiner Sorge um die Erfahrung und mit seinen Skrupeln, auszusprechen, was er feststellt, Adam Smith näher steht als irgendeiner von dessen britischen Nachfolgern? Hier haben wir den Autor jenes Gesetzes von Angebot und Nachfrage vor uns, dessen oberflächliche Klarheit für viele vielleicht den Erfolg ausmachte und verlängerte, das jedoch auf jeden Fall »zwischen Produkten und Produkten« dem Geld jede effektiv wertbildende Rolle nimmt. Andererseits räumt J. B. Say aber ein, dass der Überfluss, die Zunahme der Geldmenge, einen »sehr schwer zu erklärenden, aber konstanten« ökonomischen Entwicklungsschub zur Folge habe und dass die Politik der Rückkehr zum Pfund Sterling mit seiner früheren Wechselkursparität von 1814 bis 1819 »für die Masse der Nation und für die Industrie« Großbritanniens »eine Geißel« gewesen sei.

Zum Unglück für die positive Entwicklung der Wirtschaftswissenschaft sollte dieser mögliche Reichtum an neuen Anknüpfungspunkten, der Smith zu dem anfänglichen fruchtbaren Kontakt mit der Geschichte und den Tatsachen verhilft, nach ihm in der begrifflichen Enge der Konstruktion Ricardos verdorren. Doch kann man nicht gerade aufgrund des Charakters dieser Glaubenslehre umso schlüssiger in unserem Sinne (und die gerade zitierten Bemerkungen von Say führen uns dahin) erwägen, ob sich die vermeintliche Strenge seiner scheinbaren Deduktionen, seiner Lücken, seiner unerwarteten Zusätze nicht im Licht der ökonomischen Tatsachen dieses Landes in der damaligen Zeit erhellen? Da diese Realitäten, die die Realitäten der Klasse oder der Klassen waren, denen sich der Autor am meisten verbunden fühlte, in ihren eigenen Interessen am spürbarsten sein mussten, waren ihm diese Klassen zweifellos sehr dankbar, dass er diese Interessen im Namen einer so selbstsicheren doktrinalen Rationalität zu erklären vermochte. Aber ist es, wiederum gerade wegen dieses zusätzlichen Motivs, nicht bezeichnend (und mit diesen oder jenen neueren Stellungnahmen mit recht ähnlicher Konjunktur zu vergleichen), wenn man sieht, dass er unter diesen Bedingungen dem Gold wieder den Vorrang als Referenz für den objektiven und gesicherten Ausdruck der ökonomischen Werte einräumt, ohne dass er zu ahnen scheint, dass der Repräsentativwert dieses Goldes in anderen Gütern erheblich schwanken kann (was er wenige Tage später auch tat)?

Diese tiefe Verwirrung findet sich in dogmatischem Gewand in der Haltung und der Unschlüssigkeit oder den Unzulänglichkeiten des Marxismus bezüglich dieser Probleme wieder. Fraglos dürfen wir den Reichtum, die Komplexität, aber auch die manchmal recht schwierigen Vereinbarkeiten der spezifischen, historischen und interpretatorischen Ausführungen nicht verkennen, die auf den verschiedenen Ebenen Marx' gesamtes Werk durchziehen. Aber sind wir hier nicht berechtigt, uns vor allem mit den einfacheren Hauptthesen zu befassen, die die ersten Kapitel von *Das Kapital* beleuchten, weil vor allem sie es sind, die verstanden und behalten wurden und die die größte positive Bedeutung und Folge hatten? Doch hier rührt das Prinzip seiner historischen und dialektischen Analyse – wenn es stimmt, dass er, wie gesagt wurde, das Ökonomische auf das Technische gründet, oder wenn es wahrscheinlich richtiger ist, dass er das Ökonomische nicht gut oder nicht genügend vom Technischen unterscheidet – vielleicht daher, dass er dem System zufolge und seit seinem Eintritt in dieses System den Geldausdruck nicht beachtet hat. Hier hat er zweifellos die Realität der Entstehung eines Reichtums im Handel selbst nicht erkannt (obgleich diese Quelle vielleicht historisch die erste und entscheidende war, und wir werden sehen, warum). Deshalb bemerkt er, zu einem großen Teil, auch nicht den gleichartigen Ursprung jenes »Mehrwertes«, der im industriellen und landwirtschaftlichen Produkt ausgemacht wird, und deshalb scheint ihm dieser Teil nichts anderes zu sein als eine Abschöpfung der Effekte der eigentlich technischen Veränderung.

Doch wie soll man diesen totalen oder diesen hinzugefügten Wert abschätzen, in welcher Einheit ihn abrechnen? Es ist bezeichnend, dass die große Anstrengung, diese trügerischen äußerlichen Erscheinungsformen, das heißt die Geldausdrücke, aufzulösen und sie wirklich in einem physischen Maß der menschlichen Arbeit wiederherzustellen, darauf hinausläuft, zuzugeben, dass für eine Akzeptabilität der These eine ökonomische Einheit aus »durchschnittlicher sozialer Arbeit« unabdingbar ist: doch um auf etwas positive Weise zusammengefasst und irgendeiner konkreten Anwendung angenähert zu werden, scheint dieser Begriff (den wenigen jüngeren Versuchen großer Körperschaften oder großer Firmen nach zu urteilen) erneut und klarer darauf hinauszulaufen, lediglich die Beziehung zwischen einer bestimmten Geldrepräsentation zu bestimmten anderen Geldrepräsentationen zu sein; und zwar wiederum nur zum Preis entweder einer beträchtlichen Komplexität und Unbestimmtheit oder eines Postulats, bei dem der Begriffsinhalt ziemlich verschwommen bleibt; zudem mit Bedingungen oder Konsequenzen, die – gemäß den Lehren einer fortschreitenden Entwicklung, wie sie tatsächlich beobachtet wurde – gerade außerhalb des Fortschritts dieser Entwicklung lägen, wenn sie ihm nicht gar zuwiderliefen. Doch diese Untersuchung und diese Diskussion würden längere Ausführungen verlangen. Wir wollen von diesen kurzen Bemerkungen lediglich festhalten (und das genügt hier für unser Thema), dass in diesem System, das die monetäre Tatsache absolut auszuschließen schien, dennoch, sobald und sofern man sich auf die eigentliche ökonomische Ebene begibt, eine tatsächliche, trotz allem wieder auflebende Anwesenheit der Ordnung der monetären Tatsache oder einer vom Monetären transponierten Ordnung zu erkennen ist.

Die Kraft einer bedrohlichen Propaganda, die diese Doktrin dennoch unstreitig haben konnte, scheint als mehr oder weniger direkte Folge oder als mehr oder weniger bewusste, im Großen und Ganzen aber wirksame Reaktion eine Entwicklung der Theorien gehabt zu haben, die sich dann in mehreren Punkten zugleich äußert: zunächst wenigstens in der Wiederaufnahme einer kritischen und einschränkenden Prüfung der eine Zeitlang klassisch gewordenen Thesen, die dazu geführt hatten; und bald noch mehr in einem Schub, einem theoretischen Aufblühen in einer Richtung von gänzlich entgegengesetztem Charakter. Die psychologische Schule oder vielmehr die diversen psychologischen Schulen kehren von dieser gesuchten und gefundenen und für enttäuschend oder trügerisch erachteten Objektivität zurück zu einer inneren Analyse des Verhaltens, der Bedürfnisse und der Befriedigungen der Individuen; und sie meinen, diesmal dort einen unanfechtbaren Ursprung des ökonomischen Werts zu entdecken, in einer verführerischen Theorie, die dem Einfallsreichtum der introspektiven Analyse und der dialektischen Konstruktion ein schönes Feld bot. In immer esoterischeren Kombinationen und Komplikationen – vor allem da ein für die Laien beeindruckender mathematischer Apparat damit einherging – verschaffte diese Denkrichtung ihren Adepten die Art von Befriedigung, auf die die gelehrten Geister am erpichtesten waren und mit der sie sich eifersüchtig versorgten und begnügten: die einer Wissenschaft aristotelischen Typs, wie sie mehrere Jahrhunderte lang in der Entfaltung der Scholastik blühte und noch lange danach der Wissenschaft modernen Typs Widerstand leistete; das heißt einer Beschäftigung des menschlichen Geistes, der es vor allem nicht um eine positive Realität zu tun ist, die zu erkennen und zu erklären wäre (was nicht ohne Mühe und ohne Schwierigkeiten geht), sondern um eine innere Analyse und eine begriffliche Konstruktion, die, auch wenn sie bisweilen rein verbal zu werden droht, diesen Geist auf einfache, aber sichere Weise durch die Übereinstimmung dieses Denkens oder dieses Ausdrucks mit sich selbst befriedigt – dem sie durch eine gewisse Hermetik das Verdienst hinzufügten, dem Eingeweihten das Gefühl seiner Überlegenheit gegenüber dem Laien zu geben.

Trotzdem galt es, irgendwann zu dem vorzustoßen oder wieder vorzustoßen, was schlechthin der Kern des ökonomischen Lebens in der kollektiven Realität ist, in die diese individuellen ökonomischen Psychologien nicht wieder einzubetten nun doch eine zu starke Robinsonade wäre: das heißt zum Markt, zum Preis. Ich habe an anderer Stelle[6] darauf hingewiesen, wie überaus genial die österreichische Haarspalterei war, die meinte, von den subjektiven Maßstäben mit individuellen Präferenzen zu einem zwangsläufig objektiven Tauschpreis gelangen zu können; wie dies dennoch nur in der Annahme erreicht wurde, wie Bourguin bereits aufgezeigt hat, dass die Qualitäten Größen sind oder werden – worin ja gerade die Frage besteht –, womit man im Grunde das Bedingende durch das Bedingte erklären wollte; und dass überdies von irgendeinem qualifizierten Verfechter der Schule ausdrücklich eingeräumt wurde, dass der Preis alles in allem eine Gegebenheit, eine Tatsache ist, von der man mit Recht ausging, und dass es lediglich darum geht, den Variationen anhand dieser Gegebenheit Rechnung zu tragen, usw. Ohne diese Diskussion wieder aufzugreifen, müssen wir hier besonders verstehen, in welche Bedrängnis ein Carl Menger durch die Tatsache, dass es Preiseinschätzungen in Geldtermen gibt, gera-

6 F. Simiand, *La Méthode positive en science économique*, Paris 1908, VII, 4, und andere dort auf S. 194 angeführte Quellen.

ten konnte, wenn das Eigentümliche subjektiver Wertschätzungen – wie es nicht nur die Wertschätzung eines Gemäldes oder einer Oper durch einen Maler oder einen Musiker beweist, sondern auch die Wertschätzung einer Speise durch einen Feinschmecker und sogar einfach die des Brots und des Weins durch den Hungrigen oder Durstigen – gerade darin besteht, sich in gänzlichem Unterschied, ja im Gegensatz oder manchmal sogar in Auflehnung gegen den monetären Preis zu zeigen, der für dieses Bild, diese Oper, diese Speise, für das Brot und den Wein unabhängig von diesen individuellen Präferenzen oder Bestrebungen, wenn nicht gar ihnen zum Trotz angesetzt wird. Dies ist in der Tat der entscheidende Stolperstein, den aller Scharfsinn der Schule nicht überwunden hat.

Allerdings konnte es für den mathematischen Zweig verlockend sein, wenigstens in der Theorie ein Maß für diesen Tauschwert zu finden und festzulegen, der von dieser konkreten Geldrepräsentation frei ist, in der übrigens Mängel, eine Variabilität, Abhängigkeiten auftauchen, die dem begrifflichen Ideal eines Maßes entgegenstehen. Hochgeschätzte Geister haben sich bemüht, zu bestimmen oder vielmehr zu zeigen, durch welche Gesamtheit von Funktionen theoretisch eine Messung des allgemeinen Tauschwerts möglich wäre; wobei im Übrigen nach ihrem Eingeständnis jede praktische Anwendung zu einer Verwendung des Geldes zurückkehrt, außer, wie einige meinen, diese werde durch eine Regulierung ersetzt, die wiederum ein Geldausdruck wäre. Doch gerade an der Klarheit der Analyse, die die mathematische Darstellung garantiert, werden wir weiter unten sehen, dass diese ganze ideologische Konstruktion entweder das Geld impliziert oder aber unbestimmt bleibt.

Hinzu kommt, dass die von einigen angezeigten Korrekturen und sogar die von allen ohne weiteres akzeptierten Problemstellungen letztlich *petitiones principii* sind, bei denen eine Untersuchung und eine positive Anerkennung der fortschrittlichsten ökonomischen Entwicklung entweder ihren überaus anfechtbaren finalistischen Charakter oder aber die Einengung auf eine statische oder regressive Ökonomie zeigt, auf die sie sich zweifellos weder beschränken noch sich unweigerlich in ihr einschließen wollten.

III.

Nach diesen kurzen und summarischen Bemerkungen versuchen wir nun herauszufinden, wo all diese Verwirrung herrühren mag, diese Komplexität, dieses Nebeneinander von Unvereinbarkeiten, schließlich dieses mehr oder weniger explizite Scheitern bei diesen Einschränkungen der monetären Tatsache und den Versuchen, sie zu erklären, zu neutralisieren oder gar zu beseitigen.

Auf diese Tatsache angewandt, sind die Stadien der menschlichen Erkenntnis – fortschreitende Stadien –, wie uns scheint, vollkommen denen der auf die religiöse Tatsache angewandten Erkenntnis vergleichbar (natürlich *mutatis mutandis*), so wie die zeitgenössische Soziologie sie kennzeichnet. Das erste Stadium ist der einfache, kritiklose Glaube an den Wert und an die absolute Realität der Dogmen oder der Riten. Das zweite ist die Haltung, die oft mit dem Epitheton »voltairianisch« charakterisiert wird; die vorgebliche Realität ist nichts als Schein, Illusion, Schleier vor der Realität; der Wert ist nicht nur nicht absolut, sondern schierer Aberglaube (wenn nicht gar Täuschung). Das dritte jedoch besteht darin, vor allem diese Tatsache als Tatsache anzuerkennen; ihre Manifestation, ihre Vielfalt, ihre Abwandlungen so objektiv wie möglich zu untersuchen, das heißt nicht durch Introspektion des Bewusstseins, die viel zu begrenzt oder bedingt und allzu leicht willkürlich oder illusorisch ist (in der Bejahung ebenso wie in der Verneinung), sondern durch eine positive Anerkennung dieser Tatsache überall dort, wo sie unabhängig von diesen oder zumindest anhand dieser subjektiven Übersetzungen erreicht werden kann; sie also in der Gesellschaft, in den menschlichen Gesellschaften zu untersuchen; ihre Typen und Formen zu unterscheiden und zu ordnen; zu versuchen zu erkennen, immer auf objektive Weise, was mit ihr einherzugehen oder sie zu bedingen scheint oder was von ihr bedingt zu sein scheint. Auf diese Weise (da der Bereich des individuellen Bewusstseins, soweit er in diese Erkenntnis fällt, ausgespart wird) gelingt es der zeitgenössischen Interpretation bekanntlich, diese religiöse Tatsache zu erkennen und zu verstehen: vor allem als eine überaus effektive, für die menschliche Gesellschaft wesentliche Realität und nicht als Illusion oder Irrtum; und alles zusammen als relative Realität, und zwar kraft des ersten grundlegenden Merkmals selbst: denn gerade weil es eine Realität ist, jedoch eine soziale Realität, ist sie aufgrund der Vielfalt und der Entwicklung der menschlichen Gesellschaften eine veränderbare Realität.

Können wir heute nicht denselben Vorgang und dieselben Etappen bezüglich der monetären Tatsache sehen und unterscheiden?

Ist es erforderlich, auf die Existenz in der Vergangenheit und die zumindest partielle Fortdauer des ersten Stadiums bis heute noch ausführlicher einzugehen? Ist es erforderlich, die vielen alten und verschiedenartigen Zeugnisse in unterschiedlichen Zivilisationen, in der Folklore, der Sprache, der Dichtung, dem Brauchtum, dem Recht im Einzelnen aufzuführen und von dem den Edelmetallen zugeschriebenen absoluten Wert, ein Reichtum zu sein, sogar der Reichtum schlechthin – den Edelmetallen noch vor der Münzprägung –, zu berichten? Sind lange Erläuterungen erforderlich, um aufzuzeigen, dass einige mögliche Übertreibungen oder Entstellungen bereits von dieser oder jener höheren Intellektualität oder Moralität festgestellt und verurteilt worden sind, ganz wie die Übertreibungen und Entstellungen der Magie von einer noch absoluten, aber geläuterten religiösen Glaubenslehre? Bedarf es noch mehr, um auf deren Fortdauer und Widerstandskraft bis heute nicht nur in den gern verspotteten Wollstrümpfen unserer Bauern hinzuweisen, sondern sogar, wie wir sahen – ein umso bezeichnenderes Indiz, als es unbewusster ist und gern geleugnet wird –, in den theoretischen und vor allem praktischen Thesen einiger unserer modernen Ökonomen oder Spezialisten?

Aber das zweite Stadium wurde weitgehend, sogar mehrmals erreicht (siehe zum Beispiel schon Aristoteles), jedenfalls auf eine immer allgemeinere Weise seit der modernen Zeit, in der es schlechthin als der Rahmen für das präsentiert wird, was als vernünftig, ohne weiteres klar, doch durch die Reflexion des »einfachen gesunden Menschenverstands« endgültig festgelegt erscheint.

Und gerade dieser Ausdruck muss uns beunruhigen: denn wenn es ein Merkmal gibt, das den neuesten und erklärungskräftigsten Ergebnissen der Naturwissenschaft wie denen der soziologischen Disziplinen der verschiedenen Zweige in dem Maße gemeinsam ist, wie sich dort eine genügend etablierte Wissenschaftlichkeit herausschält, dann ist es die Tatsache, nicht konform und häufig eindeutig fremd, wenn nicht gar dem entgegengesetzt zu sein, was der einfache gesunde Menschenverstand erwartet hätte.

Die Menschen fanden es bequem – sagt uns, von Locke ausgehend, jeder »verständige« Autor –, zur Erleichterung der Tauschgeschäfte zu einem gemeinsamen Mittel zu greifen, bei dem sie übereinkamen, es solle einen allgemein anerkannten Tauschwert haben. Ist das in diesem Bereich nicht die genaue Entsprechung jenes »Gesellschaftsvertrags«, mit dem in ebenjenem 18. Jahrhundert eine berühmte These die Entstehung der ganzen bürgerlichen Gesellschaft erklären sollte? Nun wissen wir aber, in welchem Maße erkannt wurde, dass diese künstliche Konstruktion nicht nur jeder historischen Wahrheit entbehrt, sondern auch außerstande ist, den Merkmalen Rechnung zu tragen, die für unsere soziale Realität wesentlich sind. Auch wurde darauf hingewiesen, wie radikal falsch der Ausdruck »soziale Übereinkunft« zur Bezeichnung der Gepflogenheiten, der Praktiken, beispielsweise der Praktiken des Zeremoniells oder der Höflichkeit, war, den man im ersten Stadium der Kritik gern auf sie anwendet: denn es ist erwiesen, dass die Menschen einer natürlichen Gesellschaft niemals gemeinsame Beratungen über diese Dinge vorgenommen haben; und gerade deshalb drängen sie sich mit ihrem Charakter einer Regel auf, die, ob befolgt oder nicht, das Wollen und sogar die Zustimmung der Individuen übersteigt und ihnen vorausgeht. Eine Institution, eine soziale Regel mit der Bequemlichkeit zu erklären, die der heutige Mensch darin sieht, mit der Vernunft, die er in seinem Studierzimmer im Nachhinein darin entdeckt (und die ihm oft genügt, sei's um sie zu bewahren oder zu empfehlen, sei's um sie zu verurteilen), wird anhand vieler überzeugender Beispiele mehr und mehr aus der Soziologie der Moral und des Rechts verbannt.

Hat in dem Bereich, der uns beschäftigt, jemals irgendjemand aufgezeigt, wo und wann die Menschen, die Gesellschaft tatsächlich aus bequemer Übereinkunft vom Naturalientausch zum monetären Tausch übergegangen sind? Ich weiß, dass man solche Fälle zitiert, in denen bestimmte Menschengruppen ohne jegliches Geld im eigentlichen Sinn – Gefangene untereinander bei illegalen Tauschgeschäften, isolierte Kolonisten für ihren direkten Handel in einem geschlossenen Kreislauf – »übereingekommen« sind, zur Wertmessung und als anerkanntes Zahlungsmittel beispielsweise eine bestimmte Menge Tabak oder irgendetwas anderes zu nutzen. Doch weit entfernt, beweiskräftig zu sein, handelt es sich hier gerade um ein Argument für das Gegenteil: es geht hier um Menschen, die das Geld und seine Repräsentationen sowie seine Nützlichkeit bereits kannten und die es, da ihnen diese gewohnten Repräsentationen momentan fehlten, untereinander für eine gewisse Zeit (und im Übrigen nicht ohne Fehlerrisiko) durch die Verwendung irgendeines in der Tat vereinbarten Zeichens ersetzten; aber dieses derart zeitlich begrenzte Zeichen ist ebenso wenig ein tatsächliches und neues Geld wie die von Spielern verwendeten Jetons oder Streichholzenden, die ihre Einsätze, Gewinne oder Verluste repräsentieren und im gegebenen Moment in Geld oder in Geldrepräsentationen im eigentlichen Sinn umgetauscht und konsolidiert werden.

Dass Tauschgeschäfte ohne Geld in zahlreichen unterschiedlichen Gesellschaften (die sich nicht immer im sogenannten primitiven Stadium befinden) praktiziert werden, ist in zeitgenössischen Arbeiten von erheblicher soziologischer Tragweite nachgewiesen worden. Trotzdem und gerade aufgrund der Merkmale, die für diese Transfers von Gütern wesentlich sind, bis hin zu ihrer Fortdauer oder ihren Surrogaten in unseren Gesellschaften fortgeschritten modernen Typs, scheint es auf der Hand zu liegen, wie wir schon an anderer Stelle anmerkten,[7] dass es sich hier um einen Gütertransfer handelt, der keines der so bemerkenswerten Merkmale des Geldtauschs aufweist, und dass noch gezeigt werden muss, wo und wann man vom einen zum andern übergegangen sein soll. Selbst dann wäre übrigens, wie wir ebenfalls bereits sagten, die Abstammung keine Erklärung.

Zweifellos genauer, worauf wir ebenfalls an anderer Stelle hinwiesen,[8] haben Karl Elster und vor ihm Bendixen gründlich belegt, wie sehr der Geldtausch und der reine Tauschhandel nicht nur vollkommen unterschiedlich, sondern sogar von vollkommen anderer Natur sind und einander ausschließen.

Wenn sich der Geldtausch also nicht mit seiner Bequemlichkeit und mit einer sozialen Übereinkunft erklären lässt, finden wir dann vielleicht in den uns genannten Vorteilen (Übereinstimmung der Substanz, Unverwüstlichkeit, Teilbarkeit, Möglichkeit eines unauslöschlichen Aufdrucks, Tragbarkeit usw.) tatsächliche historische Gründe und soziologisch gültige Erklärungen für die »Wahl« der

7 F. Simiand, *Le Salaire, l'évolution et la monnaie. Essay de théorie expérimental du salaire*, 3. Bde., Paris 1932, Nachwort, 4. Teil, besonders S. 584f.

8 *L'Année sociologique*, neue Serie, Bd. I, S. 772f.

Edelmetalle, Gold und Silber, eine Wahl, die wegen der materiellen Beschaffenheit dieses Tauschmittels getroffen worden sein und sich allmählich verallgemeinert und konsolidiert haben soll?

Sehen wir uns die Tatsachen an. Dass monetäres Metall kein beliebiges Metall ist, könnten wir hier sogleich anhand überzeugender Beispiele feststellen, bei denen der Wille doch stark war und sich eigentlich hätte durchsetzen müssen. Von wie vielen anderen und zum Teil recht unerwarteten Dingen außer diesen Edelmetallen ist dagegen bekannt, dass sie die Rolle von Geld spielten und noch spielen? Vergleichen wir die Merkmale und praktischen physischen Eigenschaften dieser verschiedenen Materialien. Das Ergebnis dieser Untersuchung würde, wie uns scheint, auf eine doppelte Aussage hinauslaufen:

Es gibt keine der vermeintlich entscheidenden Eigenschaften der Edelmetalle:

1. die einerseits nicht (und zwar in durchaus vergleichbarem, wenn nicht höherem Maße) auch ein anderes Metall oder sogar irgendein anderer Körper aufweist;

2. und die andererseits nicht anderen Dingen fehlt, die tatsächlich Geld waren und noch sind.

Dagegen sehen wir, dass jenen etwas fehlt, was diese besitzen, nämlich eine gewisse Kraft sozialen Ursprungs und eine soziale Bedeutung, deren Natur wir zu präzisieren versuchen müssen.

In einem Werk,[9] das seit seinem Erscheinen bis heute zu wenig beachtet wurde (und im Übrigen in verschiedener Hinsicht Kritiken und Vorbehalte herausfordert), lenkte W. W. Carlile die Aufmerksamkeit auf die Tatsache, dass alle die verschiedenen Dinge, die als Geld gedient haben und noch dienen, das Merkmal aufwiesen, gleichzeitig oder sogar schon vorher »Zierrat« gewesen zu sein, Schmuckstücke (also Dinge von höchstem, rein sozialem Wert, wie wir ohne Zögern sagen würden), und keineswegs Dinge von irgendeinem praktischen Nutzen, geeignet, irgendein biologisches Bedürfnis des Menschen zu befriedigen. Aber mehr noch: Setzt das Merkmal der Verwendung und des Werts als Schmuck nicht noch ein anderes, vorhergehendes und in noch stärkerem Maße soziales

9 W. W. Carlile, *The Evolution of Modern Money*, 1901. Vgl. unsere Zusammenfassung in *L'Année sociologique*, Bd. V, S. 475, sowie die der beiden späteren Werke desselben Autors, ebd., Bd. IX, S. 459, und Bd. XII, S. 720.

Merkmal voraus, das es begründet und erklärt? Einige typische Beispiele mögen genügen, uns ahnen zu lassen, von welcher Art dieses erste Merkmal sein könnte.

»Hatyk«, las ich im Fremdwörterverzeichnis des bemerkenswerten ethnographischen Berichts von Ossendowski,[10] »ein längliches blaues oder gelbes Seidenstück, das geehrten Gästen, Häuptlingen, Lamas und Göttern dargeboten wird. *Auch* [von mir hervorgehoben] eine Münze im Wert von 1-2 Goldmark.« Merken wir sogleich an, dass im ersten Satz die historische oder soziologische positive Reihenfolge vermutlich umgekehrt wäre: »Göttern, Lamas, Häuptlingen und verehrten Gästen dargeboten«. Das ist bereits ein Hinweis auf einen anfänglichen, vorhergehenden, erklärenden Terminus.

J.-L. Laughlin ruft uns in Erinnerung,[11] dass die Kolonien, die nachmaligen Vereinigten Staaten von Amerika, bei ihren Tauschgeschäften mit den Indianern als Maß für die ökonomischen Werte lange Zeit »Wampum« benutzten, Gürtel oder Halsketten aus zu Schnüren aufgezogenen, unterschiedlich oder kompliziert angeordneten Muschelperlen von entsprechend variierendem Wert; und er fügt hinzu: diese Halsketten und Gürtel wurden nicht nur deshalb als Geld verwendet, weil sie als Schmuck geschätzt waren, sondern weil sie zuvor als das geeignetste Mittel angesehen wurden, an wichtige Ereignisse zu erinnern, beispielsweise als Bezeugung feierlicher Abkommen zwischen den Stämmen und den Europäern. Doch ist nicht auch dies mit irgendeinem höheren Wert zu verbinden, der den Wert dieser Unterpfande begründet?

Louis Capitan[12] weist uns auf die göttliche und heilige Natur hin, die man in Peru und in Mexiko dem Silber und dem Gold beimaß, deren Diebstahl mit dem Tod bestraft wurde; und, so fügt er hinzu, die Achtung, die den Goldschmieden zuteilwurde, zeuge davon, dass »die geheimnisvolle Natur dieser Metalle auf diejenigen zurückfiel, die sie bearbeiteten«. Und wenn umgekehrt in Peru (wer hätte das gedacht?) nicht so sehr das Gold als eigentliches Geld diente, sondern vielmehr Muscheln oder Halskettenperlen aus Mu-

10 A. F. Ossendowski, *Tiere, Menschen und Götter*, übers. v. Wolf von Dewall, Frankfurt am Main 1923, S. 363.

11 J.-L. Laughlin, *The Principles of Money*, a. a. O., S. 12.

12 L. Capitan, *Le travail en Amérique avant et après Colomb*, Paris 1914, S. 90 und 1957.

scheln oder harten Steinen, so fügt unser Autor hinzu, dass diese Gegenstände »mit einer ganzen Reihe religiöser Praktiken verbunden waren«.

J. J. de Groot berichtet uns, dass die alten Chinesen Gold (in Brocken, nicht als Münze) in den Mund der Toten legten, weil sie glaubten, das Gold (wie auch andere Substanzen) schütze vor der Verwesung. Die Griechen, die diesen Ritus nicht mehr verstanden, interpretierten ihn als erste »Voltairianer«: man legte ein Geldstück in den Mund des Toten, weil er Charon einen Obolus zahlen musste.[13]

Und hat man nicht auch in unserer griechisch-lateinischen Zivilisation überaus suggestiv gefragt, ob die Gold- und Silberklingen nicht deshalb in den Tempeln aufgehängt wurden, weil diese Metalle wertvoll waren, oder ob sie vielmehr Wert hatten, weil sie den Göttern geweihte Substanzen waren und folglich zweifellos an einem Widerschein oder sogar einer Einverleibung der göttlichen Macht teilhatten?

Eine magische, eine heilende Kraft, würden wir sagen; und das bedeutet in diesen sozialen Stadien: diesen Materialien wurden Eigenschaften, Qualitäten, Merkmale von supraphysikalischer Natur von einem sozialen Glauben zuerkannt, der ihren besonderen und höheren Wert begründet; daher der Wunsch nach Besitz bei den Gruppen und Individuen, also nach der Macht, auf die Güter oder Handlungen der anderen Einfluss zu haben. Zur Erweiterung und Unterstützung dieses kurzen Überblicks ließen sich zahlreiche Beispiele anführen.

Aber, so wird man sagen, wenn wir anhand dieser Beispiele sehen, dass sich der soziologischen Wissbegier ein ganzes Feld der Erforschung dieser Tatsachen in alten, primitiven und ökonomisch wenig fortgeschrittenen Gesellschaften auftut, genügen andererseits alle diese Beispiele zusammen dann nicht, um aufzuzeigen, dass sich die Art dieser Ergebnisse lediglich als das negative Abbild

13 J. J. M. de Groot, *The Religious System of China*, Leiden 1897, Bd. I, 1, S. 269 (dieses Beispiel verdanke ich M. Halbwachs). Vgl. auch L.-J. Gernet, *La pensée grecque*, S. 1233. Vgl. die genannten Fakten und Quellen in J. M. Keynes, *A Treatise of Money*, 1927, II, S. 290 (dt.: *Vom Gelde*, übers. v. Carl Krämer, München 1931), das wir gelesen haben, als unser Text bereits geschrieben war: hier anzumerken die Freud'sche Interpretation, die unseres Erachtens in das Soziale eingefügt werden müsste.

einer Ökonomie entwickelten Typs zu erkennen gibt, und mehr noch eines Typs, der im Begriff ist oder darauf wartet, eine noch reinere Form anzunehmen? Was würde aus dieser ganzen Untersuchung anderes herauskommen, als gegen diese Glaubensvorstellungen oder diesen Aberglauben einer anderen Zeit und gegen ihre Überbleibsel in der unseren die Widerstandskräfte des »gesunden Menschenverstands« zu stärken und zu verdoppeln und im Namen der wachsenden weltlichen und modernen Emanzipation des reflektierten Denkens und der bewussten und besonnenen menschlichen Tätigkeit mit Verachtung und Sarkasmen nicht zu sparen? Kurz, was soll man anderes tun, als diese »barbarische Reliquie«, die das Gold sein soll, endgültig, sogar gegen die Apostasie desjenigen, der sie einst so nachdrücklich aussprach, in die ethnographischen Museen zu verbannen?

IV.

Hier muss unser drittes Stadium auf dem Weg unserer Untersuchung solcher sozialen Tatsachen beginnen. Sicherlich kann sich eine positive Soziologie nicht damit begnügen, festzustellen, dass eine soziale Realität existiert hat und sogar sehr allgemein verbreitet war, um daraus zu folgern, dass sie weiterhin existiert und existieren wird; oder festzustellen, dass sie auf sehr charakteristische Weise existiert hat, um daraus zu schließen, dass sie immer so bleibt und bleiben wird. Aber nach den Lehren, die aus vielen Enttäuschungen dort zu ziehen sind, wo diese Vorsichtsmaßnahmen vernachlässigt wurden, wird die positive Soziologie im folgenden ersten Punkt dafür sorgen, die Aufmerksamkeit und die Kritik gegenüber Behauptungen zu verdoppeln, denen zufolge man darauf verzichten solle, oder Vermutungen, denen zufolge man darauf verzichten könne; und im zweiten Punkt wird sie genau auf alle Faktoren der Entstehung oder der Funktionsweise achten, die sich in dem erkennen lassen, was die bisher üblichen Umsetzungen an Charakteristischem gezeigt haben, bevor sie entscheidet, ob, in welchem Maße oder unter welchen Voraussetzungen andere vorgebliche Umsetzungen von mehr oder weniger differenziertem Charakter wirklich geeignet sind, die Realität des ersten Typs zu ersetzen.

Erster Punkt: Können wir wirklich erkennen, dass eine Tauschwirtschaft, wenn sie ein wenig fortgeschritten ist, und umso mehr, wenn sie fortgeschrittener ist, ohne Geldobjekte im eigentlichen Sinn funktionieren kann? a) Hat es das tatsächlich gegeben? b) Ist es wirklich denkbar?

a) Seit unseren ersten Bemerkungen über einige Positionen aus jüngerer Zeit hatten wir Gelegenheit festzustellen – und das war sogar der Ausgangspunkt dieser Studie -, dass die Praktiken oder die Thesen über die völlige Ersetzung des Geldes durch die verschiedenen Substitute, die die entwickelte Ökonomie ohne allen Zweifel mehr und mehr mit sich brachte, nicht in Gänze bis zum Schluss standgehalten haben, weder faktisch noch prinzipiell. Eine Ökonomie mit materiell präsenten, verwendeten, zirkulierenden Geldmitteln? Das ist zweifellos in beachtlichem Maße realisiert worden. Vermehrung der Geldmittel durch den direkten oder indirekten Effekt der verschiedenen Substitute? Ebenfalls. Doch die vollständige Ersetzung, die Entbehrlichkeit und Beseitigung aller primären Geldmittel, das heißt entweder aller Sorten aus Edelmetall oder aller in Edelmetall konvertierbaren und verbürgten Geldmittel? Das wurde bis jetzt noch niemals vollständig und dauerhaft in einer Funktionsweise realisiert, die die Milieus oder die Autoren, die am meisten in diese Richtung drängten, schließlich für normal und in jeder Hinsicht, unter allen Umständen und in jeder Konjunkturlage für gesichert und zufriedenstellend hielten (unter Punkt 2 werden wir auf die zuweilen recht lang andauernden Fälle einer Funktionsweise mit unkonvertierbaren Geldmitteln zu sprechen kommen).

b) Ist es aber nicht denkbar, und ist es nicht sogar – besonders wenn es stimmt, dass eine fortgeschrittenere Ökonomie sich von diesen oder jenen Unvollkommenheiten freimachen sollte, die einem Geldsystem auf der Basis von Edelmetall und mehr noch von unkonvertierbarem Geld entgegengehalten werden – vorhersehbar, dass die Funktionsweise der Tauschwirtschaft nicht nur auf Geld als Tauschmittel, sondern auch auf Geld als Wertstandard verzichten kann? Und zwar einfach dadurch, dass die Wirtschaftswissenschaft das Maß der Tauschwerte nach einer abstrakten Einheit findet und festlegt, nach einem Referenzterm, der genau entsprechend den Werten der ausgetauschten Dinge selbst auf eine Weise bestimmt wird, die geeignet ist, die für ein Wertmaß wesentlichen Eigenschaften zu haben, nämlich präzise Festlegung und Stabilität? Müssen wir die bemerkenswerten Untersuchungen, die, wie wir bereits erwähnten, auf dieses Problem verwandt wurden, hier nicht einer direkten und detaillierten Prüfung unterziehen?

Uns scheint, dass einige Mathematiker-Ökonomen auf dem Weg einer Analyse, die bei ihnen eine andere Sache ist, uns zu einem Beweis, einer Evidenz führen, die uns für unsere Zwecke von einer solchen Prüfung befreien kann. Indem man die Bedingungen analysiert, von denen ein Preissystem bestimmt ist, Bedingungen eines Marktes, wo Waren aufeinandertreffen und ausgetauscht werden, sagen wir der Einfachheit halber fünf an der Zahl, *a*, *b*, *c*, *d*, *e*, will man zeigen, dass die Festlegung gesichert ist, weil sich diese Tauschbeziehungen in einer Zahl von Gleichungen ausdrücken lassen, die der Zahl der Unbekannten entspricht, das heißt der Preise dieser vielfältigen Waren. Nun lassen sich diese Tauschbeziehungen der Waren untereinander auf sowohl einfache wie schlüssige Weise wie folgt ausdrücken:

$$f(a) = f(b)$$
$$f(b) = f(c)$$
$$f(c) = f(d)$$
$$f(d) = f(e)$$

Können wir mit einem derartigen Gleichungssystem sagen, dass die Preise aller dieser Waren festgelegt sind? Angenommen, wir wollen drei Höhen bestimmen, die des Baums neben der Kirche, die des Kirchturms und die des Presbyteriums. Werden wir sagen, diese Höhen seien festgelegt, wenn wir lediglich wissen, dass der Baum halb so hoch ist wie der Kirchturm und dieser fünfmal höher als das Presbyterium? Oder werden wir diese drei Höhen nur dann mittels dieser beiden Verhältnisse für festgelegt erachten, wenn sich wenigsten eine von ihnen auf einen Meter bezieht oder bezogen werden kann?

Kehren wir zu unseren Waren zurück: Unser System scheint uns nur dann festgelegt zu sein, wenn wir annehmen, dass eine der fünf Terme bekannt ist, das heißt, dass der eine oder andere dieser Preise vorgegeben ist: dann stehen tatsächlich alle anderen fest. Doch in welcher Größe vorgegeben? Wenn es eine andere dieser Waren ist, heißt das, dass dieser als bekannt vorausgesetzte Term selbst von einer Unbekannten abhängt: folglich habe ich diesmal fünf Unbekannte für vier Gleichungen. Das System ist also nur unter einer nachweisbaren Voraussetzung determiniert: wenn eine der Waren einen ökonomischen Wert hat, der relativ unabhängig ist und als Standard genommen wird, das heißt die Eigenschaft und die Rolle eines Geldes erhält.

Oder was heißt es sonst? Mit den Preisen der Waren, die im Verhältnis zueinander ausgedrückt sind, bilden wir ebenso viele Gleichungen wie Unbekannte *weniger eine*. Allein in den Preisen der Waren untereinander können wir keine andere finden. Bilden wir jede beliebige Kombination dieser relativen Preise unter Waren und sogar mit der Summe dieser Preise: die fünfte Gleichung, die dann hingeschrieben werden kann, wird eine von den vorherigen abgeleitete Gleichung sein und bildet also, wie wir wissen, keine neue unabhängige Gleichung. Damit wir eine wirklich neue fünfte Gleichung erhalten, die von den vorherigen unabhängig ist (ob nun von einigen oder von allen vorherigen), erweist es sich also mit unbedingter Notwendigkeit und mathematischer Evidenz, dass wir diese Gleichung nur bilden können, wenn wir einen dieser relativen Preise zwischen den Waren und dadurch alle diese Preise durch eine Funktion mit einem Term verbinden, der von allen diesen Preisen unterschieden und relativ unabhängig von ihnen ist: dieser Term ist ein monetärer Term, der daher zwangsläufig vom Preis jeder Ware oder vom Preis aller Waren relativ unabhängig ist; wenn nicht, bleibt die Gesamtheit unserer Warenpreise unbestimmt.

Auf diese Weise begegnen wir, wie man nebenbei anmerken kann, sofort der immer wieder erörterten Frage: »Ist das monetäre Metall denn keine Ware?«, die man ebenso wie die folgende, damit zusammenhängende Frage beiseiteschieben kann: »Ist dieses Metall nicht deshalb eine Ware, weil ein auf Edelmetall basierendes monetäres System die Vorteile hat, die man ihm gemeinhin zuerkennt?« Wenn man das Gold und das Silber als Geldstandards Waren nennen will, können wir es gewiss nicht verhindern: um einen klaren Begriff zu haben, dürfen wir aber verlangen, dass sogleich hinzugefügt wird, dass es sich in dieser Rolle um eine einzigartige Ware handelt – da sie in der Tat ein Merkmal hat, das sie von allen anderen unterscheidet und sie ihnen sogar entgegensetzt. Vielleicht wird man der Ansicht sein, dass es in einem solchen Fall vorzuziehen sei, für zwei derart verschiedene Realitäten nicht mit aller Gewalt einen einzigen Namen zu verwenden, den man sogleich durch zwei jeweils entgegengesetzte Epitheta in zwei gegensätzliche Anwendungen unterscheiden muss. Woraus ersichtlich werden kann, dass ein Geldstandard-Metall nicht deshalb seine Rolle als Geld spielt, weil es in seinen nichtmonetären Verwendungen, sofern diese vorkommen, eine Ware im üblichen Sinne ist, sondern dass es diese Rolle nur unter der Voraussetzung spielt, dass es von der Gesamtheit aller Waren unterschieden und unabhängig ist.

So zeigt sich, was den ersten Punkt betrifft, dass die Funktionsweise einer Tauschwirtschaft mit festgelegten Preisen bisher weder realisiert wurde noch denkbar ist, wenn sie nicht Geld enthält, das heißt hier einen Standard der ökonomischen Werte, der sich von den Dingen oder Handlungen, deren ökonomischer Wert in diesem Standard ausgedrückt wird, unterscheidet und von ihnen unabhängig ist.

V.

Doch muss dieses Geld, zweiter Punkt, in dieser Rolle und nach dieser Definition notwendigerweise, muss es bestenfalls und für immer dasjenige sein, das aus Edelmetall besteht oder auf Edelmetall beruht?

Notwendigerweise? Nein, denn wir sahen, dass auch andere Dinge als Geld gedient haben und noch immer dienen. Aber sie wiesen, wie wir ebenfalls sahen, mit den Edelmetallen das Merkmal auf, zumindest ursprünglich – in dem sozialen Milieu, in dem wir sie in dieser Funktion antreffen – Dinge zu sein, die einen außerökonomischen, religiösen, magischen Wert besaßen. Und daran sehen wir, inwiefern diese Dinge, in diesen Fällen und aufgrund dieses Ursprungs, einen Wert haben, der ohne jeden Zweifel gleichsam von sich aus die Voraussetzung erfüllt, die wir soeben erkannten (nämlich von den Preisen der Waren unabhängig zu sein, da er von einem nichtökonomischen Wert herrührt).

Aber schließlich hat sich, wie wir sahen, der ökonomische Wert – gerade mit der Entwicklung der modernen Ökonomie – laisiert, das heißt, er hat sich von den ethisch-religiösen Werten unterschieden und von ihnen getrennt. So hoch wir den Anteil an Residuen auch ansetzen – und anhand vieler anderer Tatsachenbereiche wissen wir, dass dieser Anteil tatsächlich groß und von ungeahnter Dauer und Beharrlichkeit ist –, wäre es nicht verwunderlich, am

Ende als wesentliche Basis und letzten Bezug für das ganze Preissystem der fortgeschrittensten Ökonomie einen Rest magisch-religiösen Aberglaubens zu finden, der den Glaubensvorstellungen und Praktiken der ebenfalls fortgeschritteneren Religionen im Übrigen fremd geworden ist? So als fänden wir in der Medizin als noch immer zentrale und unerlässliche Bedingung das Fortbestehen (das tatsächlich noch beachtlich ist) von Vorstellungen und Praktiken der Magier und Heiler der primitiven Gesellschaften. Sollte man nicht meinen, dass dieses Residuum schrumpfen, wenn nicht sogar verschwinden müsste? Und wenn wir also berechtigt sind, hierin eine ursprüngliche soziale Realität zu erkennen, die uns den Ausgangspunkt und bestimmte Merkmale unserer ökonomischen Entwicklung begreiflich macht, würde es dann nicht wenig befriedigend erscheinen, am Ende zu dem Ergebnis zu gelangen, dass die Funktionsweise des fortgeschrittensten und weiter fortschreitenden ökonomischen Systems in einem wesentlichen Merkmal auf der sozialen Realität einer anderen Zeit beruht, einer Realität, die von Tag zu Tag abnimmt, wenn sie nicht gar zum Verschwinden neigt?

Die einzig positive Weise, diesem Problem näherzukommen, besteht zweifellos darin, zunächst Fälle zu betrachten, in denen in einer scheinbar völlig »laizistischen« Ökonomie mit recht fortgeschrittenen Tauschformen ein nicht auf Edelmetallen basierendes Geldsystem zumindest eine Zeitlang funktioniert hat. Hier kommt es vor allem darauf an, sich vor vorgefassten doktrinären Urteilen zu hüten und sich gegen den mehr oder weniger unbewussten Einfluss gängiger Meinungen zu schützen – die im Übrigen in die eine und die andere Richtung gehen, aber in beiden Fällen oft aus voreiligen, tendenziösen und zum Teil den ökonomischen Tatsachen äußerlichen Einschätzungen bestehen.

Diese Gelder ohne Edelmetallbasis bieten eine umso lehrreichere Gegenerfahrung, als sie bekanntlich zwei Ursprünge haben – einen ökonomischen Ursprung beispielsweise bei jungen Gemeinschaften, die nicht über Edelmetall verfügen und dennoch, um sich zu einer Tauschwirtschaft entwickeln zu können, einen Referenzterm und ein Zahlungsmittel benötigen; und einen außerökonomischen Ursprung, wenn in einer sei's innenpolitischen, sei's durch einen fremden Krieg verursachten Krise die Furcht vor einer lähmenden Thesaurierung und mehr noch die Dringlichkeit großer Staatsausgaben, ohne die Möglichkeit einer ebenso raschen Deckung durch

Steuern oder Darlehen, zuerst die Aufhebung der Konvertierbarkeit und dann die Emission neuer, unkonvertierbarer Geldmittel nach sich ziehen.

Wir haben an anderer Stelle[14] ausführlich erläutert, dass es bei der objektiven Untersuchung der charakteristischen Tatsachen einen Gegensatz, sogar einen radikalen Unterschied nicht nur zwischen diesen beiden unkonvertierbaren Geldarten gibt – was bereits hochinteressant ist –, sondern auch – was noch interessanter ist – zwischen einer Funktionsweise mit Geld auf Edelmetallbasis und einer Funktionsweise mit unkonvertierbarem Geld, das von Rechts wegen mit einer schuldtilgenden Macht ausgestattet wurde; mit Ausnahme oder Einschränkung für den Fall, dass sich dieses Geld mit einem »übermäßigen« Zuwachs entwickelt (auch wenn in diesem Extremfall einige Auswirkungen noch eine gewisse Verwandtschaft mit denen maßvollerer Geldbewegungen aufweisen).

Viele voreilige und oberflächliche Geister oder simplizistische Theoretiker – und dies sowohl unter den »Scholaren« als auch unter den in politischen oder ökonomischen Dingen »Kompetenten«, in denen man einfach Persönlichkeiten sehen sollte, die allzu sehr ihrem Studierzimmerurteil oder der Intuition ihrer inneren Stimme vertrauen – hielten sich zweifellos für tiefschürfende Propheten, in der Erwartung, dass ein solches unkonvertierbares Geld, vor allem wenn es aus außerökonomischen Gründen emittiert wird, unweigerlich zu einer der Menge der Emission entsprechenden Abwertung führt, und wunderten sich, dass sie zu wiederholten Malen in dieser Erwartung, die ihrer Lehrmeinung entsprach, enttäuscht wurden: es ist die seltsame Manifestation – halten wir das fest, um weiter unten die Lehren daraus zu ziehen – eines Aberglaubens des Goldes gerade bei denen, die vorher frei davon zu sein behaupteten, eines Aberglaubens, der bei allen stark genug ist, um sie daran zu hindern, selbst beim Beweis des Gegenteils die Tatsachen zu erkennen, um sie zu veranlassen, diese Tatsachen auf einige Verspätungen, Reibereien usw., jedenfalls auf eine Illusion, einen Irrtum der Masse der Menschen zurückzuführen, die nichts von den ihr geoffenbarten »ökonomischen Wahrheiten« weiß.

Doch bei den vielfältigen Bewährungsproben, die uns die jüngs-

14 F. Simiand, *Le salaire*, a. a. O., Bd. II, Kap. VI, 2. Teil, besonders die Zusammenfassung S. 453-457, und *Recherches anciennes et nouvelles sur le mouvement général des prix du XVIe au XIXe siècle*, Paris 1932, besonders Kap. XXXI, S. 644-650.

te Realität in Fülle geboten hat und die uns helfen, ähnliche Systeme monetärer Nichtkonvertierbarkeit zu finden, denen man zu wiederholten Malen auch in der Vergangenheit begegnet ist, zeigt sich, dass der Wert eines Geldes nicht durch die Meinung irgendwelcher Auguren bestimmt wird. Wie sollen wir, ebenfalls gemäß der analysierten Erfahrung, diese sich wiederholende Tatsache verstehen?

Zunächst ist es keineswegs belanglos, dass diese neuen Geldmittel, wie ich glaube tatsächlich ohne Ausnahme, auf bereits bekannte Einheiten ausgestellt sind (wie konvertierbares Geld). Damit berufen sie sich zu ihrem Nutzen von Anfang an auf eine Gesamtheit von Gewohnheiten, Einschätzungen und Verwendungen, die mit diesem Namen und dieser Einheit zusammenhängen. Und deshalb knüpft dieses Geld im praktischen und täglichen Gebrauch sofort und bruchlos an die Vergangenheit an. Später jedoch kann dieses Gefühl sich verändern, sich abschwächen.

Was also repräsentiert dann ein derart emittiertes Geldmittel objektiv für diejenigen, die bestimmt sind, es zu erhalten und sich seiner zu bedienen? Sicher nicht mehr wie die Banknote im eigentlichen Sinn ein Versprechen auf Erstattung in bar und auf Sicht nach Belieben des Besitzers. Vielleicht wird es zum Teil verstanden als ein Versprechen – oder zumindest eine Vermutung – einer späteren Rückkehr zu dieser Möglichkeit der Erstattung, sobald die Umstände es erlauben. Es scheint indes nicht sicher zu sein, dass diese Aussicht immer wichtig oder gar entscheidend ist.

Seine wesentliche Bedeutung scheint von Anfang darin zu liegen, einen Rechtsanspruch auf die Verwendung (bis zum Nennwert, der darauf geschrieben steht) in dem emittierenden Land gemäß dem Geldbetrag darzustellen: es ist ein Berechtigungsschein für verschiedene Verwendungszwecke, legalisiert innerhalb der Grenzen der Autorität, die ihn in Umlauf gebracht hat. Doch für welche Verwendung? Wir müssen genau beachten (eine wichtige Korrektur jener zu hastigen oder zu simplen Auffassungen, die wir erwähnt haben), worauf sie sich beziehen kann: 1. auf eine vielgestaltige in Bezug auf Objekte (zweifellos auf Warenkäufe in diesem Land, aber auch: Zahlung für Dienste, die Landeseinwohner oder Auswärtige erbracht haben; Kauf oder Anmietung von Gebrauchsgütern des Landes wie Material, Häuser, Grundstücke usw.; immaterieller Güter wie öffentliche oder private Wohnungsansprüche usw.); und 2., was zu selten bemerkt wird, auf eine davon verschiedene in Bezug auf Zeitpunkte: sofort, demnächst oder aber zeitlich versetzt (in letzterem Fall also während der Wartezeit als Rücklage verwendet).

Zwar erkennen wir in der gängigen Meinung, selbst wenn sie diffus ist, ein Gespür dafür, dass es bei diesem Geld irgendeine übergreifende Wertentsprechung zwischen diesen möglichen Verwendungen und der Menge der emittierten Geldmittel gibt (und mit Recht, wie wir sehen). Aber ebenso müssen wir erkennen, dass dieses umfassende Pfand, auf das das Geld in gewisser Weise »ausgestellt« ist, ein sehr komplexes Ganzes ist, das sich schwer in einem Barwert ausdrücken und aufsummieren lässt (denn ein Großteil seiner Elemente wird, wie wir sahen, selbst in diesem Moment nicht in klar definierten Preisen bewertet); und noch weniger bei unbestimmten Zeitpunkten in einem Endwert (da überdies die Anzahl möglicher Verwendungen sicherlich kaum vorhersehbar ist). In welcher Werteinheit sollte im Übrigen diese Gesamtsumme festgelegt werden? In der Einheit dieses unkonvertierbar gewordenen Geldes? Das droht ein Zirkelschluss zu sein. Oder in der Einheit des so genannten »Goldgeldes«, das heißt im Geld eines anderen Landes je nach dem Wechselkurs in diesem Moment? Das würde ein sehr anfechtbares Postulat oder eine Petitio principii beinhalten und erweist sich in verschiedener Hinsicht offenkundig als abwegig.

Was heißt das anderes, als dass der Geldwert dieses Pfandes bereits für die Gegenwart und mehr noch in seiner zukünftigen Form nicht Gegenstand einer positiven, statistischen Festlegung ist, sondern lediglich eine Sache des Ermessens, des Schätzens, des Meinens und folglich, vor allem was die Zukunft betrifft, kurz gesagt, *eine Sache des »Vertrauens«* (oder des Misstrauens)?

Eines Vertrauens, das zum Teil sicherlich nicht analysiert wird und darum umso stärker ist; im Großen und Ganzen aber kann man sagen – und auch das macht seine Stärke (oder je nachdem seine Schwäche) aus, ein umfassendes Vertrauen, eine Sache des Gefühls (ebenso sehr oder mehr als der Unvernunft), des Glaubens an das emittierende Land, an die Zukunft dieses Landes. Und schon begreift man, dass infolgedessen dieses Vertrauen der Qualität und dem Grad nach unterschiedlich sein kann: zwischen den Bürgern dieses Landes und den Ausländern; zwischen den Bürgern selbst je nach Milieu und Klasse, je nach den Zeiten, des Wachstums oder der Depression, ja sogar je nach den Parteien und den politischen Perspektiven; bei den Ausländern je nach ihrer Stellung oder ihren Neigungen, ihrer Informiertheit, ihren Gefühlen oder Einschätzungen diesem Land gegenüber.

Doch das ist nicht der einzige Faktor der Einschätzung eines solchen Geldes. Auch die Menge dieser Geldmittel scheint eine Rolle zu spielen: mehr oder weniger verworren zwar, was den »Mann auf der Straße« angeht, und mehr oder weniger indirekt (besonders durch die Bewegung der Preise, die für ihn spürbarer ist und die nach und nach mit der Veränderung der Geldmenge verbunden wird), aber dennoch auf wirksame und vielleicht zunehmende Weise (zumindest unter bestimmten Einflüssen, die je nach den Fällen leicht zu erkennen sind); und daher wird diese Menge zu einem anderen, ebenso wichtigen oder sogar wichtigeren Term für den Wert der Einheit dieses Geldmittels. Aber auch hier müssen wir genau beachten, dass nicht nur die aktuelle Menge dieses Geldes in Betracht kommt, sondern mehr noch die künftige Menge, je nachdem, ob die geschätzte Veränderung mit Sicherheit, wahrscheinlich oder möglicherweise eintreten wird. Und das könnte wohlgemerkt für die Festlegung des Preises in einem bestimmten Augenblick bei jeder Ware eines ausgedehnten und dauerhaften Markts der gewöhnliche Fall sein; die verschiedenen Voraussagen, die in Bezug auf die Menge dieser Waren in der Zukunft (hinsichtlich ihrer ebenfalls künftigen Nachfrage) gemacht werden können, beeinflussen ihren gegenwärtigen Kurs ebenso sehr und sogar weit mehr als das tatsächliche Angebot und die tatsächliche Nachfrage. Der Unterschied ist jedoch, dass hier die Veränderung der Menge dieser Geldmittel in der Zukunft (vor allem im Fall außerökonomischer Emissionen) stark, abrupt und von den Bedingungen abhängig sein kann, die einer definitiven Vorhersehbarkeit entgehen, wenn das Land anfällig ist für finanzielle Schwierigkeiten, Überschreitungen seiner Ressourcen durch unmittelbare Ausgaben und wenn seine Regierung versucht sein könnte, von dem einfachen Mittel der indirekten Anleihe, das heißt der Emission von unkonvertierbarem Geld, Gebrauch zu machen.

Für die Öffentlichkeit, die aufgerufen ist, dieses Geldmittel zu verwenden, ist aber auch hier dieser Faktor, vor allem in Bezug auf die Zukunft, keine Gegebenheit, die quantitativ festgelegt wird oder festlegbar ist, nicht einmal als mehr oder weniger großer mathematischer Wahrscheinlichkeitswert, sondern eine Ermessenssache, die zum Teil eher eine Sache des mehr oder weniger deutlichen Gefühls als der durchdachten und kritischen Voraussage ist: mit einem Wort, *eine Sache des Vertrauens* (oder des Misstrauens). Und auch hier sind natürlich große Unterschiede in der Bedeutung und im Grad dieser Einschätzung möglich: zwischen Landesangehörigen und Ausländern; zwischen den Landesangehörigen je nach ihren Gruppen, Klassen, politischen Parteien; zwischen den Ausländern je nach ihren Vorlieben oder ihrer Informiertheit.

Dieser doppelten Erkenntnis können wir nun zusammenfassend entnehmen, dass es sich, wenn der Wert eines unkonvertierbaren Geldes eine Beziehung zwischen zwei Mengen ist, zweifellos um nicht quantifizierbare Mengen handelt, die sich nicht auf einfache und noch weniger auf sichere Weise quantifizieren lassen, weder in Bezug auf die Gegenwart noch in Bezug auf die Zukunft: Menge der möglichen (gegenwärtigen, künftigen) Verwendungen; Menge der (aktuell tatsächlichen, künftig möglichen) Geldmittel; das eine wie das andere stellt sich im Geist der betroffenen Menschen mehr oder weniger verworren dar. Diese beiden Terme sind also Sache des Schätzens, des Meinens, des Vertrauens (oder des Misstrauens); und sie können auf überaus reale Weise bei demselben Geld, im selben Augenblick und umso mehr im Laufe der Zeit je nach Art der Personen, der Klassen, der Gruppen, der Nationalitäten abweichen.

Daher können wir verstehen, dass sich zwischen diesen beiden Termen, die weder ausschließlich noch vor allem Quantitäten sind, kein einfaches quantitatives Band herstellt, wie eine zu voreilige und zu konzeptuelle Doktrin es erwartete. Sondern dass im Gegenteil, wie wir festgestellt haben,[15] wenn eine Bewegung der Preiserhöhung sich (anfangs nicht immer, aber später) mit der Zunahme dieser Geldmittel zu verbinden scheint, sie meistens, wie wir ebenfalls feststellten, weniger stark ist als diese, das heißt aber, dass die Erhöhung der Geldmenge einer Zunahme der physischen Mengen der ausgetauschten Güter entspricht und in der Tat ein Anreiz zu ökonomischen Tätigkeiten bildet, der keine Illusion ist, solange das Vertrauen ausreichend anhält.

15 Siehe unter anderen besonders F. Simiand, *Le Salaire*, Kap. VI, S. 433 f., sowie Untersuchungen über verschiedene Kategorien von Ländern je nach ihrem monetären Verhalten: unsere Vorlesung am Collège de France, 1933-1934.

Dagegen gibt es Fälle, in denen, wenn sich die Zunahme dieser Geldmittel stark beschleunigt, die Erhöhung der Preise in diesem Geld ebenfalls unverhältnismäßig wird; doch dann ist ihre Beschleunigung stärker und verlangt folglich eine neuerliche Zunahme der Geldmittel, statt von ihr verursacht zu sein. Eine Diskontinuität in einer Funktion, die eine rein mathematische Beziehung nicht erklären könnte und die sich durch einen häufig mehr sentimentalen als durchdachten Übergang (der häufig die Merkmale einer Panik hat) eines mehr oder weniger lange bewahrten Vertrauens zu einem rasch anwachsenden Misstrauen erklärt, das bald stärker ist als jeder andere Faktor (selbst wenn dieser sehr vernünftig ist).

Damit stoßen wir auf den wirklichen Kern, der dem Wert eines solchen Geldes in seinen verschiedenen Verhaltensweisen selbst zuzuerkennen ist. Dieser Kern besteht nicht aus physischen, quantifizierten oder quantifizierbaren Elementen, zwischen denen sich ein mathematisches Verhältnis herstellt, das diesen Wert bildet oder misst. Er besteht aus Ermessen, Wertschätzungen, Meinungen, aus Vertrauen, Misstrauen, das heißt Erzeugnissen des Gefühls ebenso wie der Vernunft, die also diese beiden Gegebenheitsordnungen, die wir soeben getrennt haben, nicht einmal deutlich auseinanderhalten: es ist einfach eine Vorstellung, ein Glaube an dieses Wertmaß, das die Prägung eines Landes trägt. Und dass dieser Glaube eine tatsächliche Rolle bei den physischen Elementen des ökonomischen Lebens spielt, rührt daher, dass es nicht einfach subjektive Ideen und Gefühle sind. Diese sowohl intellektuelle wie affektive Repräsentation, die ein solches Geld ist, ist nicht kompetenten und informierten Individuen zuzuschreiben (die ja gerade, wie wir sahen, die tatsächlichen Verhaltensweisen dieses Geldes nicht verstehen), sondern Gruppen, Gemeinschaften, einer Nation; sie ist sozial. Sie hat offensichtlich einen objektiven Charakter und eine objektive Rolle, weil sie *ein sozialer Glaube* und wie dieser *eine soziale Realität* ist.

VI.

Das ist ein Ergebnis, das uns an diesem Punkt – im Gegensatz zu dem, was man vielleicht während dieser ganzen Analyse erwartete – erlaubt, vom Fall des unkonvertierbaren Geldes zu dem des auf Edelmetall beruhenden Geldes zurückzukehren, wenn wir uns nicht getäuscht haben, als wir als eigentliche und ursprüngliche Grundlage des Werts dieses Edelmetalls in dieser Rolle ebenfalls soziale Glaubensvorstellungen erkannten.

Aber selbst wenn diese Ursprünge erkannt worden sind, wurden seit der Entstehung und Entwicklung einer »rationalen« Ökonomie beträchtliche Anstrengungen unternommen, um die Analyse und die Interpretation vollständig von der Rolle der Edelmetalle als Geld und der Anerkennung – in der Theorie wie in der Praxis – ihrer entscheidenden und dauerhaften Überlegenheit in dieser Rolle zu befreien. Was wäre also in dieser Richtung das »laizistische«, das heißt nicht mehr religiöse oder magische, sondern wirklich ökonomische Fundament für den Wert des Geldmetalls?

Wir sahen bereits, und das im Gegensatz zu einer oberflächlichen Erklärung, auf die viele übereilte Doktrinen sich stützen, dass der Wert dieses Metalls, insofern es als Geld fungiert, nicht vom Wert dieses Metalls als Ware herrühren kann, ohne dass dieses Metall aufhören würde, die Voraussetzung des Geldes für ein System festgelegter Preise zu erfüllen, was ohne jeden Zweifel eine der obligatorischen Funktionen des Geldes ist. Der Wert des Geldmetalls in seinen nichtmonetären Verwendungen wäre eher von seiner monetären Funktion herzuleiten.

Einige sowohl einfache wie oberflächliche Verallgemeinerungen haben auch den Fall des Goldes oder des Silbers oft auf den gewöhnlichen Fall aller anderen Erzeugnisse zurückgeführt, zumindest nach einer bestimmten Doktrin, die ziemlich verbreitet ist (weil sie rational klar zu sein scheint und man ihren zirkulären oder unentschiedenen Charakter nicht sofort erkennt): ihnen zufolge soll der Wert dieses Edelmetalls von seinen Produktionskosten abhängen.

Nun hat aber der Historiker der Edelmetalle, Del Mar, schon vor langem nachdrücklich angemerkt: die größten Mengen an Edelmetallen, die in die Ökonomie unserer Zivilisation eingeführt wurden, entstammten einer gewaltsamen Eroberung und dann der Ausbeutung mittels Zwangsarbeit, das heißt, ihr Ursprung war ein gewaltsamer Transfer ohne ökonomische Produktionskosten im eigentlichen Sinn. Und seitdem hatten die großen Zunahmen durch den »Einfallsreichtum« der Entdecker und die Landnahme vom ursprünglichen Besitzer weniger den Charakter einer ökonomischen Nutzung als den einer Kostenregulierung des Preises. Doch ebendiese beiden Arten von Zunahmen sind jene, die den größten Einfluss auf die ökonomische Entwicklung hatten, gerade weil der ökonomische Wert dieses Goldes oder dieses Silbers (selbst wenn er abnahm) weit über den Ausgaben lag, die gemacht wurden, um in ihren Besitz zu gelangen. Wenn dem so ist, was die ursprüngliche neuzeitliche Produktion betrifft, wie verhält es sich dann bei den späteren, ökonomischen Tauschverhältnissen oder den Produktionsverhältnissen dieser Metalle in jüngerer Zeit? In diesen Fällen hängt die Hauptbedeutung ihrer Einführung in das ökonomische System in mehr oder weniger unterschiedlich wachsenden Mengen mit den Bedingungen und Folgen ihrer Verwendung zusammen und nicht mit denen ihrer Produktion: diese hängen vielmehr von jenen ab.

Werden wir mehr herausfinden, wenn wir uns der laizistischen und intellektuellen Analyse nähern, mit der man den Wert eines unkonvertierbaren Geldes zu bestimmen meinte? Wäre der Wert des aus monetärem Metall bestehenden Geldes nicht vernünftigerweise (wenn nur ökonomische Elemente – der Überlegung, nicht des Gefühls – Eingang finden) die Beziehung zwischen der Menge dieser Geldmittel und der Menge ihrer Verwendungen?

Was die Menge der Verwendungen angeht, merken wir sofort, wie hoch die Komplexität, die Schwierigkeit einer solchen Aufforderung wäre, noch höher als beim unkonvertierbaren Geld. Denn wir müssen nicht nur wie bei diesem neben den Käufen von Waren auch die Käufe oder Anmietungen von Diensten, unbeweglichen und beweglichen Gebrauchsgütern berücksichtigen und mehr noch die Verwendung als Rücklage, als einfache Erwartung; außerdem müssen wir diese verschiedenen möglichen Verwendungen nicht nur in einem einzigen Land, dem Emittenten der Banknoten, bedenken, sondern in jedem Land, das die Wechselkursparität mit diesem Geldmetall akzeptiert. Wenn wir in diesem wie im vorherigen Fall den künftigen und nicht nur den unmittelbaren Verwendungen Rechnung tragen müssen, so ist diese Zukunft umso komplexer und ausgedehnter, als die Dauer des Werts dieses Edelmetalls für praktisch unbegrenzt gehalten wird und nicht den Zweifeln und Einschränkungen unterliegt, die, wie wir sahen, beim Wert des unkonvertierbaren Geldes existierten und mitunter zunahmen. Welcher Statistiker würde es übernehmen, einen solchen Komplex, der derart unbestimmt ist, zusammenzustellen und zu berechnen?

Was die Menge der Geldmittel angeht, so besteht sie sicher nicht genau aus der Menge des dem Menschen zur Verfügung stehenden Geldmetalls, ist jedoch stark von ihm bedingt. Es besteht hier kein Anlass, uns mit der Frage nach dem Verhältnis zur Menge der nichtmonetären Verwendungen zu befassen; denn wenn dieses monetäre System mit ungehinderter Münzprägung funktioniert, gemäß der Theorie und der Praxis der ökonomisch entwickeltsten Gesellschaften, dann machen die in jedem Moment und in jeder Anzahl mögliche materielle Austauschbarkeit zwischen monetärem Gebrauch und nichtmonetärem Gebrauch und mehr noch allein die Würdigung dieser Möglichkeit diesen Faktor zweitranging oder zumindest abhängig.

Stärker zu beachten ist, dass gerade aufgrund der von der Doktrin angeführten physischen Eigenschaften (Übereinstimmung der Substanz, Unveränderlichkeit usw.), wie wir sahen, die Menge dieses Geldmetalls nicht nur aus der Produktion eines Jahres oder mehrerer Jahre besteht, sondern aus dem kumulativen Vorrat all dessen, was in der Welt produziert und in die Welt oder jene Teile der Welt transferiert wurde, die es als Geldmetall anerkennen (abzüglich der verlorenen oder vergessenen Mengen oder der »Abnutzung« usw., Abzüge von fraglos ziemlich konstantem oder geringfügigem Ausmaß). Und außerdem wären noch in Bezug auf die Komponente der Vorhersage des zukünftigen Marktes, die, wie wir sahen, bei jeder Preisfestlegung sehr wirksam ist, die vorgesehenen oder möglichen neuen Produktionsmengen zu berücksichtigen (zumindest für eine angemessene Zeitspanne). Eine solche Summierung ist zwar weniger komplex als die erste, ist aber auch mit Schwierigkeiten und Unsicherheiten verbunden (die von nicht zu vernachlässigender Größe wären).

Da diese Schwierigkeit für den einen wie den anderen Teil der Summe anerkannt ist: Wurde jemals festgelegt oder ist es stillschweigend einzuräumen, dass diese beiden Arten von Summierungen im Geist der Menschen hinreichend ausgeführt worden sind, sodass der Quotient davon die Bestimmung des Werts einer Einheit des Edelmetalls ist? In Ermangelung einer direkten Antwort, die sich auch auf die Komplexität dieser umfassenden Begriffe erstreckt, könnte, mit Hilfe der Reduzierung auf die einfachsten und zugänglichsten Elemente, durch die Richtung der Veränderung im Wert dieses Verhältnisses, ein Hinweis gegeben werden. Hier nun die Feststellung, die wir in diesem Sinne treffen können. Gehen wir von dem Verhältnis aus, das in gewisser Weise den »Preis« des monetären Metalls im Anteilsverhältnis zu seinen möglichen Verwendungen (oder »die Verwendungsmacht des Geldes«) ausdrücken würde; das wäre:

$$\frac{\text{V (Verwendungen des Geldes)}}{\text{M (Geldmetall)}}$$

so wie es Ende des 15. Jahrhunderts hätte existierten können; betrachten wir sodann die Veränderungen einerseits des tatsächlich vorhandenen Vorrats an Geldmetall und andererseits der Summe der Verwendungen, zunächst die jener kurzfristig getätigten, besonders die der Warenkäufe (oder das sie betreffende Verhältnis V/M, das heißt die Umkehrung eines Warenpreisindexes); und dann so weit möglich andere Verwendungsweisen. Im Laufe eines Jahrhunderts oder nach anderthalb Jahrhunderten erhöht sich M mindestens um das Zehnfache; V/M wird zweifellos kleiner, aber nicht zehnmal, sondern höchstens drei- oder viermal: das heißt, dass V sich mindestens verdreifacht hat. Dann nimmt M nur noch maßvoll zu, sagen wir im selben Zeitraum um ein Zehntel; es zeigt sich, dass das Verhältnis weit mehr zunimmt, und in der Tat nimmt V dann sehr stark zu. Diese doppelte Entsprechung hat sich bei jeder großen Veränderung im Rhythmus der Zunahme der Edelmetalle bestätigt und kann ihr mittels einer ausschließend verfahrenden Diskussion der verschiedenen möglichen Interpretationen jeweils zugeschrieben werden. Was heißt das anderes, als dass sich die quantitative These als radikal irrig erweist, wenn man meint, einem Verhältnis zwischen physischen Quantitäten einen ökonomischen Wert entnehmen zu können: Wenn dieser ökonomische Wert sich verändert, dann verändert er sich nur deshalb, weil diese physischen Bewegungen auf den Geist und die Aktionen oder die Reaktionen der Menschen zurückwirken; mehr noch: auf den Geist und auf die Aktionen und Reaktionen nicht der Menschen als Individuen, sondern der Funktionsgruppen, der Klassen, der Nationen, der Gesellschaft in ihrer Gesamtheit.

Wie man sieht, ist keine dieser vernünftig genannten Erwägungen ausreichend oder entscheidend, um uns über die Tatsachen, die wir erkannt haben, klar zu werden. Nicht, dass sie bei einigen Individuen oder einigen Personengruppen nicht eine gewisse Rolle spielen können (und dann oft in widersinniger Weise). Aber weder die Ideen noch die Aktionen dieser wenigen entscheiden über die Beschaffenheit und die Entwicklung der nationalen Ökonomien und noch weniger über die Weltwirtschaft.

Nehmen wir also die objektive Entwicklung an ihrem Ausgangspunkt wieder auf. Gold und Silber sind Geldmetalle geworden, wie auch andere Substanzen es geworden sind (wie wir sahen), weil sie dank sozialer Glaubensvorstellungen religiöser und magischer Art eine höhere Wirkungskraft auf die Menschen und die Dinge hatten. Mag sein, dass die ursprüngliche Natur dieser sozialen Vorstellungen sich langsam auflöst, aber offen gesagt viel weniger, als man gerne glaubt, und zwar sogar in unseren angeblich ökonomisch fortgeschrittenen Gesellschaften: gerade hier ist die ferne Grundlage als noch immer aktuelle Tatsache in keiner Weise belanglos, umso weniger, als sie unbewusster ist und weniger analysiert wird. Räumen wir jedoch ein, dass es nicht mehr auszureichen scheint oder bald nicht mehr ausreichen wird. Doch nun sehen wir, was sich damit verbunden hat und nach und nach neben ihm wachsen konnte, bis es, nachdem es es ergänzt, gestärkt hatte, es vielleicht ersetzt.

Dank ihrer außerökonomischen Kraft haben die Edelmetalle in der Zeit, in der sie in großer Gunst standen, auf die Menschen, auf die Dinge, ja auf den ökonomischen Bereich selbst Einfluss gehabt. Diese Kraft hat sich allmählich auf diesen Bereich verlagert und sich hier konzentriert: die Fähigkeit, im Tausch gegen dieses Gold oder dieses Silber Dienste und Dinge zu erhalten. Und warum? Weil der Vermieter von Diensten oder Dingen meinte, mit diesem Gold oder diesem Silber seinerseits einen ähnlichen Einfluss auf die Handlungen oder die Dinge anderer Menschen zu haben. Mehr noch, diese Kraft wurde geschätzt, weil sie nicht nur allgemein war, das heißt alle Dinge *in commercio* betraf und (zumindest zum Teil) universell war, das heißt geeignet, in jeder Gesellschaft zu wirken, die in dieser Hinsicht im selben Stadium angelangt war, sondern auch in der Zukunft unendlich dauerhaft zu sein schien. Wo kann eine solche Sicherheit herrühren, wenn nicht von der Tatsache, dass diese Kraft nach allgemeiner Kenntnis bei den Menschen ihrer Zivilisation von alters her für diejenigen, die Gold und Silber besaßen, wirksam gewesen war?

Noch in anderer Form können wir eine in die gleiche Richtung gehende Strömung und ein ähnliches Resultat erkennen. In den Zivilisationen, von denen unsere moderne Zivilisation letztlich ausgeht oder herkommt, verbindet sich Macht zweifellos gern mit dem Reichtum, doch wodurch wird dieser repräsentiert? Herkömmlicherweise bezieht man sich auf ganz andere bekannte Ausdrucksformen für den Reichtum, auf Herden, Boden usw.: »Der Alte nannte Korn- und Gerstenfelder sein Eigen«.[16]

Aber sagen wir nicht nur, in einer Bemerkung begrifflicher Art: Korn und Gerste sind lediglich geeignet, den Hunger zu stillen; und, wenn es um andere Bedürfnisse geht, die eine geschlossene Ökonomie nicht oder nur schwer befriedigen kann: Wie sollte das, was die Kraft verleiht, je nach Willen oder Präferenz die Befriedigung einiger Bedürfnisse zu erhalten, wie sollte dies nicht zur Repräsentation, zur Verkörperlichung des Reichtums par excellence werden? Tatsächlich beobachten wir, dass in diesen verschiedenen Umgebungen die »Mächtigen« dafür bekannt, berühmt waren, neben der politischen Macht und mehr oder weniger weitreichenden Rechten auf jene großen Güter wie Herden, Boden usw. auch Schätze zu besitzen; und das ist vielleicht das Merkmal, das in der öffentlichen Meinung den Reichtum am meisten kennzeichnete. Was gehört zu diesen Schätzen? Außer Diamanten, Juwelen usw. (ebenfalls Körper mit ursprünglich magischen Kräften, die natürlich auch Schmuckstücke sind) auch Gold und Silber (in unterschiedlichen Formen, die die monetäre Form nicht ausschließen und sie sogar immer mehr enthalten werden).

Wie sollte dieser von ihnen anerkannte Wert nicht demjenigen, der ihn besitzt, die Macht gegeben haben, mittels Überlassung eines angemessenen Teils dieses Reichtums par excellence Handlungen, Dinge, andere Menschen zu erlangen? Aber auch hier wieder: Worauf stützt sich diese Wertschätzung einer Sache, »die zu nichts anderem dient, als erlangen zu können, was zu allem dienen kann«, wenn nicht auf die Meinung, den Glauben, der hier allem einen höheren Wert verleiht und der in diesem Entwicklungsrahmen alt, beständig und universell ist? Hier ist es nicht mehr nur das Ver-

16 Aus Victor Hugos Gedicht »Booz endormi« (Der schlafende Booz). A. d. Ü.

trauen einer Nation oder der Angehörigen anderer Nationen in die Zukunft allein dieser Nation; es ist ein Vertrauen, das ein großer Teil der Welt, und in gewisser Hinsicht die ganze Welt, in die dem Geld eigentümliche künftige Allgemeingültigkeit im Hinblick auf die beständige und jahrhundertealte Eigenschaft seiner Allgemeingültigkeit in der Vergangenheit hat. Doch in diesem erweiterten und dauerhaften wie in diesem begrenzteren Rahmen ist die Basis eine *soziale Repräsentation*, ein *sozialer Glaube*.

Häufig hält man diesem Geld aus Edelmetall das sogenannte Fiatgeld entgegen. Jetzt werden wir gewahr, dass alles Geld »Fiatgeld« ist. *Heute ist das Gold lediglich das erste Fiatgeld: mehr ist es nicht. Aber auch nicht weniger.*

Im Unterschied zum Fall des unkonvertierbaren Geldes sehen wir ohne weiteres, warum es diesen Vorrang verdient: wiederum aufgrund eines doppelten Unterschieds in den sozialen Repräsentationen, die sich daran knüpfen. 1. Der zentrale Wert eines unkonvertierbaren Geldes besteht, wie wir sahen, kurz gesagt in dem Vertrauen in das Land, das es emittiert hat, und in seine Zukunft: dass ein solches Vertrauen zwischen verschiedenen Gruppen, zwischen Landesangehörigen und Ausländern nicht gleich bleibt und gewiss Schwankungen unterliegt, die je nach den Umständen sehr groß sein können, lässt sich in diesem Rahmen verstehen, führt jedoch dazu, dass dieser Wert überall in der Welt je nach der Zeit schwanken kann. Das Gold dagegen hatte in neuerer Zeit im größten Teil der Welt direkt und für den Rest indirekt – und dort, wo die ungehinderte Münzprägung bestand, voll und ganz – einen gleichen Wert besessen; das Silber hatte lange Zeit einen vergleichbaren Wert und bewahrt ihn noch zum Teil in vielen Ländern. (Damit wir uns richtig verstehen, gleicher Wert heißt: Äquivalenz zwischen derselben Menge Gold in einer oder einer anderen Währung. Sie bedeutet in keiner Weise: die gleiche Kaufkraft bei den anderen Gütern.)

Wenn nun aber das Ökonomische der einzige Bereich sozialer Tatsachen ist, in dem die Entwicklung bei einem gemeinsamen Term für den weltweiten Wert angelangt ist, dann sieht man, dass daraus die vorherrschende Rolle des Elements hervorgeht, in dem die universelle Meinung übereinstimmend diesen Term erkennt.

2. Der Wert eines unkonvertierbaren Geldes unterliegt, wie wir sahen, starken Schwankungen je nach den Veränderungen, die ebenfalls stark sein können, bei der Erwartung oder der Vorhersage

der verschiedenen Milieus über das künftige Verhalten der politischen oder ökonomischen Macht, von der die Emission dieser Geldmittel abhängt. Eine natürliche, auf der Erde relativ seltene Substanz, wie es das Gold bis jetzt ist und wie es lange Zeit das Silber war, eine Substanz, die auch die Technik der Menschen durch Umwandlung einer anderen Substanz *bis jetzt* nicht herzustellen vermochte, entgeht natürlich dieser Art von möglichen Veränderungen: Es steht in der Macht keines Souveräns oder keiner Übereinkunft zwischen Regierungen, keiner Bank oder Übereinkunft zwischen Banken, deren Entdeckung und Produktion nach Belieben variieren zu lassen. Und daher geben die bisher sehr vorhersehbaren möglichen Veränderungen im Aufkommen des Edelmetalls, die der physischen Bedingungen und die der Begrenztheit dem mit ihm verknüpften Glauben Vorrang vor demjenigen Glauben, dessen sich jedes Geldmittel bestenfalls erfreuen kann, das jedoch potenziell von menschlichen Launen abhängig bleibt.

An diesem Punkt angelangt, können wir nun erkennen und beurteilen, ob und unter welchen Bedingungen diese Geldformen, denen wir bisher begegnet sind, ersetzbar sind oder nicht, ob und unter welchen Bedingungen es vorhersehbar oder möglicherweise denkbar ist, dass sie durch andere ersetzt werden.

Wenn sich irgendein Resultat aus all diesen Feststellungen und Überlegungen herausschält, dann die Tatsache, so scheint es, dass Geld keine Übereinkunft ist, keine künstliche oder willkürliche Schöpfung, die den Individuen, den Banken und sogar den Staatsoberhäuptern zur Verfügung stünde. Es hängt nicht von genialen Vorstellungen oder verführerischen intellektuellen Konzeptionen ab, ob diese oder jene anderen Formen berufen sind, wirksam zu werden und die Umgestaltung oder Verbesserung des Wirtschaftslebens einzuleiten.

Keiner wird indes im Ernst meinen, dass niemals irgendeine andere Geldform in die Entwicklung eingreifen darf. Doch die vorstehenden Ergebnisse zwingen uns zu bedenken, dass diese neue Form, um effizient zu sein und, mehr noch, um ebenso effizient oder noch effizienter zu sein, dem sozialen Glauben und den diesem sozialen Glauben zuerkannten Bedingungen, die die Grundlage der Geldfunktion sind, gerecht werden muss: mindestens und vorläufig Vertrauen in die Nation; bestenfalls und dauerhaft Vertrauen in die Menschheit (oder einen sehr großen Teil der Menschheit).

Doch jeder, der soziologische Studien betreibt, weiß, dass sich ein sozialer Glaube von der Kraft und Allgemeinheit, die nötig sind, damit eine neue Repräsentation zumindest eine äquivalente Funktion erfüllt, nicht nach Belieben und auf gut Glück improvisieren lässt. Aber hier ist nicht der Ort, diese Bemerkungen noch stärker auszuweiten, obwohl die derzeitige Welt ein beträchtliches Wirkungsfeld dafür bieten könnte. Hier kommt es uns darauf an, dass wir, nachdem wir die Unterschiede zwischen Geldarten, die die vergangene oder gegenwärtige Erfahrung zu untersuchen uns erlauben, erkannt und auch den Grund und die Bedeutung dieser Unterschiede erfasst haben, zu dem Ergebnis gekommen sind, dass Gelder der einen und der anderen Art, die ordnungsgemäß funktionierten, für ihren Wert und ihre Aufgabe dieselbe Art von Grundlage haben: die des *sozialen Glaubens*, der eine *soziale Realität* ist.

VII.

Zu diesem Merkmal waren wir bereits in früheren Werken gekommen, deren Resultate, wie wir hier kurz in Erinnerung rufen, uns hatten erkennen lassen, wie die Gelder der einen und der anderen Art, allgemeiner und anfänglich entscheidender jedoch das auf Edelmetall beruhende Geld, in die Entstehung und die Entwicklung der nationalen und weltweiten Ökonomien im Verhältnis zur Entwicklung dieser Ökonomien selbst tief eingebunden sind; und dass die Geldfunktion, weit davon entfernt, in einer höheren Ökonomie aufgehen oder beseitigt werden zu können, sich in dieser Entwicklung dauerhaft als wesentlich erweist und *gemäß einem rationalen Band* das bedingt, was man vereinbarungsgemäß als *»ökonomischen Fortschritt«* definiert.

Um die Realität des Geldes und den sozialen Charakter dieser Realität zu bekräftigen, müssen wir hier noch betonen, dass sich diese grundlegenden Verbindungen nur durch menschliche Aktionen und Reaktionen *sozialen* Charakters herstellen und sich gerade durch die Differenzierung der jeweiligen *sozialen* Vorstellungen, die dem entsprechen, in Varianten und im Wechsel differenzieren. Und ebendies wird es uns ermöglichen, ihre bewährte Funktion, ihre dauerhafte Funktion besser zu erkennen.

Die Rolle, die Bedeutung, der Charakter der monetären Tatsache in der ökonomischen Entwicklung haben sich vor allem anlässlich dieser starken Veränderungen in der Menge seiner Repräsentationen gezeigt, die die moderne und zeitgenössische Ära vorgelegt hat; trotzdem wurden sie von den »Scholaren« und den Studierzimmerdoktrinen bei weitem nicht verstanden.

Das doktrinale Denken, das – mit der Verachtung des Begriffs für den Glauben – von der gewöhnlichen Anerkennung eines absoluten und höheren Werts des Goldes oder des Silbers zu einer völlig relativen Anerkennung ihrer Bewertung oder Abwertung übergegangen war und, durchdrungen von übereilten Vergleichen mit anderen Materialien und anderen Disziplinen, im Geld vor allem eine Funktion des Messens der ökonomischen Werte sah, dieses doktrinale Denken, das von seinen Anfängen im 16. und 17. Jahrhundert her bei den heutigen Formulierungen der quantitativen These endet, nimmt diesen Veränderungen von vornherein jede wirksame Realität: so bemerkte Henri Poincaré, dass, wenn sich in der Welt alle Längenmaße in einer Zunahme oder in einer Abnahme desselben Anteilsverhältnisses veränderten, nicht nur niemand es bemerken würde, sondern dass sich auch an den physikalischen Beziehungen des Weltsystems nichts verändern würde.

Hier aber ist es eine offenkundige, zentrale, alles beherrschende Tatsache, dass *man es bemerkt* und dass sich dadurch alle wichtigen ökonomischen Beziehungen verändern; und zwar deshalb, weil der soziale Glaube, der den Wert des Geldmittels begründet, auch wenn er sehr relativ ist oder wird, den sozialen Gesamtheiten und Milieus entspricht, in denen er verwirklicht wird, und sich in allen diesen Gesamtheiten und Milieus nicht zur gleichen Zeit identisch verändert, wenn die Menge der Geldmittel sich verändert.

Auf die iberische Halbinsel des 16. Jahrhunderts gelangen in beispiellosen Mengen Gold und Silber, die dem Staat und den Einzelpersonen eine ebenfalls beispiellose Vorstellung eines grenzenlosen und gleichzeitig mühelosen Reichtums geben. Dieses »Manna« wird hemmungslos für den Erwerb von Konsumgütern verwendet, sogar zu erhöhten Preisen – aber was macht das schon? Die nächsten Galeeren werden den gleichen kostenlosen Überfluss bringen; und bald befreit er die unmittelbaren Nutznießer von jeder produktiven Arbeit und Anstrengung. Doch für die Arbeiter unseres Zentralmassivs, die nach Spanien gegangen sind, um die lokalen Arbeitskräfte zu ersetzen, die sich weigern, noch mehr zu schuften – und für die französischen, englischen, flämischen, holländischen Kaufleute, die herbeieilen, um die reichlich nachgefragten Produkte zu verkaufen –, und für die französischen oder flämischen Bauern, die ermuntert werden, für diesen Bestimmungsort mehr von ihren Produkten zu verkaufen und dann für ihn mehr zu produzieren, für sie alle ist der Anteil, der von dem, was für die Spanier reines »Manna« war, in ihre Geldbeutel fließt, ein Gewinn für eine gelieferte Tätigkeit. Durch diese Herkunft wird dieser Gewinn vermutlich weniger leicht in Konsumgüter investiert als in Produktionsgüter und andere Verwendungen, die geeignet sind, ihn fortzusetzen oder sogar zu erhöhen; und in ihren jeweiligen Milieus ist er wirklich ein realer Gewinn im Vergleich zu anderen Zweigen ihrer französischen, englischen, flämischen Ökonomie, die an dieser Veränderung nicht in gleichem Maße teilhatten. Das gibt zum Beispiel dem Landwirt, der mit Gewinn seine Produkte gegen Geld verkauft, eine wachsende Macht gegenüber dem passiven Landverpächter, dessen Geldbetrag sich nicht verändert hat; und es bedeutet eine Reihe sozialer Bedingtheiten des Geldes, die zu nichts Geringerem führt als zu einer ersten »Agrarrevolution« in diesem Land.

Allgemeiner und bei der wieder einsetzenden Zunahme der Geldmittel, ob auf Edelmetall basierender oder unkonvertierbarer Geldmittel, zu der es seither in mehreren Perioden und je nach den Ländern auf unterschiedliche Weise gekommen ist, macht die tatsächliche Veränderung der ökonomischen Realitäten, die sich daraus ergibt, deutlich, welch entscheidende Funktion in diesem Sinne das Geld bei diesem Teil des Vorgangs spielt. Diese neuen Geldmittel, die vor allem durch ihre Verwendung bei der Produktion in die »Umlaufkanäle« einfließen, dienen dazu, die Produktionsmittel und die Produktion zu erhöhen; und zwar deshalb, weil das Geld hier als Antizipation jener künftigen Werte fungiert, die produziert werden, eine Antizipation, die es gerade erlaubt, im Voraus zu erwerben, was nötig ist, um zu diesen vermehrten Produkten zu kommen. Dass sich die Preise dieser Produkte während dieser Zeit erhöhen (das heißt, dass der Einfluss des Geldes auf sie sinkt), ist kein Hindernis, sondern im Gegenteil ein zusätzlicher Anreiz für die Akteure der Ökonomie: wer kauft, um weiterzuverkaufen, dem kommt es darauf an, aus dem Verkauf im Vergleich zum Kauf einen Überschuss zu erzielen; es ist nicht der Kurspreis bei diesem oder jenem Kauf oder Verkauf. Und dieser Überschuss ist deshalb möglich und wird sogar in ebendieser Bewegung anhaltend steigen, weil die sozialen Vorstellungen der Werte keinen Geldausdruck haben, der sich für die verschiedenen Kategorien der – aktiven oder passiven – Teilnehmer am gesamten Produktionsprozess in synchronem Verhältnis verändert.

Im Großen und Ganzen spürt man (mehr als explizit analysiert wird), dass die Hauptveränderung, die dann im Geldausdruck des Warenwerts, der Dienste, der Leistungen an Kapital oder Immobilien eintritt, den Kreditnehmern, den langfristigen Verleihern, den Schuldnern oder genauer den Akteuren im Produktionsprozess zum relativen Vorteil, den Kreditgebern, den Vermietern, den Gläubigern, rein passiven Akteuren, dagegen zum Nachteil gereicht und eine Verschiebung der ökonomischen Macht und des Reichtums in diese Richtung bewirkt. Hier muss man erkennen, dass diesen Kategorien oder Klassen soziale Vorstellungen von dem, was das Geld ist, entsprechen, Vorstellungen, die sich ebenfalls unterscheiden. Für die passiven *beati possidentes* repräsentiert das Geld – oder hätte die Pflicht, es zu tun – eine ebenso große (wenn nicht womöglich wachsende) Macht über die Menschen und die Dinge. Für diejenigen, die danach trachten, zu besitzen oder mehr zu besitzen, ist das Geld – oder sollte es sein – vor allem ein Mittel, um von geringerer Macht zu größerer Macht zu kommen: wer nicht oder nicht genug besitzt, den interessiert es wenig, dass die Währung an Macht verliert, wenn er in der gleichen Zeit an Macht gewinnt, statt gar keine zu haben, oder noch mehr gewinnt, als er an gleicher Macht zuvor gewonnen hatte.

Diese aufschlussreichen und verändernden Schübe haben jedoch nicht lange gedauert: die Zunahme der Edelmetalle, die Zunahme der unkonvertierbaren Geldmittel haben nach gewisser Zeit faktisch nachgelassen oder sogar aufgehört (die Letzteren haben sich sogar in Einschränkung verwandelt). Die quantitative Doktrin des Geldes, simplizistisch und mechanisch, wie sie ist, hat nicht erkannt und noch weniger zu erklären vermocht, warum, wenn der Zähler des Verhältnisses von Geld zu Waren zu wachsen aufhört, der Nenner derart zu steigen beginnt, dass der Quotient oder der Durchschnittswert des Geldes stark sinkt; und noch weniger hat sie all die Aktions- oder Reaktionsmuster, die sich dabei zeigen, erkannt und noch viel weniger erklärt.

Denn für den, der die soziale Realität des Geldes verkennt, war es nicht möglich, seine zentrale Rolle auch in diesem Teil der Entwicklung zu verstehen, und schon nicht leicht, diese überhaupt auszumachen. Wir haben an anderer Stelle anhand der Gesamtheit der entsprechenden Tatsachen, die gebührend erkannt und analysiert wurden, aufgezeigt, dass die Triebfeder dieser Aktionen und Reaktionen durchaus der Widerstand zu sein scheint, den die (aus der Produktion stammenden) Einkünfte, wie sie bei einem Aufschwung erzielt werden, ihrer Begrenzung oder ihrer Verringerung entgegensetzen, die von den neuen Produktions- und Absatzbedingungen angekündigt wurden und mit ihnen begonnen haben. Versuche, die Produktion, die keine ausreichenden Absatzmöglichkeiten mehr findet, zu drosseln, werden von der unvermeidlichen Konkurrenz zwischen Produzenten, zwischen Gruppen oder Ländern vereitelt, da jeder von ihnen (wenn es sein muss, zum Nachteil der anderen) meint, sich den vorherigen Einkünften anzunähern, wenn er den gesunkenen Preis durch eine größere Menge an Verkäufen vervielfacht. Versuche, den Selbstkostenpreis durch direkte Reduktion seiner Bestandteile zu verringern, vor allem den Preis der Arbeitskräfte, werden durch die Widerstandsfähigkeit der Löhne (und die anderer Bestandteile der Kosten), sich proportional zu verringern, vereitelt. Es ist sogar vollkommen unwichtig, dass die Preise für gängige Konsumgüter sinken und dass, wenn die dann häufig auftretende Arbeitslosigkeit abgemildert wird, dieselbe Konsumsumme mit einer geringeren monetären Entlohnung erzielt werden kann wie zuvor mit einer höheren. An einen einmal erreichten Geldbetrag knüpft sich ganz offensichtlich, mit der ganzen Kraft der Trägheit, dieser Widerstand der Löhne ebenso wie der der anderen aus der Produktion stammenden Einkünfte.

Wir sahen, dass dann diese Kräfte, die erzielten Einkünfte zu bewahren, mächtig genug sind, um sich gegenseitig eine Anstrengung aufzuerlegen, die zu einem möglichen Ausgleich zwischen sinkenden Preisen und relativ gleichbleibenden Produktionseinkünften führt: und zwar durch eine Erhöhung der Produktion und vor allem der Produktivität. Auf diese Weise verläuft die zweite Prozessphase, die, zu der ersten hinzukommend, einen umfassenden Schritt in dem vollzieht, was als ökonomischer Fortschritt angesehen wird: mehr produzierte Güter, höhere Einkünfte und im Ganzen gesehen gesunkene Preise.

Doch hier müssen wir genau herausarbeiten, dass dieser Widerstand des Geldeinkommens in der zweiten Phase, wie schon das Bestreben nach seiner Erhöhung in der ersten Phase, mit der Stärke dieser Vorstellung von Geld zugleich seine wahre Natur zeigt: die Gruppen, die Klassen in der ökonomischen Zivilisation dieses Stadiums schätzen vor allem ein Einkommen nach der Anzahl der Geldeinheiten, die es enthält. Nicht von einem Sklaven, sondern vom Bürger eines großen Landes, das für seinen ökonomischen Vorsprung bekannt ist, wird, wie man uns berichtet, die folgende Einschätzung getroffen: »Ein Mann von so und so viel Dollar.« In unseren Gesellschaften vielleicht weniger explizit ist diese Art Angabe wesentlich für die Vorstellung, die sie sich von einem Einkommen machen; sie beziehen sich nicht auf eine bestimmte Anzahl von Kilogramm Brot, Fleisch oder Kaffee, kompliziert durch einen Teil Kleider, ein Stück Haus usw. Gerade die Unbestimmtheit, die mögliche Alternative der vielfältigen Verwendungen, die einer Geldsumme entsprechen können, macht ihren allgemein geschätzten Wert aus. Der soziale Vergleich, der für sich allein auf einfache und umfassende Weise erlaubt ist, macht ihre Stärke aus. Von einem Einkommen eines bestimmten Geldbetrags zu einem höheren Betrag zu kommen heißt in einem gegebenen Milieu, auf der sozialen Stufenleiter aufzusteigen; von einem erreichten Betrag auf einen geringeren Betrag zu sinken heißt, auf dieser sozialen Leiter abzusteigen. Das »Standing«, die soziale Lage, ist stark mit dieser repräsentativen Ziffer verbunden. Auch dieser soziale Glaube ist eine soziale Realität; und die Auswirkungen, an die wir erinnert haben, erlauben nicht zu sagen, dass er in der Richtung des allgemeinen ökonomischen Fortschritts nicht rational wirksam sei.

In dem doppelten Wechsel, der den Prozess der höheren ökonomischen Entwicklung kennzeichnet, ist die Darstellung der ökonomischen Güter und der Einkünfte in Geld also weit davon entfernt, ein Schleier der Realität zu sein, wie die Doktrin des zweiten Stadiums der soziologischen Erkenntnis es lehrte und noch immer lehrt. Solange man es bei vagen Aussagen und Begriffsspielereien bewenden lässt, mit denen sich diese Doktrin oft begnügt, kann diese vorgebliche Vertiefung täuschen. Sobald positive Studien versuchen, sich auf diese Ebene zu begeben, können sie gerade deshalb die tatsächlichen Verbindungen und Abfolgen nicht erkennen, oder sie geraten in endlose Bedrängnis, aus der sie nur herausfinden, wenn sie zur Geldrepräsentation zurückkehren »als dem alles in allem wesentlichen Faktor der gesuchten Abhängigkeiten«.[17] In einigen anderweitig recht fortgeschrittenen Zivilisationen waren jahrhundertelang, und sind vielleicht erneut in irgendeinem großen zeitgenössischen, vermeintlich modernisierenden Versuch (der in dieser Hinsicht sicher nur auf eine von den Resultaten bereits verurteilte Erfahrung hinausliefe), die Verlegenheit in der ökonomischen Lebensführung und das damit verbundene Fehlen eines allgemeinen Fortschritts (was umso bezeichnender ist, als die natürlichen und die menschlichen Bedingungen hier bemerkenswert günstig waren) darauf zurückzuführen, dass ein gemeinsamer Geldausdruck für die Gesamtheit oder für einen großen Teil der Güter oder der damit zusammenhängenden Beziehungen fehlte oder freiwillig in der Praxis nicht aktualisiert wurde: Die Konvertierbarkeit in Naturalien, das einzige verbleibende Mittel, um einzuschätzen, zu vergleichen, zusammenzuzählen, hat sich für die komplexe Gesamtheit eines Betriebs und einer Gesellschaft als verzwickt und somit als außerstande erwiesen, eine Kenntnis der Realitäten zu liefern und ein Mittel zu sein, auf sie einzuwirken.

Wenn man sich also nicht mit begrifflichen Spitzfindigkeiten über den von jeder positiven Realität entfernten ökonomischen Wert begnügt, wenn man sich nicht mit Theorien begnügt, denen es nicht gelingt, aus einer enttäuschenden Subjektivität herauszukommen und wirksam zu dem überaus objektiven ökonomischen Leben vorzustoßen, muss man letztlich den Satz umkehren, den die »Voltaire'sche« Klarheit des zweiten Stadiums entwickelte: *Nicht die Geldrepräsentation ist ein Schleier vor den wirklichen ökonomischen Phänomenen; sondern die Anstrengung, sich von der Geldrepräsentation zu befreien und auf sie zu verzichten, lüftet den Schleier, der das Erkennen und das Verständnis der wirklichen ökonomischen Phänomene unabänderlich verdunkelt:* und zwar deshalb, weil die Geldrepräsentation tatsächlich eine Realität ist, ein konstitutiver, wesentlicher Bestandteil in der Funktionsweise (vor allem der fortschreitenden Funktionsweise) eines ökonomischen Systems im eigentlichen Sinn.

Diese Anerkennung der Tatsachen lässt auch erkennen, welche Funktionen des Geldes jeweils mit den ebenfalls in der Realität

17 Vgl. insbesondere Paul H. Douglas, *Real Waves in the United States (1890-1926)*, Boston 1930.

sich zeigenden verschiedenen Typen des ökonomischen Lebens am meisten verbunden sind. Eine statische Ökonomie, die durch Preise (Güter oder Dienste) ohne nennenswerte Veränderung charakterisiert ist und sich damit zufriedengibt, enthält und praktiziert ein Geld, das stabil diesen Gütern oder Diensten entspricht. Doch mit Hilfe der positiven Methode haben wir das signifikanteste ökonomische Phänomen zuerst dort gesucht, wo es am meisten von anderen Elemente getrennt und am reinsten ist: wir finden es als solches in den Ökonomien progressiven Typs; und wir sehen, dass wir es deshalb dort finden, weil sie progressiven Typs sind. Doch wenn in diesen Ökonomien die Stabilität der Kaufkraft des Geldes ein Bestreben auf Seiten der untätigen Besitzenden und ein frommer Wunsch der vom selben Geist durchdrungenen Scholaren bleibt, dann besteht die dort tatsächlich vorherrschende und entscheidende Funktion des Geldes darin, dass es jene Antizipation, jene antizipierte Verwirklichung der künftigen Güter erlaubt, die für das effektive Wachstum der Produktion und der Produktivität bald anregend und bald permissiv ist. Zwischen die Bewegungen der Geldmittel und die jeweiligen Veränderungen der Mengen und der Erträge schieben sich, als konditioniert und konditionierend, Bewegungen der Preise, die umgekehrt eine Veränderung der Kaufkraft des Geldes in die eine Richtung, dann in eine andere beinhalten. Merkwürdigerweise ist zu beobachten, dass zwar gemeinhin niemand erwartet, wenn er von einem Land in ein anderes wechselt, die gleiche Kaufkraft bei der gleichen Summe Gold vorzufinden (Wechselkursparität bedeutet nicht Kaufkraftparität), dass dagegen viele nur mit Mühe erwarten und verstehen, dass zwischen zwei zeitlich verschiedenen sozialen Milieus, die sich also auch mit der Zeit verändern konnten, die gleiche Geldsumme bei den Gütern und Diensten nicht unbedingt die gleiche Kaufkraft hat. Doch ob bewusst oder nicht, diese Neigung ist nicht die jener Personen mit aktiver Funktion in der ökonomischen Entwicklung; jedenfalls zeigt sich durch die Veränderungen, deren Wechsel, wie wir sahen, von den Veränderungen der Geldmittel bedingt sind, eine fortschreitende Fruchtbarkeit, zu der es keine statische Ökonomie je gebracht hat. Hieran erkennen wir zweifellos, in welchem Maße der Finalismus bestimmter Doktrinen oder dieser oder jener versuchten Praktiken (die eine permanente Preisstabilität und ein monetäres System anstreben, das sie verwirklicht) ein voreiliges

Postulat ist, das sich nicht über die Lehren der ökonomischen Erfahrung in Kenntnis gesetzt hat oder aber auf eine Ökonomie ohne Fortschritt zusteuert; doch nicht darauf wollen wir an dieser Stelle den Nachdruck legen. Hier halten wir vor allem fest, in welchem Maße die Hauptmerkmale des Geldes, die je nach den ökonomischen Systemen verschieden sind, sich jeweils auf die Realitäten dieser verschiedenen Systeme und ihrer verschiedenen Funktionsweisen beziehen, womit sie ein weiteres Mal die Tatsache bekräftigen, dass das Geld eine *relative, da soziale Realität ist.*

Dies alles lässt die Art der Ergebnisse erkennen, zu denen das dritte Stadium in der soziologischen Kenntnis dieser sozialen Realität eine immer durchdachtere Untersuchung nicht mehr der Begriffe, sondern der Tatsachen wird führen können.

In diesem Stadium trennt sich zwar die Kenntnis vom ursprünglichen Glauben an einen absoluten und zunächst sogar transzendenten Wert des Geldes, der Edelmetalle sowie des Reichtums und der Macht, die sich damit verbinden. Aber sie trennt sich ebenso sehr von jenem oberflächlichen Intellektualismus, der darin lediglich eine künstliche Übereinkunft, eine Fassade oder eine Illusion sah, die die wahre ökonomische Realität, den wahren Wert, den wahren Reichtum verschleierten.

Sie behandelt diese monetäre Tatsache als Tatsache; und indem sie dies ohne vorgefasste Studierzimmerdoktrin praktiziert, erkennt sie darin eine Realität, die sich für die ökonomische Entwicklung wiederum als zentral, als wesentlich erweist; und sie sieht, auf welche Weise und durch welche hauptsächlichen Funktionen sich rational erklärt und erweist, dass sie dort von entscheidendem, unerlässlichem Einfluss ist.

Sie erkennt diese Realität zweifellos als relativ (und welche Realität ist für die derzeitige Wissenschaft nicht relativ?); doch relativ in Bezug worauf? In Bezug auf sowohl intellektuelle wie affektive Vorstellungen, die im ökonomischen Leben einer Gruppe, einer Klasse, einer Nation oder noch größerer Verbände, die fast bis zur Menschheit reichen, zentral sind: denn im Grunde bringt diese monetäre Tatsache mit ihrer Vielfalt oder ihren Varianten, die der Vielfalt und den Varianten dieser sozialen Gesamtheiten entsprechen, das kollektive Vertrauen zum Ausdruck, das jede dieser Gesamtheiten in verschiedenem Maße zu sich selbst und zu ihrer Zukunft hat (und subsidiär das Vertrauen, das die anderen in es setzen), sowie den Maßstab der Einschätzungen, die jede von ihnen im Hinblick auf die Dinge und die Menschen in ihrem sozialen Rahmen anlegt. *Das Geld ist, was es ist, und es handelt so, wie es handelt, weil es eine soziale Realität ist.*

Marcel Mauss und François Simiand
Debatte über die Funktionen des Geldes (1934)

Diskussion im Institut français de sociologie[1]

Mit Marcel Mauss, W. Oualid, Roger Picard, G. Pirou, Marcel Cohen, Éd. Mestre. Antwort von François Simiand.

Simiands Beitrag, der dem Institut übermittelt wurde, gab Anlass zur folgenden Diskussion:

M. Mauss: Ich beginne, da die Logik zuerst die Berücksichtigung des Primitiven verlangt und ich wohl derjenige bin, der darüber sprechen wird.

Ich kann Simiand darauf hinweisen, dass ich, als ich aus dem Krieg zurückkam, zu meiner großen Überraschung, denn ich war ganz und gar nicht davon überzeugt, sie in Druck gegeben zu haben, die Zusammenfassung einer kleinen Arbeit über die Ursprünge des Geldbegriffs vorfand, den ich mit dem Begriff der magisch-religiösen Macht verband.

Bei den Irokesen heißt das Geld *orenda* oder, bei den Algonkin, *manitu*; bei anderen amerikanischen Stämmen, bei den Sioux *wakan*; in ganz Polynesien heißt es *mana*; folglich ist die Frage geklärt. Ich schloss mit den Worten: So viel steht fest, es ist ein Fetisch, aber ist es für uns etwas anderes als ein Fetisch?

Ich war auch verblüfft, eine kleine Bemerkung über einen gewissen *Mawu* in Druck gegeben zu haben, einen großen Gott bei den Ho, die Ewe in einem französischen Mandatsgebiet sind; eine seiner Inkarnationen ist ein sehr komischer Gott: er ist der Gott des Geldes, und ihn ruft man an, wenn man zum Markt aufbricht und wenn man über den Kurspreis der Nahrungsmittel und den des Kauri-Gelds in Sorge ist; man ruft Mawu Sowlui an, und je nachdem, ob die Anrufung richtig war, ist der Kurspreis besser oder weniger gut.

Doch Ihren Worten zu diesem Thema und auch dem, was ich

1 Sitzung vom 30. Mai 1934, Vorsitz: Marcel Granet.

damals schrieb, ist eine kleine Korrektur hinzuzufügen. Diese magische Kraft des Geldes, dieses Prestige nimmt mit den Tauschhandlungen zu. Sie haben auf das berühmte *wampum* der Irokesen angespielt, das innerhalb der fünf Nationen und innerhalb der Stämme zwischen Clans zirkulierte. Doch je mehr es zirkulierte – sei es, dass jede Gemeinschaft ein neues Muster hinzufügte, oder auch ohne dass man die Anzahl der Muster erhöhte –, desto wertvoller wurde es. Es ist die gleiche Tatsache, die Malinowski anlässlich des Kula-Handels auf den Trobriand-Inseln dargelegt hat. Diese exotischen Gelder wurden umso wertvoller, je öfter sie in Umlauf gewesen waren; so wie ein Familienjuwel in jeder Generation an Wert zunahm, so verlangt ein großer Schild – denn es ist ein regelrechter mit Wappen versehener Schild – jedes Mal, wenn er in andere Hände übergeht, einen größeren Potlatsch.

Noch ein Punkt, auf den ich hinweisen wollte. Es sind kleine Dinge, aber sie werden es Ihnen ermöglichen, Ihre Ideen noch besser zum Ausdruck zu bringen. Während eines sehr langen Zeitraums funktionierte bei vielen Völkern der Begriff des gerechten Preises in Bezug auf Begriffe eines Geldes, das festgesetzt ist; er funktioniert noch immer; das gilt für ganz Belgisch-Kongo und sogar für Französisch-Kongo. So und so viele Speerspitzen, so und so viele Ochsen, so und so viele Ziegen usw.; dann so und so viele Ochsen oder so und so viele Speerspitzen: eine Frau usw. Es ist ein Begriff der Hierarchie der Preise, der festgelegten Erwartungen.

Denn im Grunde gelangen wir, Sie und ich, hier zur Bedeutung des Begriffs der Erwartung, der Zukunftshoffnung, der eine der Formen des kollektiven Denkens ist. Wir sind unter uns, in Gesellschaft, um untereinander dieses oder jenes Ergebnis zu erwarten; das ist die wesentliche Form der Gemeinschaft. Worte wie Zwang, Stärke, Autorität konnten wir früher verwenden, und sie haben ihren Wert; doch der Begriff der kollektiven Erwartung ist meines Erachtens einer der fundamentalen Begriffe, über die wir arbeiten müssen. Ich kenne keinen anderen Begriff, der Recht und Ökonomie erzeugt: »Ich erwarte« ist die Definition jeder kollektiven Handlung schlechthin. Sie ist der Ursprung der Theologie: Gott wird mein Gebet hören – ich sage hören, nicht erhören.

Die Verstöße gegen diese kollektiven Erwartungen lassen sich messen, im ökonomischen Bereich zum Beispiel an den Crashs, den Paniken, den sozialen Ausbrüchen und so weiter.

An Ihrer Darlegung frappiert mich – ich höre auf, primitiv zu sein, und meine Kompetenz nimmt ab –, dass Sie genau zu dem gelangen, woran ich seit vielen Jahren denke, zur Bedeutung der allgemeinen Phänomene, der Tatsachen, die »total« zu nennen ich vorschlage; Sie werden das in dem Bericht finden, den wir veröffentlichen werden. Aber mich frappiert, dass wir, wenn wir über Soziologie sprechen, vor allem über eine spezielle Soziologie, im Allgemeinen zu größeren Tatsachen vordringen: meiner Meinung nach ist es eine der vorzüglichen Seiten Ihres Werks, dass Sie, von einer speziellen Soziologie ausgehend, zu den totalen Phänomenen gelangt sind: die Begriffe des Lebensstandards, der Zivilisation haben Sie in die politische Ökonomie eingefügt, die bisher bemüht war, sie beiseitezulassen.

Aber das konnten Sie tun, weil Sie eine Idee hatten, die auch ich habe – und ich muss Ihnen sagen, dass es in diesem Punkt eher eine Begegnung ist als ein gegenseitiges Handeln –, nämlich dass sich die Erwartungen, die Emotionen, die Willensäußerungen quantifizieren lassen. Man quantifiziert eine Panik an der Börse, das beweist der Unterschied der Preise. Ich füge sogar hinzu, dass im Hinblick auf die Funktionsweise eines Stamms in Belgisch-Kongo – wo ich mittels so und so vieler Speerspitzen, die so und so viele Ochsenköpfe repräsentieren, eine Frau kaufen kann, um so und so viele Kinder zu haben – der Begriff der Quantifizierung jene Absprache ist, die mich durch die außergewöhnlichsten Verfahren mit meiner Schwiegermutter verbindet; denn sie ist in der Tat eine schreckliche Gläubigerin. Sogar in diesem Fall sind die Erwartungen quantifizierbar. Die Bergson'sche Idee des totalen Unterschieds zwischen der Quantität und der Qualität findet sich nicht bei Aristoteles – Aristoteles sagt, dass die Qualität Grade habe, infolgedessen hieß das quantifizieren –, genau diese fundamentale Idee haben auch wir.

Was ist denn der Zustand der Panik, in dem wir leben und der, vielleicht ausgehend von einem ökonomischen Phänomen oder vielleicht von etwas anderem – ich weiß es nicht –, dahin führt, die Erwartungen zu beseitigen? Das bemisst sich an der Thesaurierung, aber auch an allem Möglichen: an der Tatsache, dass man nicht reist; es bemisst sich an der Tatsache, dass man nichts unternimmt, nicht einmal soziologische Arbeiten. Ich glaube, dass ich gerade in meinem Bericht eine Vielzahl von Beispielen statistischer Arbeiten anführe, die in kleinen Gesellschaften zu machen sind, wo es leichter ist und die es ermöglichen, eine Vielzahl von Dingen zu quantifizieren, die wir für unquantifizierbar halten.

Das Privileg der Quantifizierung haben wir mittels der Statistik mit der Moral verknüpft; und auch Sie haben es mit Begriffen verknüpft, die man für rein intellektuell oder historisch hielt, und Sie haben es in allen Ihren Arbeiten übernommen.

W. Oualid: Ich bin in einiger Verlegenheit, zum Thema eines so umfangreichen Beitrags, der so viele Horizonte eröffnet, das Wort zu ergreifen, denn er strebt nach nichts Geringerem, als die Entwicklung des Geldes über die Zeitalter hinweg zu untersuchen.

Eine erste Anmerkung – und hier wende ich mich an den Vertreter des »Primitiven«. Ich glaube wie Simiand, und ich habe es in meinen »Lektionen über das Geld« gelehrt, dass der Ursprung des Geldes darin zu suchen ist, dass einem Gut, das aufgrund der Macht oder des Reichtums, das mit seinem Besitz verbunden ist, ein unvergleichlicher Wert zugesprochen wird, eine Macht, die mystische Quellen haben kann. Aber in diesem Punkt wäre es nun interessant zu untersuchen, ob das, was für die Edelmetalle, für die indianischen *wampum* oder die afrikanischen *Kauris* gilt, auch für alle Dinge gilt, die nacheinander oder gleichzeitig als Geld fungierten, beispielsweise für die Herden?

M. Mauss: Ja.

W. Oualid: Da wir von Statistik sprechen, müsste man die Liste aller Dinge aufstellen, die als Geld gedient haben, und den ihnen zugesprochenen magischen Charakter aufzeigen. Gehört beispielsweise der Fall der Ochsen, der Ziegen usw. dazu?

M. Mauss: Ihre Herde hängt strikt von Ihnen und Ihren Göttern ab.

W. Oualid: Hier ist der magische Charakter also unstreitig. Aber trifft das in bestimmten Augenblicken auch auf das Eisen oder die Bronze zu?

M. Mauss: Selbstverständlich!

W. Oualid: Im Übrigen ist anzumerken, dass der Verwendung einer Rechnungswährung oder eines Wertmaßstabs häufig der Gebrauch des Geldes als eines wirksamen Tauschinstruments vorausging, was mir zu bestätigen scheint, dass in einer fortgeschrittenen Ökonomie das Bedürfnis nach einem Wertmaß existiert und in einer primitiven Ökonomie der Wert als eine Tatsache vorherrscht, die eine soziale Vorstellung über die Tatsache des Tauschs, der einen mehr auf den Nutzen ausgerichteten Charakter hat, impliziert und deren Würdigung durch die Individuen nur ein Reflex ist.

M. Mauss: In einem Punkt bin ich mit zwei Spezialisten, die ich kenne, einverstanden, nämlich wenn sie die Megalithiker mit Goldsuchern vergleichen. Überall, wo wir Megalithen finden, finden wir auch Gold.

W. Oualid: Überspringen wir die Jahrhunderte und wenden wir uns der heutigen Auffassung von Geld zu. Es steht außer Zweifel, dass sich Simiand hier auf die neuen ökonomischen Schulen bezieht. Auf die modernen Ökonomen, vor allem in ihrem Kampf gegen die soziologischen Theorien oder die Theorien der kollektiven Psychologie. Besonders die Arbeiten von Aftalion waren in diesem Punkt eine legitime Reaktion auf die reine und materialistische quantitative Theorie. Doch im Grunde aktualisieren Aftalion und alle derzeitigen Quantitätstheoretiker die quantitative Theorie eher, als dass sie ihr widersprechen. Sie versuchen, den Einfluss des quantitativen Faktors auf den qualitativen Faktor zu erklären, das heißt den Einfluss der Geldmenge auf den Wert, der dem Geld durch das Spiel einer Psychologie zugeschrieben wird, die heute schneller, offener und extensiver ist als früher.

Auch hat das Eindringen mehr oder weniger präziser monetärer Ideen in Kreise, die sie nicht kannten oder ihnen gegenüber gleichgültig waren, diese Art von Glauben, Vorurteil oder Irrtum erzeugt, die den gegenwärtigen und künftigen Wert des Geldes berührt, was es besonders empfindlich für die Änderungen der öffentlichen Meinung macht, sobald man es von seinem metallenen Träger loslöst.

Lange waren die Phänomene quantitativer Vorstellungen auf eine bestimmte Gemeinschaft beschränkt. Beispielsweise haben Sie gezeigt, dass der dem Geld zuerkannte Wert je nach den Menschengruppen, den sozialen Gruppen und vor allem den nationalen Gruppen variiert. Es steht nun aber fest, dass der auf diese oder jene Menschengruppe ausgeübte Einfluss je nach den Individuen, aus denen sie besteht, mehr oder weniger schnell ist. So wird er sozusagen unverzüglich wirken bei demjenigen, der auf den Kurswert starrt und der Währung je nach dem Wechselkurs einen zunehmenden oder abnehmenden Wert beimisst; und bei einem Geschäftsmann oder einem Rentier schneller als bei einem Arbeiter oder einem Bauern.

Andererseits steht ebenso fest, dass der Wert des Geldes sowie der Wert, der den unterschiedlichen Währungseinheiten zugeschrieben wird, je nach den durchquerten Ländern variieren. Dennoch scheinen heute diese kollektiven Vorstellungen aufgrund der häufigeren Beziehungen und der Schnelligkeit, mit der sich die Begriffe, die sich auf das Geld beziehen, verbreiten, die Tendenz zu haben, sich stärker zu intellektualisieren als früher. Besonders dadurch, dass wir dem Geld einen realen oder messbaren Wert zuweisen, der daher rührt, dass er durch die tägliche Notierung an der Börse »quantifiziert« ist, wie Mauss sagte, und dass die Individuen, selbst die weniger gebildeten und weniger berechnenden, ihm vor allem in Zeiten starker Schwankungen und monetärer Revolutionen großen Wert beimessen, nehmen diese Vorstellungen einen rationaleren und intellektuelleren Charakter an als früher.

Schließlich fragt man sich, ob im Licht dieses Fortschritts – oder dieses Rückschritts (darüber lässt sich streiten) – das, was als undenkbar erschien, im Gegenteil nicht sehr gut vorstellbar ist.

Zunächst fällt auf, dass eine große Anzahl von Individuen besonders der jungen Generation inzwischen vom Geld einen Begriff hat, der von jeglicher materiellen, metallenen Basis völlig unabhängig ist.

In meinen Vorlesungen mache ich bisweilen folgendes Experiment. Ich frage die Schüler, was 1 Franc oder ein 5-Franc-Schein ist. Keiner oder fast keiner identifiziert die Währungseinheit mit der Einheit eines Metalls. Heute kommt das wieder häufiger vor, weil Jetons aus Bronze, Aluminium oder Silber in Umlauf gebracht wurden. Aber in einer Zwischenzeit bestand alles Geld einzig aus Papier. Die Identifizierung, die uns nahezu untrennbar mit ihm verbunden zu sein scheint, war es nicht mehr.

Im Übrigen gibt es in Simiands Darlegung eine meines Erachtens vollkommen richtige Bemerkung, nämlich dass sich die monetäre Denomination nicht geändert hat. Die neue Währungseinheit in Frankreich ist noch immer der Franc. Selbst in den Ländern, in denen sie geändert wurde, wie beispielsweise in Polen, in Österreich und in Ungarn, wurde sie durch eine numerische oder gesetzliche Definition mit einem früheren Geld verknüpft, womit eine Brücke geschlagen wurde zwischen der früheren Generation, die Metallgeld gekannt hatte und fortfuhr, mehr oder weniger bewusst mit ihm zu argumentieren, und der neuen Generation. Das würde mit einem insbesondere der monetären Benennung geschuldeten Residuum erklären, was auf den ersten Blick unverständlich erscheint, nämlich die bewahrte Wertschätzung des Geldes, auch wenn es äußerlich keine metallene Basis hat.

Trotzdem wird das Geld immer weniger als Ware betrachtet. Der Begriff des Geldes als Ware ist bei den zeitgenössischen Ökonomen kaum noch gebräuchlich. Sie mussten sich wohl den Tatsachen beugen. Bei ihren Definitionen des Geldes vermeiden sie es, über seine innere Natur Vermutungen anzustellen. Sie machen es zu einem Objekt – da dieser Terminus vager ist als der der Ware –, das im Wesentlichen dazu dient, zu bezahlen und zu zirkulieren. Auf diese Weise wäre das Geld wirklich einzigartig und hätte einen ihm eigenen Nutzen, den es mit nichts anderem teilt.

Bliebe noch, seinen Wert zu erklären. Das Geld ist, wie Sie richtig sagten, ein schuldrechtlicher Anspruch auf die Gesamtheit der gegenwärtigen und künftigen Güter und Dienste. Allein aufgrund der Tatsache, dass zwischen dem Moment, da man eine Summe Geld erhält, und dem Moment, da man sie ausgibt, Zeit verstreicht, ist jede Verwendung des Geldes gewissermaßen eine aufgeschobene oder künftige Verwendung. Folglich impliziert jeder Erhalt irgendeiner Summe Geldes – unabhängig von dessen Form und Material – einen Glauben an die Zukunft und an die Beibehaltung seiner Kaufkraft und seiner Schuldtilgungsfähigkeit. Man muss sich daher fragen, woher es kommt, dass trotz der Ungewissheit der Zukunft und des Wunsches, sich vor ihren Risiken zu schützen, die Gesamtheit der Menschen oder bestimmte Menschengruppen in einem gegebenen Augenblick gemeinhin damit einverstanden sind, ein Objekt zu erhalten, das, auf seine wesentlichen Merkmale zurückgeführt, keine andere mögliche Verwendung hat, als dazu zu dienen, dass man sich andere gegenwärtige oder künftige Güter oder Dienste beschaffen kann. Offensichtlich kommt es daher, dass sie wissen oder glauben, dass dieses Objekt es ihnen ermöglichen wird, eine deutlich konstante Menge dessen zu erhalten, was sie begehren oder erhoffen. Dieser Glaube selbst besteht einerseits aus der Universalität des Glaubens, was dem Geld seine unmittelbare Kaufkraft verleiht, und andererseits aus dem Alter dieses Glaubens, was seine Beständigkeit erklärt. Der Mensch glaubt bereitwillig, dass das, was war und ist, auch sein wird; er projiziert gewissermaßen Vergangenheit und Gegenwart in die Zukunft und unterstellt seinesgleichen aller Zeiten gern seine eigenen Gefühle. Nichts ist in dieser Hinsicht beweiskräftiger als unsere eigene Meinung über das Geld. Wir haben die größten Schwierigkeiten, uns ein Geld vorzustellen, das, selbst mittelbar, von seinem Goldmetallträger losgelöst ist, einerseits weil die Edelmetalle, soweit wir auf eine der unseren vergleichbare Ökonomie zurückblicken, immer als Geld gedient haben; andererseits weil wir mehr oder weniger in der »Religion des Goldes« erzogen wurden, mit allem, was dieser Terminus für die einen an Anbetung, für die anderen an Abscheu enthält und für wieder andere schließlich eine objektive Tatsachenfeststellung ist.

Diese soziologische Grundlage des Geldes bewahrt noch heute mit Sicherheit ihre volle Geltung, hauptsächlich was das nicht in Edelmetall konvertierbare Papiergeld betrifft, und nichts zeigt das besser als die monetären Krankheiten, an denen die Welt seit dem Krieg leidet. In diesem Punkt mussten die Ökonomen das Verdienst der Soziologen einräumen und in ihre rein zweckorientierten und zuweilen rückständigen Auffassungen des Geldes subtilere und komplexere Begriffe einführen.

Aber die Ökonomen sind ihrerseits berechtigt, sich und uns zwei Fragen zu stellen: 1. In welchem Maße lassen sich diese gefühlsbetonten, um nicht zu sagen durch Affekte vernebelten Begriffe durch zweckorientiertere oder rationalere Auffassungen ersetzen oder ergänzen? 2. In welchem Maße könnte die sogenannte zivilisierte Menschheit so weit kommen, einem Objekt einen Geldwert beizumessen, der dem des Metalls vergleichbar ist, das noch heute stets unsichtbar präsent ist? Das läuft auf die Frage hinaus, wie der soziale Glaube entsteht. Zum Beispiel ist es sehr erstaunlich, dass heute das Pfund Sterling, wiewohl von der Goldbasis losgelöst, für die Engländer und die Länder, in denen das Pfund Sterling die Rechnungswährung ist, eine bemerkenswert stabile Kaufkraft bewahrt hat, der Beständigkeit und sogar dem Rückgang der Preise für die einheimischen Produkte nach zu urteilen, ungeachtet des Verfalls des Pfund Sterling auf dem Devisenmarkt und den Theorien, die ein notwendiges Band zwischen dem internen und dem externen Wert eines Geldes behaupten. Muss man in dieser Tatsache ein Überbleibsel der Vergangenheit und die Hoffnung auf eine baldige Rückkehr zur Konvertierbarkeit auf der früheren Basis sehen? Muss man darin so etwas wie die Präfiguration eines nationalen und internationalen nicht-metallenen Geldes sehen, das seinen Wert einzig und allein aus seinem Zirkulationsgebiet und aus dem Vertrauen derer schöpft, die es erhalten, sowie aus der Klugheit und Mäßigung seiner Emittenten? Muss man darin eine Befreiung des Menschen von diesem nichtswürdigen Metall sehen, dessen unzureichende Menge und ungleiche Verteilung die freie ökonomische Tätigkeit behindern? Obwohl wir immer verkündet haben, das Geld sei nie in ausreichender Menge vorhanden und der Mensch finde tausend Möglichkeiten, seinen Umlauf zu beschleunigen und das Beste aus dem Metallvorrat zu machen, den er durch die Emission von Scheinen, die Eröffnung von Krediten, die Ausstellung von Schecks usw. besitzt, ändert das nichts daran, dass uns die Veränderungen des Geldes, das dazu neigt, Kaufkraft und Kapitalbildungskraft an sich zu werden, nach einer Entwicklung, die Simiand eindrucksvoll geschildert hat, zum Ausgangspunkt zurückführen. Glaube, also seinem Ursprung nach soziale Realität; Glaube, also seinem Ziel und seinen Verwendungen nach soziale Realität: Das Geld, das heute so empfindlich ist für die so schnellen und sich so rasch verallgemeinernden Reaktionen psychologischer Kollektive, bleibt und wird sogar mehr und mehr, in dem Maße, wie es sich läutert und immaterialisiert wird, Glaube und soziale Realität.

R. Picard: Nach den Bemerkungen meines Freundes Oualid hätte ich sehr wenig zu sagen. Ich bin noch nicht im dritten Stadium der monetären Theorie angelangt, aber ich bin auch nicht mehr ganz im zweiten, nehmen wir an, dass ich mich im Stadium 2½ befinde.

Ich bin völlig überzeugt, dass das Geld, wie Simiand aufgezeigt hat, die monetäre Tatsache, im Grunde eine kollektive Vorstellung ist und dass jedes Geld Fiatgeld ist. Aber ich frage mich, ob Sie die kollektiven Vorstellungen nicht als zu irrational beschreiben, ob Sie sie nicht zu etwas allzu Irreduziblem und in gewisser Weise Unerklärlichem machen. Gern sähe ich in Ihre Theorie ein wenig mehr Rationalismus einfließen und dass Sie mehr Nachdruck auf die Tatsache legten, dass immerhin, wenn die Edelmetalle als Geldmittel überlegen waren und wenn sich heute vor unseren Augen das Gold letztlich gegen das Silber als materieller Träger des Geldes durchgesetzt hat, es nicht nur deshalb geschah, weil sie magische Eigenschaften besitzen. Sie sagten, glaube ich, dass im Grunde alles magische Eigenschaften besitze. Einverstanden, und ich räume ein, dass wir noch heute gelegentlich Holz oder Eisen berühren; doch wenn im Laufe der historischen Entwicklung das Gold über das Silber siegte, nachdem es über alle anderen Geldobjekte gesiegt hatte, ist das nicht der Beweis dafür, dass hier eine durchdachte Wahl stattgefunden hat, die auf der Anerkennung der materiellen Eigenschaften und der ökonomischen Qualitäten beruht, denen Sie vielleicht nicht ganz gerecht geworden sind?

Meinen Sie andererseits, dass die Tatsache, das Vertrauen zu erklären, das man durch ein reines Phänomen des Glaubens in das Geld setzt, notwendig ein intellektuelleres Phänomen ausschließt, nämlich die Gewissheit, eine Gewissheit, die auf der Art von ungeschriebenem Vertrag beruhen würde, wie er zwischen den Menschen existierte, um das Geld als Tauschmittel und als Wertmaßstab zu akzeptieren?

Diesen stillschweigenden, aber universellen Vertrag halte ich natürlich nicht für eine historische Tatsache; es ist nur eine logische Erklärung für die soziale Tatsache der Zirkulation des Geldes und seiner Annahme durch alle Welt. Man akzeptiert das Geld, weil man der Überzeugung ist, dass aufgrund einer Art unausgesprochener Übereinkunft alle anderen Menschen es akzeptieren werden, und sich auf diese latente Gewissheit stützt, die, wie mir scheint, jenen Glauben begründen konnte, der mit dem universellen Wert des Geldes verbunden ist.

Ich bitte Sie also zu prüfen, ob es nicht angebracht wäre, ein wenig mehr Rationalismus oder, wenn Sie lieber wollen, Intellektualismus in ihre rein fiatgeldliche Theorie einzufügen.

G. Pirou: Ich habe Simiands Beitrag mit großem Interesse gelesen, und ich gehöre zu denen, die ihn gebeten haben, ihn zu veröffentlichen. Wenn ich zögere, ihm im Punkt der historischen Ursprünge des Geldes zu folgen – aber darüber möchte ich keine Diskussion beginnen, weil es mir an Kompetenz fehlt –, so bin ich dagegen in allem, was die moderne Interpretation der monetären Tatsachen angeht, ungefähr mit ihm einer Meinung.

Bei der Lektüre des Beitrags hat mich besonders die Formulierung frappiert, die Simiand vorhin wiederholte: »Das Gold ist lediglich das erste Fiatgeld.« Sie schien mir derart zutreffend zu sein, dass ich, da ich sie meinen Studenten nahebringen wollte, ihnen vor vierzehn Tagen aufgegeben habe, diesen Satz zu kommentieren, wobei ich ihnen nur sagte, er stamme von einem französischen

Ökonomen; erst gestern habe ich ihnen den Namen dieses Ökonomen verraten.

Heute brauchen wir eine realistische Theorie des Geldes, und es ist eine dringliche Aufgabe, in dieser Hinsicht nach einer Interpretation zu suchen, die sich den modernen Tatsachen anpasst, ohne sie in der einen oder anderen Richtung zu entstellen. Eine realistische Theorie muss die immateriellen Formen des Geldes berücksichtigen, insbesondere des »bargeldlosen« Geldes; sie kann also nicht mehr streng metallistisch sein wie die klassischen Thesen. Wenn man über die Rolle und die Funktion des immateriellen Geldes nachdenkt, kommt man unweigerlich zu Simiands Schlussfolgerung, nämlich dass das, was den Wert des Geldes begründet, keineswegs die intrinsische Eigenschaft der Ware Geld ist, sondern das Vertrauen, das die Gemeinschaft, die soziale Gruppe dem Geldmittel schenkt.

Auch mit dem anderen Aspekt der Formulierung bin ich einverstanden. Das Gold ist trotzdem »das erste Fiatgeld«, und dieser Vorrang des Goldes hängt zum Teil, wenn auch nicht mit dem intrinsischen Wert des Metalls, so doch mit dem allgemeinen Glauben der Öffentlichkeit an diesen intrinsischen Wert zusammen. Ein solcher Glaube ist in gewissem Maße eine Illusion; alle Ökonomen wissen und sagen es in ihren Büchern; aber die Öffentlichkeit liest die Werke der Ökonomen nicht; sie bleibt davon überzeugt, dass das Goldstück als Ware gilt, und wenn vor einigen Wochen viele Leute in Frankreich bei der Bank Goldbarren holten, erklärt sich ihr Handeln durch den Glauben an den Wert des Metalls, unter Außerachtlassung seiner monetären Funktion.

Wenn wir hinzufügen, dass das Gold bis heute die bequemste Kommunikationsbrücke zwischen den verschiedenen Landeswährungen war, verstehen wir, dass sich das Vertrauen der sozialen Gruppe derzeit leichter an eine Goldwährung klammert als an eine Währung, die diese Grundlage nicht hat.

In diesem Sinne verwerfe ich für meinen Teil die berühmte Formel von Keynes als zumindest verfrüht; das Gold ist vielleicht »ein Fetisch«, aber zurzeit kein »veralteter« Fetisch. Mag sein, dass er in Zukunft dazu wird: im Augenblick glaubt die Öffentlichkeit noch an den Fetisch und seine Macht, und auf diesem Glauben beruht der Wert der Goldwährung.

Ich komme nun zu dem Punkt, in dem wir wirklich verschiedener Meinung sind. Ein Wirtschaftsleben, das gänzlich auf Geldausdrücke ausgerichtet wäre und die realen Befriedigungen nicht berücksichtigte, die die Waren und Dienstleistungen bringen, wäre in gewissem Sinn irrational. Ich verstehe gut, dass die positive Methode, der ich wie Sie zustimme, uns befiehlt, das Reale so zu untersuchen, wie es sich uns zeigt, auch wenn dieses Reale nicht rational ist. Doch wenn man darüber nachdenkt, steht absolut fest, dass der Zweck der ökonomischen Tätigkeit die realen Befriedigungen sind und nicht die monetären Erscheinungen, sodass es jedes Mal, wenn es zu einer Trennung zwischen den einen und den anderen kommt – und das geschieht in Perioden starker monetärer Schwankungen –, unmöglich ist, dass sich eine bestimmte Anzahl von Individuen innerhalb der sozialen Gruppe nicht mehr einzig von den Geldwerten hypnotisieren lässt und die realen Werte nicht in Betracht zieht.

Diesen Einwand hatte ich in einem Aufsatz erhoben, den ich Ihrem Buch gewidmet habe, und ich war, als ich neulich Marc Blochs Studie über dasselbe Thema las, erstaunt, dass ein Autor, der keine ökonomische, sondern eine historische Ausbildung hat – und der, wie mir schien, meinen Aufsatz nicht kannte –, sich in diesem Punkt mit mir traf. Marc Bloch erinnert sich an eine Hausangestellte, die in der Zeit der Geldentwertung ihren Lohn, sobald sie ihn erhielt, in reale Güter, Wäsche und Kleidung, verwandelte. Ist das nicht der Beweis dafür, dass die Individuen zuweilen hinter dem Geldausdruck den realen Wert suchen?

In Ihren ersten Arbeiten haben Sie gezeigt, dass die Arbeiter sehr am Geldausdruck ihres Gewinns hängen, sodass sie es in Zeiten der Depression vorziehen, eine größere Anstrengung zu machen, um eine Verringerung ihres normalen Lohns zu vermeiden. Dennoch ist es derzeit unstreitig, dass in einem Land wie Belgien, wo die Lebenshaltungskosten spürbar gesunken sind, die Arbeiterklasse die Verringerung der Löhne leichter akzeptierte, weil sie wusste, dass das, was man gemeinhin »Reallohn« nennt, trotz dieses Rückgangs konstant bleiben konnte. Ich räume ein, dass selbst in diesem Fall ein Widerstand gegen die Verringerung des monetären Gewinns besteht, aber er ist sicher weniger stark, wenn man weiß, dass diese Verringerung keinen Rückgang des Lebensstandards, das heißt aller realen Befriedigungen bedeutet, die der Lohn ermöglicht.

Ich glaube, dass in Zeiten sehr großer monetärer Schwankung

ein bedeutender Teil der Öffentlichkeit am Ende den Schleier des Geldes beiseiteschiebt und hinter dem Schleier die realen Befriedigungen sieht, die die Waren und die Dienstleistungen bringen. Für diese Länder und für diese Zeiten gilt Ihre allgemeine Analyse der Rolle des Geldes im Wirtschaftsleben vielleicht nicht mehr oder verlangt vielleicht Nachbesserungen.

Éd. Mestre: Was ich über das System Chinas zu sagen hätte, wäre hier wohl nicht von unmittelbarem Interesse. Es würde sich nicht nur auf ein Geldsystem beziehen, sondern auf ein System von Tauschwerten. Wenn man zum Beispiel von dieser Warentabelle ausgeht, die eine Tabelle von Gleichungen des Tauschhandels ist, müssten Sie jeder Warenart eine entsprechende Art von Tauschwerten gegenüberstellen. Diese sind hierarchisiert, ohne deshalb ein Geldsystem zu bilden: wer einen Barren Silber hat und Sapeken will, macht seinen Barren nicht »zu Geld«, auch wenn er kontrolliert, gewogen und geschätzt wird; mit seinem Barren kauft er Sapeken zum Kurswert. In ihrer historischen Entwicklung betrachtet, scheinen mir die chinesischen Tatsachen eine Gesamtheit parallel zu derjenigen zu bilden, von der Sie sprechen. Doch solange es nicht präzise beschrieben worden ist, sind die Einzelvergleiche, an die man denken könnte, zwecklos.

M. Cohen: Ähnliches gilt vielleicht für Abessinien. Die Überlegungen, die Pirou uns vorstellte, haben mich ermutigt, etwas dazu zu sagen. Ich schildere Ihnen das Problem dieses besonderen Punkts, um zu erfahren, wie Sie es im Rahmen ihrer allgemeinen Theorie lösen werden.

In Abessinien scheint es in der heutigen Zeit oder besser in der ihr unmittelbar vorhergehenden tatsächlich eine Beziehung zwischen der Handelstätigkeit und der Einführung des Geldes zu geben, und zwar in verschiedenen Bedeutungen, die, aus verschiedenen Richtungen kommend, anzutreffen sind.

In der vorherigen Periode – denn jetzt verändert es sich gerade – ist das fundamentale Geld der Maria-Theresia-Taler, das heißt eine als Ware importierte Silbermünze, die von den Österreichern eine Zeitlang im Tausch für verschiedene reale Waren exportiert worden ist, folglich das Resultat eines Tauschs, der vorteilhaft war für die Leute, die diese Metallscheiben, die nicht aus Gold waren, aus ihrem Land exportierten und nach Abessinien (und in benachbarte Länder) importierten, ein Land, das im Übrigen ein Goldproduzent ist. Dieses Geld ist die Grundlage der Tauschgeschäfte, wobei der Taler im Wert von durchschnittlich 5 Francs die sowohl maximal wie minimal unteilbare Einheit aus Silber ist und kein Vielfaches hat (für eine große Summe muss man die Taler anhäufen).

Das herkömmliche Geld, das sich teilen lässt, ist das Salzgeld. Ich frage hier, ob dieses Salz einen magischen Wert besitzt.

M. Mauss: In Wirklichkeit umfasst dies die ganze saharische Geschichte, die Geschichte der Salinen von Dschibuti, die jetzt in Form einer Aktiengesellschaft betrieben werden. Sie weisen hier auf eine vorherrschende Tatsache der afrikanischen Zivilisation hin.

Es ist der Unterschied zwischen zwei Techniken des Konsums, des Konsums ohne Salz und des Konsums mit Salz. Diejenigen von Ihnen, die abnehmen wollen, brauchen nur kein Salz zu sich zu nehmen. Aber das ist neueren Datums. Die Menschheit teilt sich recht gut in zwei Teile: es gibt Leute, die mit Salz essen, und Leute, die ohne Salz essen. Wahrscheinlich kam ganz Afrika lange ohne Salz aus, denn es gibt in Afrika sehr wenig davon; da andererseits die Meeresufer hier im Allgemeinen keine flachen Strände sind, wo man das Salz trocknen könnte, musste es dort Bezugsquellen für das Salz geben. Diese Herkunftspunkte sind die tragischen Salzbergwerke, die in der Sahara viele Tage Sklavenarbeit bedeuten, und die Salinen von Dschibuti sind der schiere Horror. Die Leute haben also begonnen, Salz zu sich zu nehmen. Der Salzbarren wird Währungseinheit. Aber welchen Wert hatte das Salz? Offenbar einen Gewürzwert. Doch dann kommt man wieder zur Frage nach dem Gewürzwert. Und wenn ich Gewürze sage, betrete ich wohl die Magie und die Pharmakopöe und alles Übrige.

M. Cohen: Nun ... Wenn Sie so wollen, ist es Magie, aber vor allem ist es ein Konsumgut.

In Wirklichkeit bedient man sich bei den Tauschgeschäften zu vereinbarten Kursen einer Ware, die nur von bestimmten Stellen stammt und nur unter bestimmten Bedingungen von dort kommen kann. Tatsächlich stammt für Abessinien das Salz aus der Senke der Danakil-Wüste, die unter dem Meeresspiegel liegt. Es ist ein unmittelbar in Konsumgüter konvertierbares Geld. Es ist nur dann gut, wenn es eine bestimme Form hat; es müssen auf eine bestimmte Weise hergestellte Barren sein, die die französischen Salinen von Dschibuti kürzlich zu imitieren versuchten; man kann diese Barren entzweibrechen, man kann sie nicht endlos zerbröseln. Dieses sperrige Geld ist sehr mühsam zu transportieren, und gleichzeitig wird es konsumiert; wenn man Salz braucht, isst man einfach sein Geld.

Dieses Salzgeld wurde in relativ neuer Zeit zum Teil durch ein anderes, ebenfalls sofort in nützliche Dinge konvertierbares Geld ersetzt; es handelt sich um die Patronen (vor allem die des Gras-MLE-1874-Gewehrs). Häufig gibt es einen Patronenkurs; und als Kleingeld unterhalb der Patronen verwendet man auch deren Bodenkappen – und hier trifft man auf das Geld als Schmuck, indem man sie zerschneidet, um Dinge daraus zu machen, so wie wir während des Kriegs kleine Arbeiten aus Kupfer herstellten, hier aber handelt es sich um wesentliche Schmuckstücke, Ergänzungen zum Geschirr der Maultiere, auf die man auf einer bestimmten sozialen Ebene bei Zeremonien nicht verzichtet.

Ich fasse also zusammen: Im selben Land Verwendung einer Silbermünze, die eine importierte Ware ist und den Wert einer Landeswährung annahm und die das Gold vertrieb – weil das Gold im Land produziert wird, und in bestimmten Momenten scheint man das Gold in Barren verwendet zu haben; vor den Maria-Theresia-Talern musste ein europäisches Goldgeld, die venezianische Zechine, importiert worden sein; und andererseits Verwendung ebenfalls importierter Dinge, die unmittelbaren Gebrauchswert haben, als Kleingeld. Ich weise darauf als auf einen Sonderfall hin in einem im Übrigen besonderen Land, wo sich der Individualismus auf spezielle Weise zu einer Zeit entwickelte, die vom Geschehen in der Nachbarschaft unabhängig war. Auf diese Tatsache bin ich bereits auf einem ganz anderen Weg gestoßen, nämlich beim Ausdruck für die Zeit in den Landessprachen. Es besteht ein dieser Gesellschaft eigentümlicher Individualismus, einer Gesellschaft, wo der Stamm existiert zu haben und vollständig in Familien aufgeteilt gewesen zu sein scheint und wo sogar Individuen sich leicht von der Familie lösen. Noch einmal, ich wollte auf einen zu interpretierenden Sonderfall hinweisen, wie es vorhin andere taten, ohne auf Ihre allgemeine Theorie einzugehen, die andere Ausführungen auf einer anderen Sitzung verlangen würde.

Denn auch wenn es unstreitig zu sein scheint, dass das Geld als »soziale Realität« zu betrachten ist, so muss doch noch untersucht werden, welchen Platz diese Realität in einer bestimmten Gesellschaft einnimmt und besonders ob dieser Platz, den das Geld in der Gesellschaft einnimmt, in der wir im Augenblick leben, nach einer Umwandlung dieser Gesellschaft nicht radikal anders sein wird.

[...]

F. Simiand: Ich möchte mit ein paar Worten auf die hier gemachten Bemerkungen antworten, die, wie ich glaube, genau dem Thema entsprechen, das wir dieser Versammlung gegeben haben; denn an meinen Beitrag anschließend, werden sie eine sehr interessante Darstellung dessen sein, was unser Institut leisten kann.

Was zunächst die besonderen Geldformen in Verbindung mit besonderen Gesellschaften betrifft, auf die Mestre und Cohen soeben hingewiesen haben, wäre es vielleicht um diese Uhrzeit ein wenig lang, nicht nur sie eigens zu untersuchen, wozu ich im Übrigen aus dem Stegreif nicht imstande bin, sondern auch die gemeinsamen Punkte oder die Hauptunterschiede anzuzeigen. Nichtsdestoweniger habe ich den Eindruck, dass diese Tatsachen im einen und im andern Fall unter die allgemeine Idee fallen, die ich Ihnen vorzustellen versuchte: die monetären Tatsachen und die monetären Vorstellungen stehen in charakteristischen Verbindungen zu der Gesellschaft, in der man sie antrifft. Zweifellos gibt es mehr oder weniger unterschiedliche und mehr oder weniger komplexe Realisierungen, die zu analysieren wären. Hier bleibt indes das Hauptanliegen – und es scheint von Ihren Beispielen nicht widerlegt zu werden –, dass diese monetäre Realisierung eine bestimmte soziale Funktion der Wertrepräsentation einschließt.

Éd. Mestre: Um Ihnen keine womöglich schlecht ausgewählten Tatsachen zu liefern, enthalte ich mich.

M. Cohen: Es ist eine soziale Realität, und wir können darüber diskutieren, welchen Platz sie in der Zivilisation einnimmt.

F. Simiand: Ich spreche hier also von Gesellschaften, in denen das Geld die Rolle spielt, die es bei uns spielt, das heißt nicht von der ganzen Menschheit, sondern von dem Teil, den wir in verschiedener Hinsicht für überlegen halten, wo es in dieser Rolle anzutreffen ist.

M. Cohen: Unsere Menschheit selbst kann sich in dieser Hinsicht ändern.

F. Simiand: Ja, mag sein; aber es gilt, dabei die Bedingungen, Überlagerungen oder Folgen zu erkennen, und zwar zunächst durch eine Untersuchung der tatsächlichen Realität innerhalb der Menschheit, auf die wir uns zubewegen. Ich habe mich sehr gefreut, hier die erwartete Unterstützung von Mauss zu erfahren; das gibt mir einige Selbstsicherheit. Denn ich hatte eine gewisse Befürchtung, mich auf ein Gebiet zu begeben, das mir nicht vertraut ist; und ich fürchtete, dass meine eigenen Beispiele nicht überzeugend genug sind. Die Verallgemeinerung – Geld, Mana, Manitu, Mawu – ist überaus interessant und wichtig und gibt mir fast mehr, als ich erhofft hatte. Was andererseits den Übergang von der Qualität zur Quantität und die erwähnte Verbindung mit den Vorstellungen eines gerechten Preises angeht, so sind dies, wie ich glaube, riesige Bereiche, die in Diskussionen oder Annäherungen zu behandeln wir uns vorbehalten haben; im Grunde ist es das Problem der Verbindung zwischen der Ordnung der ökonomischen Werte und der Ordnung der religiösen oder ethisch-religiösen Werte. Es gibt Gesellschaften, in denen die Ordnung der ökonomischen Werte offenkundig den sozialen Werten dieser anderen Ordnungen untergeordnet war.

Die Methode, der ich zu Recht oder zu Unrecht zu folgen versuchte, besteht darin, zuerst das ökonomische Phänomen zu sehen und es dort zu suchen, wo es am abgetrenntesten ist, in seiner reinsten Form, dort, wo der ökonomische Wert nicht mehr den Charakter der Unterordnung oder sogar der Mischung mit anderen Werteordnungen hat.

Was die Vergleiche mit den jüngeren und fortgeschrittensten Vorstellungen des Geldes betrifft, an die Oualid erinnerte, so waren sie mir natürlich nicht unbekannt. Trotzdem gibt es einen Punkt, den ich betont habe und den ich nochmals aufgreifen möchte. Selbst wenn es gelingt, Faktoren psychologischer Art einzubringen, kommt es vor, dass man den Akzent mehr oder weniger auf den kollektiven, sozialen Charakter legt – denn sozial heißt für uns etwas mehr als kollektiv. Für mich aber ist der soziale Charakter vorrangig, ja sogar konstitutiv: das ist bereits eine Nuance – und zuweilen sogar, im Vergleich zu einigen dieser Autoren, ein erheblicher Unterschied. Aber ich frage mich, ob es nicht noch etwas mehr gibt. Natürlich nähert sich dieser Begriff des Geldes schließlich immer mehr dem Begriff der Kaufkraft an; am meisten aber hebe ich für meinen Teil hervor, dass, was diesen Begriff der Kaufkraft betrifft, viel Verwirrung gestiftet wurde, wie mir scheint, und sogar völlig irrige Theorien dazu entstanden, zum Beispiel die Theorie von Cassel über die Wechselkursparität zwischen unkonvertierbaren

Währungen. Diese Theorien bringen in dieser Kaufkraft nur die sogenannten Konsumgüter unter, jedenfalls nur die unmittelbaren, aktuellen Güter. Ich für meinen Teil habe in meinen Vorlesungen die Formel »Kaufkraft« sehr häufig durch die Formel »Kraft, zu kaufen« ersetzt, weil »kaufen« ein Verb ist, das ein Akkusativobjekt verlangt: was kaufen? Nach unserer gängigen Erfahrung drängt sich die weit komplexere Antwort auf: Waren, Firmen kaufen, noch mehr jedoch und vor allem künftige Dinge kaufen.

In dieser Hinsicht wandle ich die Formulierung der dritten Funktion des Geldes um. Das Geld, so lehrt man uns, fungiert als Wertmaßstab, als Tauschmittel und als Wertaufbewahrungsmittel. Doch aufbewahren kann man nur, was existiert; in diesem Sinne hat nun aber das Geld noch keinen Wert, den man sich aufbewahren könnte. In dieser Hinsicht hat das Geld die Eigenschaft, die Antizipation eines Werts zu sein, der noch nicht existiert. Somit hat das Geld als solches keinen Wert, insbesondere nicht im konkreteren und unmittelbareren Sinn von »Gut, das unsere Bedürfnisse zu befriedigen vermag«; und selbst unabhängig von dieser Erwägung hat ein Goldstück genau genommen keinen aktuellen Wert, wenn man dieses ökonomische Stadium einmal erreicht hat: es hat lediglich einen künftigen Wert.

Ein Mitglied: Das, was Mauss unter der Bezeichnung Erwartung erklärt hat.

F. Simiand: Eine Erwartung kann in der Tat nur sozial sein. Man ist gezwungen, auf etwas zu warten, was von anderen abhängt. Wenn ich einen Vorrat an Getreide habe, kann ich der Ansicht sein, dass ich es verzehren werde; wenn ich Gold habe, kann ich nur der Meinung sein, dass es mir dazu dienen wird, Macht über die Dinge oder die Menschen zu haben, das heißt unter der Voraussetzung, dass dieses Gold von anderen Menschen »geschätzt« wird – in der technischen wie in der allgemeinen Bedeutung des Wortes. Ebendiese Macht der Antizipation oder der Vorstellung, ja sogar der antizipierten Realisierung eines künftigen Werts ist die wesentliche Funktion des Geldes, besonders in den fortschrittlichen Gesellschaften.

Und sogleich komme ich zu dem Gegensatz, der hier zwischen dem Schleier und der ökonomischen Realität erwähnt wurde: Ich würde die Fälle, die Sie mir entgegenhielten, gern anhand dieses Merkmals interpretieren. Wenn eine Gemeinschaft nicht mehr an die künftige Macht des Geldes glaubt, ist es kein Geld mehr. Als die Mark unter jeglichen Grenzwert fiel, beeilten sich die Arbeiter, die in Mark bezahlt wurden, alles Beliebige zu kaufen. Dasselbe geschah in Russland zur Zeit der extremen Inflation: die Leute, die eine bestimmte Menge Rubel erhalten hatten, rannten los (konkrete Verwirklichung der Umlaufgeschwindigkeit des Geldes, hat Keynes scherzhaft gesagt), um sie ebenfalls sofort für irgendetwas einzutauschen. Doch in diesen Fällen ist es kein Geld mehr; es ist etwas Beliebiges, das dazu dient, das, was man gerade verkauft hat, in etwas umzuwandeln, was man kaufen wird. Und das bestätigt gerade, dass die grundlegende Eigenschaft des Geldes in den Gesellschaften, die sich entwickeln, ökonomisch fortschreiten und ökonomisch die qualifiziertesten sind, darin besteht, eine für die Zukunft geltende Vorstellung zu sein; gültig, wenn man die Tatsachen genau beobachtet, nicht mit jener Sicherheit, in der Zukunft immer kaufen zu können, was man gegenwärtig mit ihm kaufen kann: es ist eine Erwartung, die nicht zwangsläufig als solche realisiert wird, es ist ein einzugehendes Risiko, aber sowohl im Sinn einer Steigerung wie eines möglichen Rückgangs.

Ich komme auf den Vergleich zurück, den ich vorhin zog. Wenn ich nach England reise, erwarte ich nicht, dieselben Dinge zum selben Preis kaufen zu können. Warum sollte es zwischen der Gegenwart und der Zukunft anders sein? Rechnet jemand, der spart, nicht oft damit – ob zu Recht oder zu Unrecht, jedenfalls bestimmt es sein Handeln –, dass er in der Zukunft eine für ihn interessantere Verwendung haben wird (oder wird haben können)?

Das muss also festgehalten werden. Aber worin das Geld im eigentlichen Sinn dennoch im Wesentlichen festgelegt und definiert ist, ist die Tatsache, dass ich, auch wenn ich nicht weiß, welche Menge Getreide ich damit werde kaufen können (man nimmt immer das Beispiel des Getreides, obwohl ich selbst nie welches gekauft habe), jedoch weiß, dass ich in Zukunft welches werde kaufen können; selbst wenn das Getreide nicht das ist, was ich benötige, weiß ich doch, dass ich mich mit Gold werde ernähren, kleiden, etwas Nützliches werde tun können. Ich weiß zwar nicht genau, was, aber ich weiß, dass es etwas sein wird, was ich schätze. Wenn ich dagegen bei wachsender Inflation Milliarden von Mark-Scheinen habe, habe ich keinerlei Vertrauen, dass ich in der Zukunft, in einer unbestimmten Zukunft etwas für mich Vernünftiges damit werde tun können. Das ist genau ein Fall, in dem dieses Geld kein Geld mehr ist. In diesem Fall gehe ich nicht von einer Geldrepräsentation, die ein Schleier wäre, zu einer Realität über, die sie verschleiern würde. Ich gehe von einem System, das früher ein Geldsystem moderner Ökonomie war, zu einem System über, das keine moderne Ökonomie mehr ist. Von einer monetären Ökonomie, die nicht mehr funktioniert, gerate ich in eine geschlossene Ökonomie in dem Sinn, den wir diesem Wort geben.

G. Pirou: Das ist ein sehr krasser Fall.

F. Simiand: Was man mir entgegenhält, ist nicht viel besser.

W. Oualid: Und man verwendet Gelder wie die Kilowattstunde oder die Tonne Kohle. Es ist die Abkehr von Geld.

F. Simiand: Ich wage hinzuzufügen, dass der Versuch, den ökonomischen Wert auf etwas zurückzuführen, was realer wäre, zum Beispiel auf den Wert des Getreides, schiere Illusion ist. Ich habe nicht die absolute Sicherheit, dass das Getreide (vorausgesetzt, es wird verzehrbar aufbewahrt) in fünfzig, hundert, tausend Jahren und in jedem Land etwas wert sein wird. Denn wenn die Menschen anfangen, keines mehr zu essen, oder wenn sie es vorziehen (das ist vorgekommen), Reis zu essen, wird mein Getreide in diesem Rahmen nichts mehr wert sein: mein Getreide ist keine Sicherheit für die Zukunft. Die verschiedenen materiellen Dinge, die wir heute für geeignet halten, unsere Bedürfnisse zu befriedigen, sind keine Garantie für den künftigen Gebrauch.

Was sozial solide bleibt, was einer kollektiven Erwartung am besten entspricht, ist das, was sich in so viele Dinge wie möglich umwandeln lässt; und diese Fähigkeit der Umwandlung in jede beliebige Sache ist etwas Spezifisches, das in diesem Punkt die Überlegenheit von Gesellschaften kennzeichnet, in denen eine Geldwirtschaft funktioniert, im Vergleich zu den Gesellschaften, wo dem nicht so ist. Aber ich komme nicht dann zu mehr Realität, wenn ich eine Geldrepräsentation, die aufhört, die Eigenschaften der Geldrepräsentation zu haben, auf Waren reduziere. Ich entschließe mich zu einer Notlösung, indem ich die Geldwirtschaft verlasse, um in eine Naturalientauschwirtschaft einzutreten. Dies wäre etwa meine Antwort.

Was nun die Beziehungen zwischen bestimmten Einkommensvorstellungen und den Bewegungen der Lebenshaltungskosten oder Elementen dieser Art betrifft, so konnten Sie sehen, da Sie mein dickes Buch gelesen haben – wofür ich Ihnen danke –, dass ich diese Faktoren weitgehend berücksichtigt habe, jedoch aus Erfahrung sagte: es sind zusätzliche Elemente. Wenn sich in Phasen des Aufschwungs, gemäß den Verbindungen, die ich herauszuarbeiten versuchte, aus verschiedenen Bewegungen ergibt, dass zumindest eine Zeitlang ein höherer Geldausdruck lediglich die gleiche Kaufkraft darstellt, dann ist gewiss ein stärkerer Druck seitens der Arbeiter zu verzeichnen, ihre monetären Vergütungen zu verbessern; und das gelingt, wenn ansonsten andere wichtige Bedingungen erfüllt sind. Umgekehrt käme es vielleicht zu einem geringeren Widerstand gegen das Sinken des Lohns von Seiten der Arbeiter, wenn sie trotzdem weiterhin die gleiche Menge Waren würden kaufen können: auch dies kann in gewissem Maße als zusätzlicher Faktor mitspielen. Aber dessen bin ich weniger sicher; und wenn es in gewissem Umfang geschieht, dann vielleicht dort, wo allzu simplizistische Ökonomen oder Wortführer die spontanen Ideen der Leute verwirrt haben und sie an die Gerechtigkeit und die Kraft gleitender Lohnsysteme nach den Verbraucherpreisen haben glauben lassen (etwas ganz anderes ist die gleitende Lohnskala nach dem Verkaufspreis der Produkte). Die für Belgien genannten Beispiele leiden, wenn ich so sagen darf, an der gleitenden Lohnskala.

Sehr angesprochen fühle ich mich von dem Vorwurf meines Freundes Picard, das Rationale zu verkennen. Aber ich habe ja gerade zu zeigen versucht, dass dieser Vorgang, auch wenn er dem »gemeinen« Verstand zuwiderzulaufen scheint, dennoch, wenn wir die Entwicklung objektiv untersuchen, mit dem Rationaleren und Vernünftigeren übereinstimmt. Rational nenne ich eine Beziehung, die imstande ist, Dinge verständlich zu machen, die man nicht versteht, eine Formulierung, die ein Mittel an die Hand gibt, eine bestimmte Anzahl von Tatsachen zu berücksichtigen, die bisher nicht berücksichtigt wurden, und im vorliegenden Fall etwas verständlich zu machen, was es nicht war, nämlich jene Art Zwang, der jeder Gesellschaft, die ökonomisch progressiv sein will, auferlegt ist. Dieser Vorgang ist in der Tat rational, weil er, wenn die Thesen, die ich zu verbinden versuchte, begründet sind, eben der Vorgang ist, der es einer Gesellschaft ermöglicht, ökonomisch progressiv zu sein. Wenn Sie meinen, dass der ökonomische Fortschritt eine interessante Sache für eine Gesellschaft ist, dass es für eine Gesellschaft ein Recht, manche würden sagen eine Pflicht sein kann, das fortzuführen, was dieses Ziel zu erreichen ermöglicht, das in jedem Fall akzeptierbar und rational zu sein scheint, dann rationalisiere ich genau in diesem Sinne.

R. Picard: In meinem Wortschatz würde ich es vernünftig nennen. Mir scheint, dass Sie die kollektive Vorstellung als etwas an sich Bestehendes verstehen, das sich auf keine kontinuierliche Erfahrung stützt und sich nicht nach kontinuierlichen Erfahrungen verändert, während mir scheint, dass man nach und nach alle monetären Medien und Mythen, alle Materialien aufgegeben hat, die das Geld stützten, um schließlich eine Auswahl zu treffen und alles Vertrauen auf das Gold zu setzen. Und das scheint mir diese etwas nebulöse Vorstellung auszuschließen.

F. Simiand: Die sozialen Vorstellungen sind gleichzeitig relativ, was alle klassischen Ökonomien seit dem 18. Jahrhundert nicht verstehen wollten. Das Universelle, das sie in ihren Formulierungen anstrebten, schien ihnen nicht relativ sein zu können. Doch in den Gesellschaften ist dieses grundlegende Element relativ wie die anderen wesentlichen Elemente des sozialen Lebens, weil es sich mit den Gesellschaften verändert. Dennoch wird es in universeller Form formuliert.

Diese Art von allmählichem Verzicht auf die ursprünglichen Formen, in denen sich die Geldeinheit verkörperte, was zu einer wachsenden Verdrängung führt, entspricht auch, wie ich gleich sagen zu können glaube, der Ausdehnung der Beziehungen zwischen den Gesellschaften. Dass man heute versucht, sich an das Gold zu klammern, auch wenn man sich dagegen verwahrt, liegt daran, dass es bis heute das einzige Element war, mit dem sich ein universelles oder nahezu universelles Vertrauen verband.

R. Picard: Und alle anderen Fiatgelder haben nur in dem Maße Wert, in dem sie vom Gold gestützt werden, weil keine Evaluation, kein Abwägen stattfindet.

F. Simiand: Gleichwohl ist es auch ein Maß, in dem die Gesellschaften unabhängig sind oder es zu sein glauben. Heute ist ein Engländer der festen Überzeugung, dass das Pfund Sterling solider ist als das Gold. Er hat Vorstellungen des Empire, Vorstellung menschlicher Gruppen, und er hat universelle Vorstellungen.

Andererseits hätte ich vielleicht stärker auf eine Tendenz zu einer Situation hinweisen müssen, die einigen zufolge ein Fortschritt sein soll, nämlich die Rückkehr zum Tauschhandel, von dem man meint, er sei im Begriff, sich in einem großen Teil Europas zu verallgemeinern. Ist das eine Lösung für die Zukunft oder nur ein vorübergehender Notbehelf? Ist das jedenfalls nicht eine Lösung, die derjenigen Funktion des Geldes fehlt, mit der sich, wie wir sahen, das größte progressive Interesse verbindet? Das ist eine gewaltige Diskussion, die wir hier nicht in Angriff nehmen können.

W. Oualid: Darf ich noch eine Bemerkung hinzufügen? Im Grunde spielt das Geld eine doppelte Rolle, zum einen die eines Instruments zum Kauf von Konsumobjekten, womit sich die Theorien von Pirou bestätigen, aber es spielt auch – und das scheint mir aus Ihrem Buch hervorzugehen – die Rolle eines Kapitals, das heißt eines Produktionsinstruments. Unter anderem habe ich diese Idee Ihrem dicken Buch entnommen. Sie betonten das Geld als Kapitalinstrument. Ebenso sagte Nogaro, als er das Problem des Geldes untersuchte, dass die exzessive Geldemission durchaus eine Abwertung des Geldes und eine Erhöhung der Preise nach sich ziehen kann. Gleichzeitig jedoch liefert sie mehr Kapital, erhöht die Produktion und das Warenangebot und mildert oder neutralisiert infolgedessen die Preiserhöhung.

F. Simiand: Auch für die Zukunft handelt es sich nicht nur um die Verwendung als Kapital; denn die aufgeschobene Verwendung als Geldmittel kann zum Konsumgüterkauf führen. Auch hier liegt eine Unbestimmtheit vor, die die überraschende Kraft der Geldrepräsentation ausmacht: diese Repräsentation wird etwas wert sein, wir vertrauen darauf, dass sie etwas wert sein wird. Was? Konsumgüter? Produktionsmittel? Dauerhafte materielle Güter? Immaterielle Güter? Sogar ich, ihr heutiger Besitzer, weiß es noch nicht. Aber ich habe, vielmehr wir, wir Menschen derselben Gesellschaft, wir haben den vertrauensvollen Glauben, dass sie zu unserer Zeit und nach unserer Wahl für diese oder jene Güter verwendet werden kann. Auch in diesem Sinne ist es ein sozialer Glaube, eine soziale Realität: und mit diesen Worten werde ich schließen.

III
Mauss und »modernes Geld«

Leserhinweis zu den »Wechselkursen«

Mauss schrieb in der sozialistischen Zeitschrift *Le Populaire* drei Artikelserien unter dem Titel »Les Changes« (»Die Wechselkurse«): Sieben Artikel vom 4. bis zum 21. Dezember 1922, 24 Artikel vom 18. Januar bis zum 14. April 1924 und noch einmal drei Artikel vom 14. bis zum 18. April sowie ein Postskriptum am 14. Mai 1924. Die Serien sind als ein zusammenhängender Fließtext komponiert und nicht als in sich geschlossene Artikel.

Mauss reagiert auf eine Inflation und eine Schwäche der französischen Währung: Nach der Weltwirtschaftskonferenz von Genua (10.4. bis 19.5.1922) hatte Frankreich eine Rückkehr zum Goldstandard in der Vorkriegsparität verkündet, während Deutschland verkündete, Reparationen im ursprünglich vereinbarten Umfang von 132 Milliarden Goldmark nicht zahlen zu können. Anleger stießen ihre französischen Devisenreserven ab, und die Wechselkursrate des Franc zum Dollar verschlechterte sich von ursprünglich 5,4:1 nach dem Krieg auf rund 24:1 zu der Zeit, als Mauss die Artikel verfasste. Frankreich hatte die Kosten des Krieges nur zu zwei Prozent aus Steuereinnahmen bestritten und mobilisierte den Rest in kurzfristigen Schuldtiteln und durch eine Erhöhung des Notenumlaufs. Diese kurzfristigen Schulden werden im Text als »schwebende Schulden« (*dette flottante*) bezeichnet und bestanden hauptsächlich aus zwei Typen von Anleihen: *bons du trésor*, das sind kurzfristige Staatsanleihen (Schatzanweisungen), und Kriegsanleihen, die unter dem Namen *bons de la défense nationale* emittiert wurden. Von 33 Milliarden Francs im Jahr 1913 wuchs die Staatsverschuldung auf 297 Milliarden im Jahr 1921, ohne die Schulden gegenüber dem Ausland mitzurechnen (etwa 3 Milliarden Dollar gegenüber Großbritannien). Die Regierung ließ außerdem die Zentralbank in Vorkasse für die eigenen Obligationen treten.

Die Regierung, gestellt vom Nationalen Block (*Bloc National*), einer Mitte-Rechts-Koalition, sah sich bis 1924 nicht genötigt, gegen diese Haushaltslage Maßnahmen zu ergreifen, sondern nahm, gedeckt nur durch Anleihen, neue Kredite auf und vertraute auf den verbreiteten Ruf »L'Allemagne paiera« (»Deutschland wird zahlen«). Auch die Ruhrbesetzung (1923-1925), eine Reaktion auf die Weigerung Deutschlands, seine Reparationen zu zahlen, brachte nicht die gewünschten Einnahmen. Im Februar 1924 scheiterte die Anleihenpolitik erstmals, als die Rückzahlungsforderungen der *bons de la défense* die Zeichnung neuer Anleihen übertrafen und damit der französische Staat durch seine Anleihen erstmals an Liquidität einbüßte, statt sie zu erweitern. Erst Premierminister Raymond Poincaré konsolidierte den Haushalt, indem er die Steuern um 20 Prozent anhob (*double décime*) und mit 100 Millionen von der Morgan Bank geliehenen Dollar eine Attacke auf dem Devisenmarkt zugunsten des Franc-Kurses startete.

Unter der Führung Léon Blums kritisierte die französische Sektion der Arbeiterinternationalen (SFIO), deren Mitglied Mauss und deren Sprachrohr *Le Populaire* war, diese kreditbasierte Finanzpolitik als eine der wenigen Fraktionen im Parlament. Sie setzten auf Schuldenabbau durch direkte Einkommenssteuern und eine einmalige Kapitalabgabe. Mauss propagiert im Sinne der Partei Haushaltskonsolidierung und Kreditrückzahlung; moderne Finanzierungsmittel lehnt er ab, wenn die Anleihen keinen Realwert als Sicherheit hinterlegt haben, und plädiert daher auch für eine Golddeckung des Geldes. Dazu verweist er auf die Internationale Währungskonferenz des Völkerbunds in Brüssel (24.9. bis 8.10.1920), wo Pläne gefasst wurden, den nach dem Ersten Weltkrieg zusammengebrochenen Goldstandard wieder einzuführen – was aber nicht umgesetzt wurde. Frankreichs Wirtschaft erholte sich erst 1925/1926 wieder.[1]

Mario Schmidt und Emanuel Seitz

1 Die Zahlen entstammen zumeist Charles Kindleberger, *A Financial History of Western Europe*, London 1984, S. 346-363. Ein kurzer Überblick über Goldstandard und Währungskonferenzen: Hartmut Berg, *Internationale Wirtschaftspolitik*, Göttingen 1976, S. 25-41; Michael North, *Das Geld und seine Geschichte*, München 1994, S. 173-185; Kenneth Mouré, *The Gold Standard Illusion. France, the Bank of France, and the International Gold Standard, 1914-1939*, Oxford. 2005. Zur politischen Situation der Zeit: Thomas Raithel, *Das schwierige Spiel des Parlamentarismus: Deutscher Reichstag und französische Chambre des Députés in den Inflationskrisen der 1920er Jahre*, München 2005, S. 349-483; Daniela Neri-Ultsch, *Sozialisten und Radicaux – Eine schwierige Allianz*, München 2005, S. 69-172, bes. 140-156.

Marcel Mauss
Die Wechselkurse (1922-1924)

II. Eine Politik; ein katastrophales Beispiel, Österreich (5.12.1922)

Wir leiden, und wir lassen leiden. Wir, die Öffentlichkeit, wir, die Arbeiter leiden unter den Fehlern des Nationalen Blocks. Wir leiden noch immer unter dem Rückschlag, weil diese Politik uns nicht nur ruiniert, sondern auch Deutschland ruiniert und weil dessen Armut uns noch mehr ruiniert, indem es einen der besten Absatzmärkte für unsere Produkte beseitigt.

Wer sagt überhaupt, was geschehen wird? Es ist möglich, dass wir eines Tages Deutschland ernähren müssen, wie wir für Österreich aufkommen müssen, denn wir haben dort einen totgeborenen Staat geschaffen. Österreich ist ein weiteres Beispiel für den Wahnsinn der französischen Diplomatie, den man immer vor Augen haben muss. Diese Diplomatie hat seit langem Österreich an den Bettelstab gebracht, das für den Krieg genauso verantwortlich ist wie Deutschland und sich ebenso vieler, sogar noch mehr Gräueltaten schuldig gemacht hat. Österreich ist für immer außerstande, auch nur das Geringste zu zahlen. Mehr noch, es kostet die Entente bereits zwei Milliarden Goldfrancs und den Völkerbund Hunderte Millionen. Sodass, wenn wir es schaffen, Deutschland auszuhungern, so wie wir Österreich vernichtet haben, es noch immer wir sein werden, die gezwungen sind, ihm beizustehen, wenn wir es noch können.

Wir müssen also die Politik ändern, in Frankreich und außerhalb Frankreichs, da wir die größte Macht sind, die dem gesunden Menschenverstand und der Güte Widerstand leistet, und da unsere Untätigkeit uns und Europa zugrunde richtet.

Eine Politik

Nichts ist schwieriger, als eine Politik der Wechselkurse zu definieren. Dabei sind sich die Experten, die Ökonomen, seit der Brüsseler Konferenz von 1920 alle einig.

Die Öffentlichkeit erinnert sich im Allgemeinen schlecht an diese Konferenz. Sie wurde zu einer Zeit einberufen, als die Krise der Wechselkurse akut war, der Niedergang Deutschlands aber – für die Kurzsichtigen – in weiter Ferne lag und der Niedergang Österreichs gerade erst begann. Seitdem einigten sich berühmte Gelehrte – Cassel aus Stockholm, Irving aus New York, Gide aus Paris, Pigou aus Cambridge – unabhängig voneinander und dennoch einhellig über das Grundsätzliche. Es galt, so schnell wie möglich: 1. eine rationale Politik der Reparationen festzulegen, damit die Aktiva und Passiva der ehemaligen kriegführenden Mächte vernünftig geschätzt werden können; 2. entsprechend dieser Schätzung die entwerteten Gelder abzuwerten, sie nach ihrem Goldwert zu stabilisieren, um sie sodann gegen gesünderes Geld einzutauschen; 3., damit diese Operation möglichst rasch greifen konnte und um wieder eine ausreichende Goldmenge in Umlauf zu bringen und die Währungsstandards wiederherzustellen, mussten internationale Kredite gefunden werden.

Durch die Schuld Frankreichs und auch die Schuld Deutschlands, das mehr damit beschäftigt war, nicht zu zahlen, als den Bankrott zu vermeiden, wurden die Schlussfolgerungen der Experten und sogar die der Konferenz, die sie zu einem Substitut machten, von keiner Nation beherzigt.

Und mit Europa ging es bergab. Und die Dinge, die damals zwar nicht leicht, aber zumindest möglich waren, sind nahezu unmöglich geworden.

Nutzlose Illusionen

Jedenfalls gibt es nichts Gefährlicheres als Illusionen.

Die Schwafler der führenden Klassen sagten zuerst: »Der Boche wird zahlen!« Dann kam der Schrei nach der »Produktion«: »Produzieren wir, und wir geben dem Franc seinen Wert zurück.«

Auf der einen Seite sah man einen großen Haufen Geldscheine und auf der andern einen großen Haufen Waren, dessen bloße Anwesenheit, die unterbezahlter Arbeit zu verdanken war, das Papiergeld in Gold zu verwandeln schien.

Dann kam die Handelskrise. Die Preise von 1920 fielen rapide, das überbewertete Angebot fand keinen Abnehmer mehr, die Hochöfen erloschen einer nach dem andern. Und man entließ die Arbeiter, warf sie auf die Straße, Arbeiter, die man noch tags zuvor beschuldigte, nicht genug zu produzieren.

Jetzt ertönt der Schrei nach der »Wirtschaft«. Was richtiger ist. Denn ein schlechter Wechselkurs verrät die Situation eines Schuldners, der nicht sofort solvent ist. Und es ist richtig, dass, wer arm ist, zahlt und arbeitet, um zu leben, und er nicht isst, um seine Schulden zahlen zu können.

Doch es ist Humbug, den Massen in einem fort zu sagen: »Spart«. Angenommen, das kriegführende Kontinentaleuropa spart so viel, dass es die Zinsen all seiner Schulden an Amerika zahlen könnte, dann gelänge es ihm noch nicht einmal, seine Kapitalbilanz auszugleichen, und es würde diese Schulden um keinen Sou verringern.

Wir sind Schuldner

Denn wenn man zur französischen Öffentlichkeit spricht, verkennt man im Allgemeinen die enorme Höhe dieser Summe sowie die der dreimonatlichen Zinsen, die sie bedeutet. Man verwechselt die normalen Zeiten, das goldene Zeitalter vor dem Krieg, mit dem gegenwärtigen Zustand. Man vergisst, dass wir aus Gläubigern der ganzen Welt zu Schuldnern geworden sind, die mit Not knapp zahlungsfähig sind, wenn man uns Kredit gewährt. Und man vergisst, dass wir, selbst wenn es uns gelänge, unsere Außenhandelsbilanz auszugleichen, deshalb noch lange nicht die Kapitalbilanz ausgeglichen und die Bewegung der Gold-Exporte, zu denen wir verpflichtet sind, gestoppt hätten.

Hughes, der amerikanische Staatssekretär, anders gesagt der Außenminister der Vereinigten Staaten, sagte, man müsse die Summe auf 800 Millionen Dollar schätzen, die die Amerikaner zur Zeit – fast alles in bar – in die Betriebe Europas investiert haben. Und zwar ungeachtet der Kredite, die die Vereinigten Staaten den Ländern und die amerikanischen Bürger denselben Ländern vor Eintritt der Vereinigten Staaten in den Krieg gewährt haben. 800 Millionen Dollar zu 8 %, dem im Bankensektor üblichen Zinssatz, das entspricht mit den Gebühren 64 Millionen Golddollar pro Jahr, plus 900 Millionen unseres Geldes zum Kurs von 14 Francs pro Dollar. So viel muss Europa zusätzlich an Geld exportieren, das es für seine Ankäufe nötig hätte.

Andere schätzen allein das, was die amerikanischen Banken in Frankreich deponiert haben, auf 20 Milliarden Papierfrancs. Und wenn man berücksichtigt, dass französische und deutsche Kapitalisten so viel von ihrem Kapital, wie sie nur können, ins Ausland verlagern; wenn man berücksichtigt, dass sie um jeden Preis ausländische Werte kaufen, die sie nicht einmal zurückkehren lassen; wenn man berücksichtig, dass diese Summe für Deutschland auf mindestens zweieinhalb Milliarden Goldmark und für Frankreich auf etwa eine Milliarde Goldfrancs geschätzt wird; wenn man außerdem all das in Betracht zieht, was wir den Schweizern, den Spaniern usw. schulden, die uns nicht die Zinsen erlassen wie die Vereinigten Staaten oder England, dann wird einem bewusst, dass uns, selbst wenn uns die Brüsseler Konferenz durch Zufall unsere Staatsschulden gegenüber anderen Staaten erließe, die Kapitalbilanz noch immer niederdrücken würde.

Und man glaube nur nicht, dass internationale Kredite uns retten könnten. Ganz im Gegenteil! Für einen Schuldner, der ein Darlehen aufnimmt, wird das Darlehen stets umso teurer, je mehr er sich verschuldet. Die letzten Anleiheemissionen auf Städte und Eisenbahngesellschaften, die der Finanzminister im Ausland tätigen ließ, kehren sich jetzt entweder gegen uns, wenn sie in Pfund oder Dollar zu zahlen sind, oder gegen unsere Darlehensgeber, das heißt letzten Endes gegen unseren Kredit, wenn sie in Francs zahlbar sind, deren Wert sich in so hohem Maße verschlechtert hat.

Das ist die Lage! Nicht nur der französische Staat, sondern auch die französische Kreditwürdigkeit und die französische Nation hängen vom Ausland ab. Man beschuldigt die Spekulation. Man will den Handelsplatz von Paris regulieren. Das alles ist vergeblich. Der Goldmarkt befindet sich nicht hier: er befindet sich in New York, in Genf, in Amsterdam; langsam kehrt er nach London zurück. Man möge sich dorthin begeben, um der Spekulation Einhalt zu gebieten.

III. Die Gefahr willkürlicher Maßnahmen (9.12.1922)

Wir erreichen bereits den Punkt, an dem man sich – leider! – weder einen Aufschwung noch einen Abschwung mehr wünschen kann. Eine Hausse des Franc würde den Markt zerrütten; eine Baisse des Franc nicht minder. Die Besitzer von Waren würden bei Ersterer verlieren, die Besitzer von Francs bei Letzterer. Und die Spekulanten werden bei der Hausse wie bei der Baisse gewinnen, solange es eine Öffentlichkeit gibt, die gezwungen ist, im Hintergrund zu spielen, ohne dieses Spiel zu kennen, bei dem die Spekulanten einige, wenn nicht alle Karten in der Hand haben.

Das Ideal ist die Stabilisierung.

Dazu muss man zuerst liquidieren, etwas, sogar viel opfern.

Vor allem darf man keine künstlichen Mittel ausprobieren. Das wäre noch kostspieliger. Wir werden es sehen.

Unmöglichkeit einer staatlichen Intervention. Scheitern der deutschen Regierung

Der deutsche Staat hat kürzlich versucht, seinen Zusammenbruch durch das Verbot jeder Spekulation mit Fremddevisen aufzuhalten. Wenn er gleich nach dem Waffenstillstand das strenge Regime fortgesetzt hätte, das das Kaiserreich seinen Banken auferlegt hatte, wenn er die *Zentralstelle** beibehalten hätte, die während des ganzen Kriegs arbeitete und über die jede Bewegung der kostbaren Materialien oder Werte abgewickelt wurde, wenn er nicht jeden Import oder Export aller Reichtümer verboten hätte, die keine für den Außenhandel oder den Binnenmarkt bestimmte Waren sind, dann hätte er vielleicht tatsächlich den Bankrott vermeiden können.

Fest steht jedoch, dass die deutsche Republik es nicht wollte. Sie wollte beweisen, dass sie die riesigen Entschädigungen nicht zahlen konnte, von denen die Bankiers der Entente glaubten, dass die Republik fähig sei, sie zu begleichen. Um es zu beweisen, ließ sie ihr Gold exportieren und ihre Kredite ins Ausland verlagern. Sie war die erste, die die Mark entwertete, und jetzt ist das Vermögen ganz Deutschlands entwertet.

* Im Original deutsch.

Es ist die Rede davon, in Frankreich eine Zentralstelle einzurichten, die der entspricht, die die Deutschen wiedereinzurichten versuchen. Das Scheitern des letzten Versuchs zeigt, wie sinnlos ein solches Unterfangen ist. Damit es eine Chance auf Erfolg hätte, müsste der tatsächliche Markt der Mark überwacht werden. Dieser befindet sich nun aber nicht in Berlin, sondern überall sonst im Ausland. Sodann müsste die deutsche Öffentlichkeit noch an ihr eigenes Geld glauben. Doch in Deutschland haben die staatlichen Maßnahmen ja gerade dazu geführt, mit dem Druck, der auf dem Schwarzmarkt lastete, den Druck, der bereits auf dem offiziellen Markt lastet, zu erhöhen. Es sind nicht mehr nur die Öffentlichkeit und die Banken des Auslands, die nicht mehr an die Mark glauben, es ist die Öffentlichkeit selbst, die zu keinem anderen Geld mehr Vertrauen hat als zu fremdem Geld und zu keinen anderen Waren mehr als zu einer gelieferten Ware.

Es steht zu befürchten, dass dieses Vertrauen in der französischen Öffentlichkeit diesmal bereits erschüttert ist und dass es zu spät ist, um auf dem Devisenmarkt energisch genug einzugreifen. Den Börsengerüchten zufolge scheint es so zu sein, dass, auch wenn bei den beängstigenden Kursgewinnen der letzten Tage ein erheblicher Teil an Spekulation mitspielt, diese Hausse vor allem nicht nur ausländischen, sondern auch französischen Spekulationen geschuldet ist. Es ist die französische Bourgeoisie, die den Dollar und das Pfund kauft, weil auch sie kein Vertrauen mehr in ihre Francs hat. Es sind Industrielle und französische Geschäftsleute, die sich für ihre Geschäfte mit Dollars eindecken, weil sie sich des Werts ihrer Francs nicht sicher sind. Man deckt sich ein, um Baumwolle, Wolle, Weizen zu kaufen. Man will von den Schweizern oder den Amerikanern gewährte alte Kredite ablösen. Oder man muss einfach Wechsel verlängern, deren immer wucherischere Gebühren man den Schweizern, den Spaniern, den Holländern, ja sogar den Mexikaner und Chinesen zahlen muss. Gegen eine solche Bewegung hilft keine staatliche Intervention. Man erinnere sich an die Zeit, als noch während des Kriegszustands und genau in dem Augenblick, wo der Absturz des Franc begann, unter der Herrschaft Clemenceaus die Makler jeden Tag Wertpapiere der Royal Dutch als Eilsendung aus Den Haag importierten.

Außerdem, und dafür haben wir Monsieur de Lasteyrie als Autor, steht fest, dass ein Teil der Baisse des Franc den Rückzahlungen ausländischer Vermögen geschuldet ist, die den französischen Banken geliehen wurden. Diese hatte das Gold mit dem hohen Zinssatz angelockt, den wir in Frankreich zahlen. Auch die Gerüchte über eine Senkung dieses Zinssatzes, genährt durch den Bericht des Senators Béranger und die Rede von Monsieur Loucheur, waren nicht ohne Einfluss. Man drohte den ausländischen Depotverwaltern, ihnen die Zinsen zu senken, woraufhin sie ihren zukünftigen Verlust durch beträchtliche sofortige Kapitalgewinne ausglichen.

Andere sprechen von Manövern, von Zwängen der Außenpolitik. Das scheint jedoch unbegründet zu sein.

Jedenfalls sind wir als Schuldner nicht nur ein Spielball unserer realen ausländischen Gläubiger, sondern sogar ihrer Bankiers und von deren Geschäftspartnern. Und gegen sie kann der französische Staat nichts ausrichten. Was immer er tun würde, geschähe zu Lasten der unmittelbarsten Interessen des Landes und würde den Pariser Zirkeln idiotische Spekulationen ermöglichen.

Gegen derartige Situationen und gegen die Macht der Kapitalflucht kann man nichts machen. Eine Abschottung des Geldes oder besser gesagt des monetären Potenzials gibt es ebenso wenig, wie sich eine Kraft vollständig abschotten lässt.

Den Finanzinvestoren freie Hand lassen

Es ist also besser, der Natur ihren Lauf zu lassen. Damit die Liquidation stattfindet und die Kurse sich von selbst angleichen. Die Politiker, die Bürokraten des Schatzamts [*Mouvement des fonds*] sind noch unfähiger als die Finanzinvestoren der Bourgeoisie, und es ist besser, diesen ihre Verantwortung zu lassen.

Wenn es dem Franc nach dieser Hausse gelingt, sich wieder dem Wert von 14 bis 15 Franc pro Dollar anzugleichen, wird er offensichtlich zu seinem wahren Wert geschätzt werden, und es ist tausendmal besser, das hinzunehmen, als manipulieren zu wollen, um ihm einen Wert zu geben, den er nicht hat. Im Übrigen würden sich solche Manipulationen gegen die französische Öffentlichkeit richten, denn sowohl eine Hausse wie eine Baisse des Franc würden ihr Verluste bescheren.

Der Plan, die Anordnungen der französischen Bevollmächtigten der Brüsseler Konferenz müssen darin bestehen, den Franc bei seinem wirklichen Wert zu stabilisieren, und nicht darin, den Papierfrancs, die sich in den Händen der Kapitalisten befinden, einen Mehrwert zu geben, den sie nicht verdienen.

Liquidieren, so schnell wie möglich liquidieren, um zu stabilisieren, wenn es noch geht; das ist die erste Pflicht aller Regierungen mit abgewertetem Wechselkurs, und der unseren als erster.

V. Wie liquidieren; wie stabilisieren
(13.12.1922)

Nicht nur den Franc, sondern jedes Kapital abwerten
Die Schulden reduzieren und dadurch konsolidieren
Den Haushalt und den Franc stabilisieren

Doch diese Operationen, die früher oder in neuen und fernen Ländern in kleinem Maßstab zum Nutzen oder zum Schaden weniger Kapitalisten vorgenommen wurden, waren ziemlich einfach.

Heute bedarf es, um sowohl die Gerechtigkeit wie den Kredit Frankreichs oder der europäischen Völker wiederherzustellen, ganz anderer Anstrengungen. Und diese Anstrengungen müssen gleichzeitig mit denen der Liquidation erfolgen. Denn es ist gefährlich – für die Gesellschaften wie für den Menschen –, einen chirurgischen Eingriff nur halb vorzunehmen. Man muss das gesamte Kapital abwerten.

Steuererhebung auf das Kapital

Alle Bürger, und nicht nur die Sozialisten, wollen, dass nicht allein die Kreditwürdigkeit und die Staatsverschuldung erschüttert werden, um die Privatvermögen wiederherzustellen.

Auch wollen sie nicht, dass bestimmte Privatpersonen, die am meisten Betroffenen, die Unbeteiligtsten, dafür bestraft werden, dass sie dem Staat Kredit gewährt haben.

Die Gerechtigkeit und das Interesse gebieten, dass ein vernünftiger Teil des Kapitals mit Abgaben belegt wird, jedwedes Kapitals, und nicht nur der Banknoten, die bei den Unglücklichen in Umlauf sind, die kein Konto bei ausländischen Banken oder immobile Werte oder Aktien haben. Denn an der Operation leiden wird jeder, der kein derartiges Kapital besitzt. Jeder, der Rentenpapiere besitzt und damit Gläubiger des Staats ist, jeder, der Schuldscheine besitzt und damit Gläubiger von Privatpersonen ist, jeder, der seine Einkünfte nicht steigern kann, wird sehen, wie sie sich, wenn nicht relativ, so doch absolut verringern. Das Gefühl für Gerechtigkeit und bürgerliche Gleichheit nähme Schaden, wenn man so vorgehen würde. Alle müssen sich in der gleichen Lage befinden, jedes nicht-öffentliche Eigentum muss, wenn es nicht eine sofortige partielle Abwertung erfährt, zumindest mit einer Hypothek belastet werden, die einen Teil des Werts darstellt, den die Rentenpapiere und der Franc ihrerseits verloren hätten.

Die Bedingungen der Abgabenerhebung auf diesen Teil des nationalen Kapitals, wir schätzen ihn auf ein Drittel, müssen noch festgelegt werden. Erhöhung der Einkommenssteuer, der Erbschaftssteuer, der Kapitalertragssteuer, all dies hat mehr oder minder den gleichen Wert wie eine Abgabenerhebung von dreißig Jahren. Man sollte vor allem auf die Erbschaftssteuer und die Kapitalertragssteuer zurückgreifen. Und im Übrigen scheint es besser zu sein, eine direkte Steuer zu vermeiden. Letztlich würde sie zu sehr den aktuellen Eignern schaden und, da sie ihre Kreditwürdigkeit gefährdet, die Kreditwürdigkeit der Nation und des Staates verringern.

Doch es sind nicht wir, die Sozialisten, die vor wirklich drastischen Formen der Besteuerung zurückschrecken würden. Es ist weder bewiesen, dass sie unpopulär wären, noch ist es bewiesen, dass sie gefährlich wären. Dafür haben wir ein Beispiel. Trotz seiner Offenheit, trotz seiner Improvisationen, trotz des Protests der Bourgeoisie hat der Plan einer Besteuerung des Kapitals, die die Labour Party den Wählern vorschlug, eine Masse von Votierenden um sie geschart, die diese Partei zur zweitgrößten Partei Englands macht.

Das ist wichtiger als das Scheitern der Initiative der schweizerischen Sozialisten: denn die Dringlichkeit einer Besteuerung war dort nicht sehr hoch.

Also, abwerten und gleichzeitig das Kapital besteuern.

Dies ist im Übrigen der Plan, zu dem die französischen Bürokraten das bankrottgegangene Deutschland zu zwingen gedenken. Es gibt keinen Grund, Frankreich nicht ebensolche Opfer abzuverlangen, um den Bankrott zu vermeiden.

Sogar die von Deutschland zu Rate gezogenen Experten schlagen vor, sowohl die deutschen Schulden um 10 % zu reduzieren als auch das gesamte deutsche Kapitel stark zu belasten.

Stabilisierung des Haushalts, keine Darlehen mehr

Doch es genügt nicht, zu liquidieren. Man muss es auch bei einer ersten Liquidation belassen. Man muss den Franc stabilisieren, sobald sein Goldwert festgelegt ist.

Mit anderen Worten, man muss darauf verzichten, sich mit irgendeinem Zwangskurs, irgendeiner neuen Währungsinflation zu behelfen. Wenigstens momentan sollte man auf jedes neue Darlehen verzichten, und sei es für produktive Ausgaben. Denn Darlehen heißt wieder neue Wertpapiere und in gewissem Maße neue Geldmittel. Momentan sieht man das daran, dass Staatsanleihen von vielen wie Geld akzeptiert werden, obwohl sie in Wirklichkeit verzinsliche Wertpapiere sind.

In der Tat muss eine neue Inflation, gefolgt von einer neuerlichen Liquidation, vermieden werden. Sie wäre schlimmer als die erste. Denn die Bewegungen der Wechselkurse werden, wie die der Schwerkraft oder des Glaubens, ständig beschleunigt. Je mehr Vertrauen man hat, desto teurer kauft man das Geld; je weniger Vertrauen man hat, desto weniger glaubt man, bis man einem insolventen Schuldner fast nicht mehr glaubt und ihn wie Österreich panikartig fallen lässt.

Doch das Problem der Stabilisierung ist nicht weniger ernst als das der Liquidation. Denn große Staaten wie Frankreich und Deutschland können nicht weniger tun als Mexiko; sie müssen jede Kontrolle des Finanzmarktes ablehnen und sich selbst kontrollieren. Vor allem müssen sie ihren Haushalt ausgleichen.

Kein Defizit mehr

Dazu bedarf es vieler Dinge und vieler schwieriger Taten. Auch wenn dieser Ausgleich durch eine vorherige Liquidation erleichtert wird, wird diese Erleichterung zum großen Teil äußerlich, scheinbar, schwach sein, denn die Liquidation wird den Nominalwert von allem verringert haben, aber deshalb doch nicht den Realwert der Schulden verringern.

Ein realer Ausgleich lässt sich nicht ohne neue Opfer erreichen: neue Steuern, ein öffentlicher Dienst, der seine Kosten deckt, sogar Gewinne abwirft, und vor allem eine Kürzung der Ausgaben. Ohne die Ausgaben des öffentlichen Haushalts zu stark zu senken, ist es natürlich erforderlich, jede Luxus- oder überflüssige Ausgabe zu streichen, wie geringfügig sie auch sein mag; vor allem muss das Anschwellen der Militär-, Flotten- und Kolonialetats, kurz der imperialistischen Haushaltsposten beseitigt werden. Nachdem die Bourgeoisie einen großen Teil ihrer Kapitalien beiseitegeschafft hat, wird sie einen Großteil ihrer Pfründe und einen noch größeren Teil ihrer Ansprüche opfern müssen.

Auch ohne Liquidation ist es außerdem früher oder später notwendig, dahin zu kommen. Man weiß ja, dass die amerikanische Kongresskommission, die beauftragt ist, die Zahlungsmodalitäten der europäischen Schulden auszuhandeln, die Budgetierung, insbesondere der Militärausgaben, bereits verlangt hat. Weniger bekannt ist, dass Monsieur Parmentier auf seiner letzten Reise Andrew Mellon, dem amerikanischen Finanzminister, die nötigen Dokumente übergeben hat.

Um die Kreditwürdigkeit zu stabilisieren, sie wiederherzustellen muss man auf den Imperialismus verzichten, der für reiche Staaten oder für Staaten taugen mag, die stark genug sind, ihre Schulden zu begleichen.

VI. Für die Brüsseler Konferenz; ein Präzedenzfall (17.12.22)

Es heißt, dass die französische Delegation nach Brüssel reisen wird, falls es eine Konferenz gibt, mit dem Aufschlüsselungsplan der Schulden zwischen den Alliierten und der Forderungen an Deutschland. Im Grunde, so scheint es, ist es der von Monsieur Seydoux improvisierte Plan für die letzte Londoner Konferenz, einem Herrn, der wieder in Erscheinung treten möchte. Wir erinnern uns, dass die Balfour-Note den Hoffnungen und Kombinationen von Monsieur Poincaré die Flügel stutzte. England lehnte jede Annullierung der Schulden zwischen den Alliierten ab, solange Amerika die seinen nicht annulliere.

Diesmal würde sich Monsieur Poincaré damit begnügen, deutsche Schuldverschreibungen der Serie C gegen unsere Schulden zu tauschen. Diese Schuldverschreibungen sind jene, die Deutschland abgleichen muss, wenn man es nach der Zahlung der 1921 festgelegten ersten 50 Milliarden für imstande hält, den Rest der 132 Milliarden zu zahlen, das heißt alles, was es die nächsten dreißig Jahre schuldet. Dann würde man sie annullieren. Das heißt am Nimmerleinstag.

Um die 132 Milliarden noch weiter zu verringern, die Deutschland aufbringen muss, würden alle, Franzosen, Engländer, Belgier, auf die Eintreibung derjenigen Milliarden verzichten, die nicht den materiellen Kriegsschäden, sondern den Pensionen, Beihilfen entsprechen usw. Das sind beträchtliche Summen, die zusammen mit den Besatzungsausgaben bis zur Hälfte der Summe betragen, mit der Frankreich derzeit Deutschland belastet, und etwa 80 % der Summen darstellen, die das britische Empire von Deutschland fordert. Doch alles in allem blieben Deutschland immer noch etwa 90 Milliarden exklusive Zinsen zu zahlen.

Es ist sinnlos zu meinen, England und Amerika würden uns gegen ein solches Opfer die 36 Milliarden Goldfrancs (exklusive Zinsen) erlassen, die wir ihnen schulden. Es ist aber gar kein Opfer; wir verzichten nur auf eine offenkundig nicht einziehbare Summe und verlangen weiterhin von den englischen und amerikanischen Steuerzahlern ein Geschenk.

Ein Präzedenzfall
England nach Waterloo

Die Geschichte dessen, was nach 1813 geschah, wiederholt sich in diesem Augenblick eindeutig. Und sie veranschaulicht unseren Fall auf eindrucksvolle Weise.

Auch 1815 gingen die Länder, die das napoleonische Frankreich besiegt hatten, ruiniert aus einem fünfundzwanzigjährigen Krieg hervor. England erlebte eine Handelskrise, die über sieben Jahre dauerte. Dank zahllosen Opfern, gewaltigen Liquidationen, einer furchtbaren Arbeitslosigkeit, gefolgt von einer ungeheuren industriellen Anstrengung stellte es seinen Wechselkurs und den Kurs seiner unbefristeten Anleihen wieder her.

Doch wie behandelte es die Sieger, die seine Verbündeten waren, und die Besiegten, Frankreich?

Frankreich lieh es Geld … In den Lehrbüchern ist oft davon die Rede, dass Frankreich die »Befreiung seines Territoriums« Richelieu verdanke. Eine sonderbare Übertreibung. Seit der zweiten Besetzung von Paris durch die Alliierten stellten Wellington selbst und dann Lord Ceatlereagh in Verbindung mit den französischen

Bankiers, die zweimal den Widerstand gegen das Vaterland aufgegeben hatten, durch die englischen Banken Kredite bereit. Die Milliarde – zur damaligen Zeit eine erhebliche Summe – der Alliierten wurde zum großen Teil von England finanziert, das bestrebt war, die Kreditwürdigkeit Frankreichs sofort wiederherzustellen. Das Gold, mit dem die Regierung von Ludwig XVIII. während des ersten Monats funktionieren konnte, war vor allem von den Rothschilds kommendes englisches Gold ... Dies ist, nebenbei gesagt, der *Action française* gewidmet.

Was bot England den ehemaligen Alliierten? Deren Anteil an der Milliarde war gering, so wie sie aufgeteilt war. Aber man überließ sie ihnen. Was ihren Bankrott nicht verhinderte, zumindest nicht den von Österreich, das seine Zahlungen einmal ganz, das andere Mal teilweise einstellte; ebenso den partiellen Konkurs Preußens.

Dann erst, 1822, stellte England fest, dass es die alten »Subsidien« nie würde eintreiben können, die es Preußen und Österreich gegen Napoleon geliehen hatte.

Es erließ Österreich seine gesamten Schulden und annullierte die Schulden Preußens zu 90%.

Es konnte so verfahren, ohne den englischen Steuerzahler allzu sehr aufschreien zu lassen, der damals allerdings nach dem Zensuswahlrecht der einzige Wähler war und der Einzige, der die Steuern aufbringen musste. Es war ihm aus zwei Gründen möglich: weil erstens die Schulden offensichtlich nicht einziehbar waren und weil zweitens alle inneren und äußeren Gläubiger Österreichs und Preußens ebenfalls schlecht behandelt wurden.

England und erst recht die Vereinigten Staaten können heute nicht anders verfahren.

Die englischen und amerikanischen Steuerzahler werden niemals zulassen, dass sie die Zinsen für Schulden zahlen sollen, die in ihren Augen zugunsten Frankreichs eingegangen wurden, während die französischen Steuerzahler dagegen nicht zahlen würden. Ich habe genügend Zeit mit Amerikanern und Engländern gelebt und ihre Zeitungen vom letzten Jahr gelesen, um dies versichern zu können.

Sie werden es nur unter einer Bedingung zulassen: dass die Gläubiger innerhalb Frankreichs nicht besser behandelt werden als sie. Die Engländer nahmen es hin, dass Österreich ihnen nichts mehr zahlte, weil es die Zahlungen an seine eigenen Rentiers eingestellt hatte.

Die Vereinigten Staaten und England werden uns das Geschenk von 36 Goldmilliarden an dem Tag machen, an dem wir einen entsprechenden Verlust entweder den französischen Steuerzahler durch die Liquidation des Franc und durch Steuern oder – was weniger klug und weniger sinnvoll wäre – den französischen Rentier tragen lassen.

Alle müssen gleich behandelt werden, so wie bei einem Konkurs alle Gläubiger gleich sind.

Die Inflation des Franc
(27.2.1924)

Untersuchen wir nun die zweite Ursache; sie ist gewisser und direkter. Es gibt zu viele Francs. So gesehen registrieren die schlechten Wechselkurse lediglich die Wertminderung des Franc und die Wertsteigerung der Dinge. Das Schlimmste ist, dass niemand sicher sein kann, nicht einmal wir Franzosen, und tatsächlich garantiert nichts, beweist nichts, dass es von einem Augenblick zum andern nicht erneut noch mehr davon geben wird.

Wie das nationale Geld entwertet wurde

Die Inflation ist die willkürliche Vermehrung des Papiergeldes oder des Fiatgeldes. Im Augenblick weiß das jeder. Es gibt nichts Besseres, als Opfer zu sein, um sich nach den Gründen eines Unglücks zu erkundigen. Aber die Sozialisten müssen es, vor allem im Hinblick auf unsere nächsten Kämpfe, noch besser wissen. Wo ist die Zeit, als es keinen ernsthaften Aktivisten gab, der nicht eine gewisse Ahnung vom Marxismus hatte und nicht in groben Zügen wusste, wie Marx' Geldtheorie lautet, dargelegt im dritten Band des *Kapital*, die Engels herausgab und die Rémy und Bracke übersetzten? Man muss zu diesen Traditionen zurückkehren, und ein Sozialist ist es sich schuldig, Grundkenntnisse in Politischer Ökonomie oder, wie man heute sagt, in ökonomischer Soziologie zu haben.

Das Wort Inflation kommt vom lateinischen Wort *inflare*, anschwellen. Der Terminus ist ausdrucksstark. Man kann die Francs aufblähen, wie man eine Seifenblase aufbläst oder einen Ball aufpumpt. Es ist immer dieselbe Menge Substanz, aber man gibt ihr einen sichtbar größeren Umfang. Die Kinder glauben, dass sie etwas geschaffen haben, wenn am Ende ihrer Pfeife das flüchtige Schillern einer hübschen irisierenden Seifenblase erscheint. Das Trugbild der Inflation des Geldes, die Inflation des Fiatgeldes, hat viele ernste Folgen. Wir werden einige von ihnen sehen, doch zuvor muss ihr Mechanismus erklärt werden.

Früher ließ der König, wenn seine Staatskasse leer war, falsches oder weniger gutes Geld prägen. Eine Zeitlang glückte das Wunder; bis die Wechsler den Diebstahl bemerkten und das Volk informierten – das dann sein gutes Geld behielt und das schlechte abwertete. Was heute bei uns vor sich geht, ist nicht von gleicher Größenordnung, aber von gleicher Art. Nicht mehr falsches Geld, sondern schlechtes Papiergeld hat der Staat die Banque de France zu emittieren gezwungen.

Mechanismus der Inflation

Die Banque de France wurde von Bonaparte nach dem endgültigen Verfall der Assignaten gegründet, um die Assignaten auf die nationalen Güter durch Gold, Silber und ein gutes, gesundes und sicheres Papiergeld zu ersetzen. Sie arbeitete sofort mit großer Umsicht und fuhr bis 1914 fort, ebenso zuverlässig zu arbeiten wie die Bank von England. Was immer man von den französischen Kapitalisten halten mag, ihnen gebührte das Verdienst, 1814, 1815 den Franc zu retten. Und um ihn zu retten, haben sie sogar das Kaiserreich und Napoleon ruiniert. Sie retteten den Franc noch zweimal, 1848 und 1871, trotz der gesetzlichen Festschreibung seines ungedeckten Nominalwertes. Nie hat die Banque Noten jenseits der gesetzlich vorgeschriebenen Grenze emittiert. Und wenn die Festschreibung des nominalen Kurses sie aus nationalen Gründen gezwungen hatte, die Grenzen der ökonomischen Vorsicht – legal – zu überschreiten, unternahmen die Banque und der Staat und schließlich das Land die nötigen Anstrengungen, um die normale Situation wiederherzustellen und die Emittierung der Banknoten durch Gold, Silber und sichere, marktfähige, Waren entsprechende Handelspapiere zu decken. Indem der Staat Schulden konsolidierte, die für die damalige Zeit enorm hoch waren, und die Steuerzahler belastete, gelang es ihm immer, den festgesetzten nominalen Wert der zirkulierenden Banknoten mit ihrem Realwert in Einklang zu bringen, besser gesagt, er wollte ihn um nichts auf der Welt erhöhen.

Beim Waffenstillstand von 1918 war das Vertrauen, das die ganze Welt und die französische Öffentlichkeit in unsere Kreditwürdigkeit setzte, so groß, dass der Franc eins zu eins bezahlt wurde, 5,75 für den Dollar zu 5,20.

Obwohl wir den nominalen Zwangswert hatten und es für 30 Milliarden emittierter Papierfrancs eine Vorkasseleistung von 21 Milliarden und zusätzlich von 4 Milliarden unter Painlevé gab, war der Franc fast intakt. Diese Position musste um jeden Preis beibehalten werden.

Wie die Inflation von selbst zunimmt

Nun die Gründe, warum sie gefährlich war. Hier müssen wir verstehen, wie die Kredite die vermehrten Francs noch mehr vermehren.

Indem man die Anzahl der Geldzeichen erhöhte, hatte man die Lebenshaltungskosten erhöht, die 1918 noch maßvoll waren, aber immerhin doppelt so hoch wie 1914. Bekanntlich lag das nicht allein an der Knappheit der Produkte, sondern auch an der Vermehrung der Francs und ihrer ständigen Vervielfachung durch die Banken.

Denn bedrohlich ist, dass das Papiergeld, wenn es ohne Deckung vervielfacht wird und wenn es die Preise erhöht hat, beginnt, die Kreditmittel zu vervielfachen. Man muss die Rechnung der verteuerten Waren bezahlen. Und dann blähen sich die Zahlen aller Geschäftsbereiche auf. Der Staat musste alles teurer bezahlen, Zinsen, Material, aber besonders Beamte maßvoller. Die Erhöhung schlug sich also im Haushalt nieder und von hier aus in den staatlichen Zahlungsanweisungen, die damals sehr zahlreich waren, dann in den Staatsanleihen, den Kriegsanleihen, die damals emittiert wurden, um die wachsenden Kriegsausgaben, dann die Ausgaben der Abrüstung zu decken. Diese waren wie wirkliches Geld in Umlauf, das alle Geschäfte akzeptierten, die ihrerseits die Preise weiter erhöhten. Und diese Banknoten und Schuldverschreibungen wurden überdies durch den höheren Wert der Kredite vervielfacht, die die teurer werdenden Waren repräsentieren, die sich in einer riesigen Bewegung von Geldern, Wechseln, Schecks und Überweisungen vermehrten, deren Umfang sich im Vergleich zu dem der Friedenszeit verzehnfacht hatte (die Statistiker sind sich nie einig, die einen sagen versechsfacht, die anderen verzehnfacht). Denn nichts kann eine Vorstellung des Unterschieds zwischen der Situation der Banken im Jahr 1913 und der von 1919 bis 1920 vermitteln. Allein in der Banque de France verdoppelte sich die Anzahl der getätigten Geschäfte. Eine bei einem derartigen Krieg letztlich relativ maßvolle Inflation wurde somit durch die schlechte Finanzpolitik des Staats und der Banken in ihrer Siegestrunkenheit übermäßig verstärkt. Während sich das Vermögen des Landes verringert hatte, verringert an Kapital in einem Land, dessen Bevölkerung geschrumpft war – selbst ohne Berücksichtigung der Kriegsschulden und der Schulden des Wiederaufbaus –, ließ diese elende Inflation von 21 Milliarden Vorkasseleistung der Banque de France und ungefähr 41 Milliarden an Staatsanleihen und Kriegsanleihen es in dem Glauben, es sei um das Doppelte seines Vorkriegsvermögens reicher.

Ein grausamer Irrtum, der um jeden Preis hätte korrigiert werden müssen. Denn dies war die Hauptursache für den Verfall des Franc: dieses Trugbild, diese Täuschung waren ein Verbrechen und ein Fehler. Heute sind wir die alleinigen Opfer. Das Ausland dagegen ist sich über unsere Konten im Klaren. Es liest und versteht die Bilanzen der Banque de France: die ausländischen Finanzinvestoren kennen den genauen Wert des Goldes und der Waren, die unsere Banknoten und unsere kurz- und langfristigen Verpflichtungen decken. Und wir werden gewogen: unser Papiergeld wird geprüft, ganz wie früher das schlechte Geld des Königs von Juwelieren und Wechslern – braven Bürgern, Juden und Lombarden – mit ihren Kupellen und Brennern geprüft wurde. Im Grunde ist unser Franc seit fünf Jahren etwa so viel wert wie das, was man für ihn innerhalb der folgenden Grenzwerte zahlt, wenn sie hinreichend angenähert werden. Zu etwa 40 Gold-Centimes war er im Januar 1922 vielleicht zu teuer; in diesem Jahr ist er zu 23 Centimes wahrscheinlich günstig.

Zweifellos hätte man ihn nicht beim Wert von Ende 1918 halten können, weil die Opfer, die die Alliierten brachten, um den Franc zu retten, früher oder später eingestellt worden wären. Das wurden sie im März 1919. Aber man hätte die nötigen Anstrengungen unternehmen müssen, um die Verluste zu begrenzen. Es galt, die Ausgaben ernsthaft, schonungslos zu reduzieren, um die Inflation aufzuhalten. Dann hätte sich, ausgehend von 5,75 Francs, der Dollar vielleicht bei 10, höchstens 11 Francs stabilisiert.

Clemenceau, ein in diesen Dingen unwissender Greis und ein tyrannischer und leichtfertiger Diktator, danach der Nationale Block und dann die gesamte Bourgeoisie beurteilten die Sache anders. Die Reichen wollten nicht zahlen. Um ihre persönlichen Zinsen zu retten, nahmen die Führungskräfte der Finanzpolitik auf die für sie einfachste, für die Nation kostspieligste Weise Darlehen auf. Sie ließen sich von der Banque de France Banknoten herstellen, mit denen sie die Vorkasseleistungen an den Staat erhöhten, und sie verschoben die gesetzlich vorgeschriebene Emittierungsgrenze der Banknoten. Sie blähten den Franc noch mehr auf. Unvorsichtigerweise und aus niederen Beweggründen hat der Nationale Block diesen Irrtum der Inflation zweimal irrsinnigerweise verschlimmert.

Morgen werden wir sehen, wer das erste Verbrechen der nationalen Kreditschädigung begangen hat.

Die Inflation: die Entwertung im Innern (29. 2. 1924)

Wir haben die Gefahr der Inflation gesehen. Bläht man sie auf, dann entwertet man das nationale Geld gegenüber dem Ausland.

Doch sie hat noch eine andere, noch ernstere Konsequenz: man entwertet das Geld noch viel stärker gegenüber dem eigenen Land, denn nicht nur das Ausland hat das Fiatgeld entwertet, es ist unser Land selbst, das es jeden Tag mehr verachtet.

Es ist die Öffentlichkeit – in diesem Fall die französische Öffentlichkeit –, der der Glaube an sich selbst und an ihre Kreditwürdigkeit und ihr Geld fehlt. Sie weiß selbst nicht mehr, mit wie viel Francs sie rechnen soll. Sie gerät in Panik. Dann wird alles schlimmer, alles kompliziert sich und steigert sich ins Unermessliche. Der Franc war also nicht nur ein Spielball der Wechselkurse, sondern auch dessen, was man den »inneren Wechselkurs« nennen kann. Die Spekulanten, vom größten bis zum kleinsten, entledigen sich ihres Geld im selben Rhythmus, in dem sie es verdienen. Mit ihren Banknoten kaufen sie zu jedem Preis »Goldwerte«, »Realwerte«: starke Devisen, ausländische Wertpapiere, Terminoptionen auf Waren, Aktien, alles, was Sachwerte sind oder Sachwerten entspricht. Andererseits entledigen sie sich all dessen, was als Papiergeld gelten kann: Staatsfonds, Staatsanleihen, festverzinsliche Kapitalanleihen, Hypotheken, kurz, alles, was in Francs und auf Termin aufgelegt ist. Im Grunde verkaufen sie ihre Francs im Inland. Das taten sie schon 1919 und 1920. Und heute tun sie es wieder. Die jüngste Hausse an der Wertpapierbörse, die Verluste auf Anleihen, die irrsinnige Hausse der Waren an der Handelsbörse lassen nichts anderes erkennen. Suez gewinnt täglich 1000 Francs, und in der Hausse der Say-Aktien schlägt sich Tag für Tag die Baisse des Franc und die Hausse des Zuckers nieder. Die Kapitalisten »fliehen den Franc«. Das Phänomen ist inzwischen wohlbekannt.

Glücklicherweise hält die Nation, tausendmal gesünder als ihre Finanzmarktführer, noch stand und bewahrt ihr Vertrauen. Sie muss es unbedingt bewahren. Panik ist fehl am Platz. Innerhalb dieser Grenze, sagen wir es hier laut und deutlich, beteiligen wir uns am Willen zur Sanierung, der im Augenblick das Land zu beleben scheint und der vielleicht die Börsenspekulanten und die »nervösen Kapitalisten«, die *nervous investors*, wie jüngst ein großer englischer Finanzinvestor sagte, wird bremsen können.

Wir Sozialisten verstehen die Gefahr. Auriol, Blum wiesen den stupiden Monsieur Klotz darauf hin, der aus dieser riesigen Phantasmagorie der aufgeblähten Werte 1919 folgerte, dass Frankreich »reicher geworden« sei. Und persönlich habe ich ihn 1922 zur Genüge darauf hingewiesen.

Auch wir wollen, dass unser unglücklicher Franc keinen so schwerwiegenden Schwankungen wie denjenigen mehr unterliegt, die den Dollar von 5,75 Francs im Jahr 1918 auf 17 Francs im August 1920 haben anwachsen lassen, ihn dann 1921 wieder auf 11 Francs herunterdrückten, um ihn in den letzten Tagen erneut auf 24,35 Francs ansteigen zu lassen. Wir wissen, dass diese Schwankungen ein Fieber sind, das eine ernste Krankheit verrät.

Stabilisieren, stabilisieren! Denn wenn ihr nicht stabilisiert, und zwar sofort, noch im Laufe dieses Jahres, werden die Schwankungen weiter zunehmen und jedes Mal das französische Geld eine Stufe tiefer fallen lassen.

Unsere gute Öffentlichkeit wird mir einen Vergleich verzeihen, den eine wissenschaftliche Beschreibung wohl nicht erlauben dürfte. Man muss unseren Franc stabilisieren, wie man einen großen Zeppelin stabilisiert. Wind kommt aus dem ausländischen Wechselkurs, Wind aus dem Anlegeverhalten und den Krediten im Inland, Auftrieb gibt die Inflation, alles wirkt in verschiedenen, entgegengesetzten Richtungen. Aber dies alles bildet einen Wirbelsturm in alle Richtungen. Und da es sich hier um menschliche Phänomene, um kollektive Psychologie handelt, haben sogar Imponderabilien, Glaubensvorstellungen, Vertrauen ihre Wirkung, und alles gerät in Panik. Die Haussen und Baissen werden jeden Tag ernster und irrationaler. Ich erfinde nichts. Ich beschreibe nur, was mit den verschiedenen Mark und den verschiedenen Kronen geschieht. Wie ein riesiger, übermäßig aufgeblasener Zeppelin im Sturm, der von der Luft fortgerissen wird, da seine Propeller keinen Halt finden, und der sich von seiner Besatzung umso weniger steuern lässt, je größer er ist: so ergeht es dem inflationären Franc. Man hätte die Ventile öffnen, landen, die Luft herauslassen müssen. Man hat das Gegenteil getan.

Zweimal hat der Nationale Block haufenweise Banknoten angehäuft. Monsieur Millerand sagte neulich, Frankreich habe die »Notenpresse« nicht spielen lassen. Das ist relativ richtig, weil die Banque de France mit ihrem Gold und ihrem Geschäftsportfolio noch da ist und unsere Banknoten deckt; und weil sie dem Staat Widerstand leistet. Aber es ist auch relativ falsch, denn zweimal hat man die Banque gezwungen, mehr Scheine zu emittieren.

Ein Traum

Träumen wir ein wenig. Nehmen wir an, vom Waffenstillstand an bis Januar 1920 hätte ein anderer als dieser zynische Greis Clemenceau regiert und eine andere Abgeordnetenkammer als die des Nationalen Blocks hätte 1920 die Inflation anständigerweise gestoppt, den Haushalt Frankreichs ins Gleichgewicht gebracht und – wie die Sozialisten vorschlugen – damit begonnen, wenigstens die schwebenden Schulden zu amortisieren und zu decken.

Träumen wir also. Klug regiert, hätte Frankreich 1919 nicht über einen kaum weniger großen Haushalt als 1918 verfügt. Wie die Engländer, die Amerikaner hätte das Parlament mutig die militärischen Ambitionen zurückgeschraubt; dann hätte es dem Land die nötigen Sparmaßnahmen und Steuern auferlegt. Auch ohne die Anzahl der emittierten Banknoten zu verringern, hätte man sie zumindest streng begrenzt, beispielsweise auf 30 Milliarden.

Was wäre geschehen? Geben wir es zu: Man hätte eine unangenehme Zeit durchgemacht. Es wäre schwer gewesen, die irrsinnige Erhöhung der Warenpreise zu stoppen, die Überfülle an Staatsanleihen, an Schecks und Überweisungen, die die Anzahl der emittierten kurzfristigen Wertpapiere vervielfachen. Das Land wäre mühsam wieder nüchtern geworden.

Da man weniger Kredite gehabt hätte, wäre man mit einer schweren Finanz- und Industriekrise konfrontiert worden; da sie mit der Rückkehr der entlassenen Soldaten zusammengefallen wäre, hätte man 1919 sehr vorsichtig vorgehen, wahrscheinlich ein klein wenig inflationieren müssen. Aber diese Krise wäre zweifellos weniger schwerwiegend gewesen als jene, die uns droht, vielleicht sogar weniger schwerwiegend als die derzeitige Krise, die nur ein Vorgeschmack auf die Zukunft ist. Man wäre ein Risiko eingegangen, aber es hätte sich gelohnt. Die Entschlackung hätte sich als wirksam erwiesen.

Träumen wir weiter: das Ende ist angenehm. Hier die Wohltaten eines derartigen Handelns:

Hätte man den Haushalt ausgeglichen, die schwebenden Schulden konsolidiert und amortisiert, dann hätte man begonnen, die Vorkasseleistungen der Banque de France zu verringern, zumindest die Inflation gestoppt. Die dann sehr hohen Preise hätten zwar kaum nachgegeben, aber sie wären danach den Weltmarktpreisen gefolgt, die seit 1921 überall fallen, außer in Ländern mit verdorbenem Geld. Man hätte die Überbewertung aller Dinge verringert, die der Waren, der Aktien, des Bodens und seiner Produkte, der bebauten Grundstücke und der Mieten, der »Realwerte«. Man hätte diesem riesigen Blutsauger des Kapitals und des überschätzten Kapitalismus der Banken die Luft abgelassen. Die Deutschen, die die harte Erfahrung all dessen machen, was uns bevorsteht, sagen scherzhaft, die Rückkehr des Goldes werde ebenso viele Banken und Bankangestellte beseitigen, wie es Nullen hinter den Zahlen von Papiertrillionen gibt, die einer Goldmark entsprechen.

Nur hätte man, um den Staatshaushalt auszugleichen – wie die Sozialisten es wollten –, ernsthaft die Kriegsgewinne eintreiben, die Preise der Kriegsmärkte korrigieren müssen, die ungeheuren Vermögen der Kriegslieferanten platzen lassen und den Mehrwert des Bodens und der bebauten Grundstücke besteuern müssen. Damit hätte man noch andere Geschwüre aufgestochen.

Einerseits durch die Eintreibung der Summen, die unberechtigterweise von der unglücklichen Öffentlichkeit kassiert wurden, und andererseits durch die Abschwellung der Francs sowie aller Finanzwerte, aller Kredite, Börsenaktien usw. So hätte man das französische Kapital saniert. Man hätte diejenigen, die jetzt reich sind oder vielmehr reich zu sein glauben, diejenigen, die bereits ein Leben von Großrentiers führen, dazu gezwungen, das zu Unrecht Erworbene zurückzuerstatten und nutzbringend zu arbeiten.

Wenn wir jedenfalls aufgehört hätten, unsere Francs zu vermehren und damit zu entwerten, hätten wir vor allem vermieden, sie in den Augen des Auslands endgültig abzuwerten. Wir hätten den ungünstigen Wechselkurs vermieden, der unweigerlich, und zu Recht, Schulden von 35 Goldmilliarden gegenüber den alliierten Staaten endgültig in Schulden von 140 Papiermilliarden und Privatschulden gegenüber ausländischen Privatpersonen von 10 bis 15 Goldmilliarden in kurzfristig fällige Schulden von 40 bis 50 Papiermilliarden verwandelt.

Aber wachen wir auf. Der Dollar ist fast 24 Francs wert. Frankreich hat etwas ganz anderes gemacht. Aus Torheit hat es zweimal den Franc aufgebläht. Wer hat es diese Fehler begehen lassen? Wer ist dafür verantwortlich? Antworten wir kühn: einmal waren es 1919-1920 die Gründer des Nationalen Blocks. Ein andermal waren es Poincaré und Lasteyrie.

Die Inflation. Wer hat den Franc inflationiert? (1. März 1924)

Die größten Fehler sind im November 1918 begangen worden, unter dem Prinzipat von Clemenceau, einem Mann, der noch nie etwas von Gelddingen verstanden hat – sofern sie ihn nicht selbst betrafen.

Als Berater hatte er einen angeblichen Bankier, der aber lediglich ein Finanzpolitiker war, Monsieur Klotz, leichtsinnig und ziemlich skrupellos, der den für die Friedenskonferenz versammelten Bankiers keinerlei Vertrauen einflößte. Sein letztes Buch, eine Apologie seiner Politik und eine Anklage gegen die Alliierten, ist von höchster Indiskretion und von höchster Ungenauigkeit.

Aber der eigentliche Führer des Ministeriums Clemenceau in

diesem Bereich war Monsieur Loucheur, ein praktischer, intelligenter, aktiver, flexibler Mann, unglücklicherweise eine Abenteurernatur und ein abenteuerlicher Karrierist, imstande, mit seinen Risiken zu spielen – und mit denen der anderen. Nie verlor er die Interessen des Kapitalismus und der großen Kriegsindustrie – in der er eine der wichtigsten Führungskräfte ist – aus den Augen. Bis 1920 ist er ein Verfechter der Inflation geblieben, er war auch deren Verteidiger bei einer Diskussion anlässlich der Einführung der Umsatzsteuer, der ich zuhörte.

Jedenfalls starteten die Regierungen und die gesamte bürgerliche Presse, außer einigen wenigen Finanzzeitungen, mit dem Plan von Inflationen aller Art. Banknoten, Staatsanleihen zugunsten der Kriegslieferanten, die bis 1919 ihre Lieferungen fortsetzten, Milliarden emittierter Schatz- und Kriegsanleihen, Anleihen an das Ausland (für Lebensmittel usw.), Siegesanleihen usw.

Von Clemenceau in Angst und Schrecken versetzt, wagten die Regierenden und der Präsident der Banque de France nicht, Widerstand zu leisten. Nur auf der Aktionärsversammlung vom 31. Januar 1920 bekundete die Banque ihren Willen, ein Ende der Inflation zu prüfen.

Der einhellige Schrei war: »Der Boche wird zahlen!« Man hörte auf niemanden. Keynes war gezwungen, bei der Friedenskonferenz zurückzutreten. Man hatte das feierliche und verbindliche Angebot von Brockdorff-Rantzau über eine Pauschale von 100 Milliarden als unzureichend abgelehnt. Man sah einen endlosen Goldstrom auf unbestimmte Zeit aus Deutschland in die Staatskasse fließen. Es wäre verrückt gewesen, sich zu genieren.

Die Inflation von 1919

Also ließ man, ganz wie in Deutschland oder wie die Sowjets, die Notenpresse arbeiten.

Innerhalb eines Jahres trieben drei aufeinanderfolgende Gesetze die Vorkasseleistungen der Banque de France an den Staat in die Höhe von 21 Milliarden, von 23 Milliarden, dann von 27 Milliarden.

Innerhalb von anderthalb Jahren wuchs der Betrag der emittierten Banknoten von 18 Milliarden auf 39, fast 40 Milliarden. Die gesetzlich vorgeschriebene Grenze der Emissionen wurde nach und nach auf 26, 28, 41 Milliarden angehoben.

Während die Deflationsbewegung von England und vor allem von Amerika eingeleitet wurde (Letzteres hatte allerdings in Anbetracht der Goldmenge, die es besaß, keine große Schwierigkeit damit), entschieden wir uns dagegen für eine Finanzpolitik nach deutscher Art. Der Gegensatz war zu groß. Bei dem aufgeblähten Franc und den aufgeblähten Geldmitteln blähten sich auch die Kredite auf; die bereits irrsinnigen Preise auf dem Weltmarkt blähten sich bis zum Maximum von Juli/August 1920 auf. Alles wurde künstlich überbewertet. Die Welt wusste unser Geld nach seinem Wert einzuschätzen. Im Oktober stand der Dollar bei 17 Francs.

Die Ergebnisse der Inflation unter Clemenceau

Wir bedauern, dass unsere geringen Mittel es uns nicht erlauben, hier eine interessante Tabelle wiederzugeben. Dort würde man sehen, dass von 1918 bis 1920 die Kurve der Preise, die Kurve der Wechselkurse, die Zahl der emittierten Banknoten, dass dies alles genau parallel verlief, mit einigen sehr leichten Verschiebungen, so als wäre die quantitative Geldtheorie in allen Punkten mathematisch richtig.

Der Index der Großhandelspreise stieg (im Vergleich zu 1914) von ungefähr 200 im Januar 1919 auf etwa 500 im Jahr 1920.

Die emittierten Banknoten stiegen, um den Preisen und den Wechselkursen zu folgen und vor allem um die Haushaltslöcher zu stopfen, von 30 Milliarden auf fast 40 Milliarden.

Die Wechselkurse stiegen von 5,75 Francs je Dollar auf 17 Francs (ich lasse das Pfund Sterling beiseite: es war zu dieser Zeit selber starken Schwankungen ausgesetzt).

Unnötig hier zu untersuchen – das ist hohe Politische Ökonomie –, in welchem Maße diese drei Phänomene aufeinander einwirkten.

Der Direktor der Wirtschaftsdienste der Banque de France, Monsieur Décamps, meint, dass die Inflation das entscheidende Phänomen war. Ich dagegen glaube, dass die Panik der Märkte und der Preise die Inflation und die Baisse des Franc verursachten, die darauf reagierten.

Unentschuldbar aber waren die Ursachen der Inflation. Allein die beiden Haushalte von 1919 und 1920 wiesen ein Defizit von 60 Milliarden auf, die noch heute auf unserer Einschätzung von allem lasten. Man glich sie mit Darlehen, mit Milliarden Staats- und Kriegsanleihen aus sowie (vor allem weil man nicht die Zeit hatte, kurzfristige Darlehen zu organisieren) mit Vorkasseleistungen der Banque de France.

Um den Elsässern – und vielen Deutschen – ihre Mark zu erstatten, die sie munter zu 40, 60 Centimes getauscht hätten, emittierte man für 5 Milliarden französische Banknoten, die in diesem Moment fast so viel wert waren wie Gold.

Um überall die französische Flagge zu zeigen – wie Picrochole –, schickte Clemenceau seine Flotten und seine Armeen los, um neue Länder zu erobern. Es war nicht seine Schuld, wenn man nicht nach Moskau ging, dann hätte man eher nach Wien gehen sollen.

Von Größenwahn befallen, glaubte Frankreich, nach dem Beispiel seiner Führer, dass der »Boche zahlen werde«. Es hielt sich für reich und allmächtig; die Öffentlichkeit kaufte alles, zu jedem Preis. Und da sie sich nichts entgehen lassen wollte, hörte sie auf die verhängnisvollen Ratschläge derer, die nichts zahlen wollten; sie schickte eine Abgeordnetenkammer unter Führung des Nationalen Blocks an die Macht, die ihr versprach, diesen Wahnsinn – die Inflation – in reales Vermögen zu verwandeln.

Die Gründe für diese Politik liegen auf der Hand. Die Partner von Monsieur Loucheur und die Bourgeoisie, Eigentümerin von einst und jüngst erworbenem Reichtum, wollten den Krieg nicht bezahlen.

Im Gegenteil, sie wollten eine weltweite Führungsrolle erkaufen. Man vervielfachte die Gefälligkeiten im Innern: ungerechtfertigter Kauf der elsässischen – und deutschen – Mark im Elsass zum Goldpreis; Prämien aller Art, Demobilisierungsprämie; Gratifikationen für aktive Offiziere; Luxusausgaben; Militärausgaben; imperialistische Ausgaben; kostspielige Missionen; Prämien für die Banken, für die Schifffahrtsgesellschaften; irreguläre Veräußerungen; Einkauf von Vorräten usw.

So wurden in Frankreich, im besetzten Deutschland, in Russland, in Schlesien, in Ungarn, in Polen, in der Levante, in Syrien, in Marokko fürstlich Gelder ausgegeben, die man nicht hatte und die man wird bezahlen müssen.

Man tat alles, um gute Wahlen zu haben und Clemenceau in die Lage eines künftigen Präsidenten der Republik zu versetzen. Im November 1919 siegte der Nationale Block. Undankbar schreckte sogar die Abgeordnetenkammer des Blocks vor der Wahl Clemenceaus zurück.

Vor allem aber vermied man zu zahlen. Selbst heute, nach vier Jahren, nach sechs Jahren, wurde die von Albert Thomas begonnene Überprüfung der Märkte noch nicht einmal ernsthaft in die Wege geleitet. Die Kriegsgewinnsteuer, die England 85 Goldmilliarden einbrachte, hat bei uns noch keine 15 Milliarden Papiergeld erbracht. Während das Defizit von 1919 fast dem eines Kriegsjahres gleichkam, zog man sich mit einer unbedeutenden Steuererhöhung von weniger als einer Milliarde aus der Affäre.

Nie wurde ein größeres Verbrechen an der Kreditwürdigkeit Frankreichs verübt.

Wir werden sehen, in welchem Augenblick man denselben Fehler diesmal in geringerem Maße wiederholte; die Operation war zwar nicht kriminell, aber nicht weniger gefährlich.

Die Rentenpapierinflation. Die schwebenden Schulden

I. Die monetäre Lage Frankreichs (14. April 1924)

Wir kommen zur dritten Ursache der Entwertung des Franc. Nicht nur wurden zu viele Francs exportiert (schwebende Kredite des Auslands gegen uns), nicht nur wurden zu viele hergestellt (Inflation), sondern – und dies ist der dritte Punkt unserer Beweisführung – Frankreich hat sich durch eine schlechte Finanzpolitik in die schreckliche Lage versetzt, in jedem Augenblick weitere herstellen zu müssen. Die Bedrohung dieser möglichen Inflation lastet in jedem Augenblick mehr oder weniger, jedoch ununterbrochen auf dem Wert der emittierten Banknoten. Auch wenn das Ausmaß dieser Bedrohung nie beziffert werden kann; denn, was noch schlimmer ist, *die Menge an Banknoten, die man dieses Jahr, die nächsten sechs, die nächsten drei Monate, die nächsten Monate wird emittieren müssen, ist völlig unbestimmt. Sie hängt ausschließlich von der Anzahl der Staatsanleihen ab, die die Öffentlichkeit zu erneuern, zu zeichnen oder nicht zu erneuern wünscht.* Sie hängt von keiner Handlung des Parlaments oder der öffentlichen Gewalt ab, es sei denn vom Ausmaß des Vertrauens, das sie erwecken können.

Rufen Sie sich meinen Vergleich des aufgeblähten Franc mit einem großen Zeppelin in Erinnerung, eines durch die Inflation zu leichten, zu aufgeblähten Franc. Verfolgen wir den Vergleich ein wenig, auch wenn er hinkt.

Die Banque de France kann nur aus zwei Gründen genötigt sein, Noten herzustellen: 1. um es der Wirtschaft zu ermöglichen, Kredite zu bekommen (Geschäftsportfolio der Banque de France); 2. um es dem Staat zu ermöglichen, seinen Zahlungen nachzukommen: Haushaltsbindungen und Verpflichtungen gegenüber seinen Anlegern und vor allem seinen Gläubigern an kurzfristigem Kapital. So wie die Dinge derzeit liegen, kann die Banque de France nur diese ganz kleine Gruppe von Krediten und Belastungen durch ihre eigenen Verfahren verwalten, indem sie mit dem Diskontsatz hantiert: dem Geschäftsportfolio. Anders gesagt, sie beherrscht nur einen ganz kleinen Faktor der Situation: die Bewegung der Gelder, die dem externen Handel zur Verfügung gestellt werden. Auf alle anderen Elemente der monetären und finanziellen Situation des Landes hat sie keinen Einfluss.

Alles geht also so vor sich, als hätten wir jenem übermäßig aufgeblasenen Ballon, der im Wind bereits wenig stabil ist, außerstande zu kämpfen, von den Krisen der Preise und Kredite hin- und hergeschüttelt, als hätten wir diesem bereits gefährlich zu steuernden Zeppelin weitere Elemente hinzugefügt, die schlecht mit ihm verbunden sind und unserer Kontrolle noch mehr entgleiten. Tatsächlich haben wir die Risiken eines Unglücks auf zweierlei Weisen noch verstärkt.

Die erste haben wir bereits beschrieben. Denn wir sahen, wie Frankreich an diesen von den inflationierten Francs erleichterten Ballon einen weiteren, ebenfalls leichten und instabilen, diesmal von uns völlig unabhängigen Ballon gehängt hat: die Kredite in Goldfrancs oder Dollars, Auslandsdevisen usw., die vom Ausland und, schlimmer noch, in gewissem Maße von der ausländischen Spekulation gehaltenen Wertpapiere und Effekten. Für die in Francs, meist aber in Dollars und Pfund ausgestellten riesigen Kredite, die sie uns bewilligt haben, lassen uns die ausländischen Kapitalisten bereits kräftig Zinsen und Gebühren von mindestens 8 % zahlen. Dazu kommen die Spekulanten; diese kassieren voneinander und kassieren von uns bei jedem Börsengeschäft: Prämien bei der Hausse, bei der Baisse, Darlehen auf Deport- und Reportgeschäfte, Versicherungen gegen Wechselkursverluste usw.

Dies alles vollzieht sich ohne uns oder gegen uns; jeder Fehler, den wir begehen, wird unverzüglich ausgenutzt. Immerhin können wir die Inflation noch beeinflussen! In gewissem Maße können wir sie lenken, stoppen, reduzieren, wie man es im Augenblick scheinbar tun will – und wie man es gerade nicht tut (40 Milliarden 350 Millionen Banknoten bei der letzten Bilanz der Banque de France am 3. April 1924). Aber die ausländische Spekulation? Wir erhalten sie nur dadurch, dass wir heute mit unseren besten, unseren letzten Reserven haften: mit dem Goldkredit unserer solidesten Banken und schließlich, hinter ihnen, mit dem Gold der Banque de France.

Wir haben die schwebenden kurzfristigen Kredite des Auslands auf 10 bis 15 Milliarden Goldfrancs geschätzt. Das ist ein weiterer Ballon, der an dem der Banknoten befestigt wurde.

Wenn wir es nur dabei belassen hätten! Wenn wir uns mit den beiden Inflationen begnügt hätten: den Banknoten, dem Kredit im Innern und den Krediten im Ausland!

Aber wir hatten oder vielmehr unsere Führer hatten das Bedürfnis, diesem ganzen irrsinnigen System des panischen Geldes, der vervielfachten Kredite, der unkontrollierbaren ausländischen Spekulation ein ganzes ebenso unausgeglichenes und außer Kontrolle geratenes System jener Form von Schulden hinzuzufügen, die man so ausdrucksvoll »schwebende Schulden« nennt. Es sind der Größenordnung nach die Kriegsanleihen, die Staatsanleihen, Annuitäten der Kriegsopfer und Kriegsversehrten usw. – es sind die Schulden des Staats gegenüber dem Crédit National; es sind die Treuhandkonten der Caisse d'épargne und der Privatleute beim Fiskus. Alle diese Schuldverschreibungen, alle diese Einlagen sind nach einer Frist von vierzehn Tagen bis zwei Jahren rückzahlbar. Alle diese Schuldverschreibungen werden täglich fällig. Dann können ihre Besitzer sie in jedem Moment zurückfordern, sofern sie sie nicht erneuern wollen. Andere staatliche Wertpapiere, Annuitäten der Kriegsopfer, an die Pensionierten abgegebene Staatsanleihen müssen 1930 liquidiert werden. Im Augenblick spreche ich nicht von Lombard- und Diskontkrediten, die man auf alle diese Werte des Fiskus aufnimmt. Vorerst beschreibe ich nur abstrakt, was geschieht, wenn bei Fälligkeit der Inhaber eines dieser Wertpapiere absolut Herr darüber ist, seinen Kredit an den Staat zu erneuern oder nicht.

Und so wie der ausländische Kreditinhaber ist auch der französische Inhaber von Schuldverschreibungen (hier gibt es sehr wenige Ausländer) Herr der Lage. Da es andererseits allerlei Arten dieser Schuldverschreibungen zu allen möglichen Fristen gibt, da die ganze Öffentlichkeit, das ganze Land mit ihnen vollgestopft ist und da es eine riesige unbekannte Masse von kleinen und großen Inhabern dieser Schuldverschreibungen gibt, lässt sich nichts vorhersagen. Der Finanzminister und das Schatzamt wissen nie, wie die enorme Menschenmenge, Inhaber von 60 Milliarden Staatsanleihen, sich verhalten wird. Man muss auf das Vertrauen all dieser anonymen, unbekannten Gläubiger von Tag zu Tag hoffen. Nie ist man sich des nächsten Tags sicher.

Nur eines ist sicher, nämlich dass die Staatskasse, je nach dem Vertrauen oder dem Misstrauen der Inhaber ihrer Wertpapiere, von der Banque de France verlangen wird, ihr Vorkasseleistungen zu gewähren und eine mehr oder weniger große Anzahl von Banknoten zu emittieren. Die Menge der Banknoten wird zu groß sein, wenn es zu einem Übermaß an Rückerstattungen kommt, oder sie wird konstant bleiben oder sich verringern, wenn es viele Erneuerungen oder neue Zeichnungen gibt. Die Dimension der Inflation oder Deflation ist folglich in dem Maße völlig unvorhersehbar, wie die Menge dieser Banknoten abhängig ist von den Transaktionen der Staatskasse im Bereich der schwebenden Schulden.

Durch die riesige Aufblähung der schwebenden Schulden wie durch die Preise und Wechselkurse entzieht sich also das gesetzeswidrige System unserer Banque de France, unseres Geldes, unseres finanziellen Lebens einer bewussten Kontrolle der Bank, des Staates und der Öffentlichkeit selbst, des unbewussten, aber unwissenden Herrn der Lage.

An dieses bereits schlecht konstruierte System des Ballons des inflationierten Franc sowie des Ballons des exportierten Franc haben wir also noch den Ballon der schwebenden Schulden, des potenziellen Franc gehängt.

An einer einzigen Menge Gold (das eine Ware ist), an einer kaum veränderlichen Menge der Waren, die sofort im Land handelbar sind – anders gesagt: an nur einer einzigen Menge Ballast –, hängt unser riesiger Zeppelin, der Kredit Frankreichs, der unter seiner Hülle aus drei Ballons besteht. Wir sagen: *Ballast* – das sind das Gold der Banque de France und die verfügbare Gelder im Ausland – etwa 4 Milliarden in Gold und ein Depot von 5 Milliarden (Papiergeld mit einem Goldwert von 2 bis 3 Milliarden); *1. Ballon*, die ausländischen Kredite von 40 bis 60 Milliarden Papiergeld; *2. Ballon*, Banknoten der Banque de France: 40 Milliarden; *3. Ballon*, die 60 Milliarden schwebender Schulden.

Glücklicherweise stimmt der Vergleich nicht ganz, denn so etwas wie der Kredit ist ein flexibleres und lebendigeres Wesen als ein unglückliches Luftschiff. Glücklicherweise ist ein Land, eine Nation mehr als Geld. Das Land ist jenes menschliche Kapital, sein Boden, seine Arbeit, die trotz aller Fehler des Staats oder der Kapitalisten seine Kreditwürdigkeit begründen und sie wiederaufleben lassen, selbst wenn sie erloschen ist, wie man es in Österreich, in Deutschland und sogar im bolschewistischen Russland sieht.

Doch auch wenn wir nicht an übermäßige und allzu schreckliche Gefahren glauben, so glauben wir doch, die allgemeine Lage des Franc, unseres Geldes, eines wichtigen Prinzips, aber nicht des Lebensprinzips der Nation, richtig beschrieben zu haben.

Im Grunde hat unsere Arbeit ein einziges Ziel: aufzuzeigen, dass es sinnvoll wäre, alles zu stabilisieren.

Alle diese Inflationen sind gefährlich. Sie bewirken, dass wir in alle Richtungen gezerrt werden. Man muss aus allem gleichzeitig Luft herauslassen. Sonst ist eine Maßnahme auf der einen oder andern Seite sinnlos und gefährlich. Das System würde abstürzen oder immer höher steigen. Zum Beispiel genügt es in diesem Augenblick (März 1924) nicht, Francs zurückzukaufen, wie man es mit Gewinn tut. *Es ist unmöglich, an den ständigen Erfolg des derzeitigen Einwirkens auf die Wechselkurse zu glauben, wenn diese Maßnahme nicht sofort sowohl die Inflation der Banknoten stoppt als auch das Anwachsen der schwebenden Schulden stoppt oder vielmehr rasch verringert.*

Doch beschreiben wir im Detail die Geschichte, die Gefahr, und die Bedrohungen, die von dieser letztgenannten Form der Inflation ausgehen.

Die schwebenden Schulden. Verantwortung. Wer hat die schwebenden Schulden inflationiert? (15. April 1924)

Die Untersuchung der Verantwortung, die Bestimmung der persönlichen Verantwortung ist fast nur noch von historischem und politischem Interesse. Im Übrigen waren die Fehler bei der Inflation der schwebenden Schulden weniger die von einzelnen Personen als diejenigen, die in Bezug auf den Rest der Finanz- und Geldpolitik dieses Landes seit dem Waffenstillstand gemacht wurden.

Abermals Monsieur Klotz

Dagegen kann man von einer schuldhaften Leichtfertigkeit, von den Verbrechen des Finanzministers Klotz sprechen, der, nachdem er den französischen Handel während des ganzen Jahres 1919 eingedeckt, ihn mit importierten Finanzmitteln überschüttet, seinen Kredithunger dank der Inflation von Banknoten gestillt und ihn von Steuern befreit hatte, dann Staatsanleihen in Milliardenhöhe emittierte.

Denn ständig begegnen wir der Verantwortlichkeit dieses verhängnisvollen Luftikus. Nebenbei bemerkt beruft er sich heute (März 1924) in einem Briefwechsel an die *Times*, in dem er eine unschöne Rolle spielt, auf das Zeugnis von Oberst House und glaubt törichterweise noch immer oder lässt glauben, das amerikanische Finanzministerium sei 1919 geneigt gewesen, uns auch weiterhin seine Hilfe zukommen zu lassen, und England habe alles vereitelt. Dumm, wie er ist, bemerkt er nicht, dass Oberst House gewiss nichts anderes tun kann, als ihn zu widerlegen, da das amerikanische Federal Reserve Board (das unserer Banque de France entspricht) ihm schon im Dezember mitteilte, dass das Wechselkurskomitee der Alliierten keine Existenzberechtigung mehr habe.

Im November 1918 gibt es, dem Marin-Bericht vom 31. April 1918 (Milliès-Lacroix-Bericht an den Senat) zufolge, noch immer 26 Milliarden 452 Millionen Kriegsanleihen und -obligationen. Der Krieg ist bald zu Ende; um ihn zu beenden, wurden von der Clemenceau-Administration 12 Milliarden aufgenommen. Gesamtsumme der schwebenden Schulden in jenem Augenblick: 83 Milliarden von 144 Milliarden Staatsschulden.

Am 31. Januar 1919 hat die Siegesanleihe etwa 28 Milliarden gebracht, von denen die Hälfte in Schuldverschreibungen ausgeschüttet wurde, usw. Aber die größenwahnsinnige Verwaltung Clemenceaus hat überdies ebenso viele zirkulierende Schuldverschreibungen verlängert, sodass ihre Summe und die Summe der kurzfristigen schwebenden Schulden und die der befristeten, aber nicht kurzfristigen schwebenden Schulden konstant blieben. (Rede von Milliès-Lacroix, Senat, 13. Februar 1919.) Frankreichs ungeheure Anstrengung an Opfern und Spartätigkeiten (damals ist der Franc Gold wert) ist vergeblich. Der Schlund der Anleihe saugt sie unverzüglich auf. Ich rufe in Erinnerung, dass es der Augenblick der Inflation ist, der Augenblick des irrsinnigen Imports, der Augenblick, in dem die Alliierten, die es überdrüssig sind, die Finanzen eines Klotz zu stützen, *uns* fallen lassen, uns, das französische Volk.

1919 beträgt das Defizit des französischen Haushalts 40 Milliarden. Die schwebenden Schulden gleichen es vollständig aus. (In diesem Augenblick sind die England zurückgegebenen Staatsanleihen noch in den befristeten Verbindlichkeiten und die den Vereinigten Staaten zurückgegebenen noch in den kurzfristigen Verbindlichkeiten enthalten.) Die zirkulierenden Schuldverschreibungen schwanken zwischen 40 und 62 Milliarden. Bei dieser Summe waren sie noch vor wenigen Monaten, und sie hat sich nach den (zu 5 und 6% tilgbaren) Anleihen von 1920 nur einmal geändert.

Wieder einmal ist Monsieur Klotz der direkt Verantwortliche, der Schuldige, der Verbrecher. Über ihm ist es Clemenceau, sind es die Gründer des Nationalen Blocks, ist es der Nationale Block mit seinen unheilvollen Inspiratoren des »Erweckens der wirtschaftlichen Interessen«, denn man muss die Minister für die politischen Vollstrecker der Vorschriften halten. Es ist das gleiche Personal, das überall handelt. Da sie die Urheber unserer Lieferungen von Francs ans Ausland und die Urheber unserer Inflation der Francs sind, sind sie auch die Hauptverantwortlichen für unsere vielen Anleihen, die diese fiktiven Francs vermehren, die zu emittieren man die Banque de France gezwungen hat und die sich durch die Zinseszinsen selbst vermehren, denn Zinsen werden vom Darlehen immer verlangt, und Steuern verlangt man von ihm erst Ende 1920 und 1924. Ebendiese Leute haben aus dem Franc, dem gesunden Geld einer gesunden und siegreichen Nation, das kranke Geld einer Nation gemacht, die trotz ihres Sieges und ihrer Arbeit durch einen schlechten Frieden, eine schlechte Politik und schlechte Finanzen unterdrückt ist, Finanzen, die vollständig gelenkt werden, um der Bourgeoisie, den Neureichen und den Grundbesitzern die Steuerflucht zu ermöglichen.

Beruhigung

Neben dieser Leichtfertigkeit des Ministeriums Clemenceau, die den Staatsgerichtshof verdiente, wirken die relative Leichtfertigkeit und Unfähigkeit der Regierungen, die unter der Kammer des Nationalen Blocks einander ablösen, nahezu vernünftig.

Ab 1920 nehmen die Defizite des *regulären Haushalts* (einschließlich der von Deutschland einzufordernden Aufwendungen) ständig ab. Trotz 2700 Millionen zusätzlicher Kredite (Bokanowski-Bericht, 1924) haben sie 1923 – bis auf 1 Milliarde, soviel man weiß – ein relatives Ende gefunden. Doch dieses Gleichgewicht ist keiner fiskalischen Anstrengung zu verdanken, sondern dem Anstieg der Preise und der Werte, also der Entwertung des Franc, dem die wachsenden Staatsausgaben nicht gefolgt sind. Dennoch sind es 1920 abgerundet noch 10 Milliarden, 1921 und 1922 jedes Mal 5 Milliarden, wenn das kurzfristige Darlehen nachgefragt wird. (Dabei spreche ich noch immer nicht von den gedeckten Haushaltsposten.)

Doch nach den konsolidierten Anleihen von 1920, nachdem der Fiskus die schwere Haushaltskrise (und die des Aktienmarkts vom November 1920), die der heutigen so ähnlich ist, hinter sich hat, erreicht die Gesamtsumme der Emission an Staatsanleihen ein Minimum von 51 Milliarden 812 Millionen (Mai 1921).

Kurz, seit Millerand und Briand Premierminister und François-Marsal und Doumer Finanzminister sind, versucht man unter nicht gerade großartigen, aber einigermaßen verständigen Regierungen, die schwebenden Schulden zu konsolidieren und abzubauen, indem man von den niedrigen Preisen profitiert.

Das Ende von 1921 und der Anfang von 1922 waren weniger glänzend. Man musste das Defizit des Haushaltsjahres ausgleichen: 5480 Millionen am Ende des Jahres; 1922 endete ebenfalls mit einem Defizit. Die Anzahl der zirkulierenden Schuldverschreibungen betrug 62 Milliarden 682 Millionen; 11 Milliarden mehr als im Mai 1921.

Die allgemeine Politik, Poincarés Ruf zu den Waffen, begann sich Gehör zu verschaffen.

Dem besten Willen seines Ministers und ihm selbst zum Trotz brach die Haushaltskrise im Mai 1921 aus. Wir haben sie soeben beschrieben. Das Schlimmste war, dass die deutschen Zuflüsse immer unwahrscheinlicher wurden, dass das Land ein wenig das Vertrauen verlor, dass es unmöglich war, irgendeine Anstrengung zu versuchen, um diese Schulden zu konsolidieren, und dass man sich auf die Ruhr-Affäre einließ. Am 31. Dezember 1922 (siehe Bérenger-Bericht, Haushalt 1924; Anhang III) beliefen sich die schwebenden Schulden auf 62 Milliarden 658 Millionen, davon etwa 59 Milliarden Staatsanleihen. Am 30. April 1923 stehen die kurzfristigen schwebenden Schulden im Innern noch immer bei 60 Milliarden 318 Millionen (Dausset-Bericht, Senat), davon über 55 ½ Milliarden Staats- und Kriegsanleihen. Die befristeten schwebenden Schulden, von denen viele der angeblich langfristigen Schuldverschreibungen fällig wurden, waren auf fast 20 Milliarden angeschwollen (Crédit National und Annuitäten an die Kriegsopfer und Kriegsversehrten). Ende 1923 besserte sich die Lage ein wenig, wenn man so sagen kann, denn in der Buchführung verrät diese Besserung, dass man 3 Milliarden 907 Millionen Schuldverschreibungen erstatten musste, von denen man gewollt hätte, dass die Inhaber sie erneuerten (Bérenger-Bericht, Anhang III), ebenso 5 ½ Milliarden Schuldverschreibungen auf zwei Jahre, die aufgrund der administrativen Ungereimtheiten, an die Frankreich Ende 1922 gewohnt war, bis kurz vor ihrer Fälligkeit im Kapitel der befristeten Schulden erschienen.

Man sieht, wie die allgemeine Politik, *die Ruhr, immer die Ruhr*, das Vertrauen der ausländischen Inhaber von Francs, den französischen Inhabern von Banknoten, den glücklichen französischen Besitzern von Schuldverschreibungen immer stärker belastete, und man sieht, wie die Furcht, die sie einflößte, einige von ihnen veranlasste, einen glücklicherweise geringen Teil ihrer Schuldverschreibungen in Geld, Waren und Werte umzuwandeln. Aber man versteht, wie man, um sie zu erstatten und um die Schuldverschreibungen einiger anderer zu diskontieren, entweder neue Banknoten emittieren oder den Umlauf der alten beschleunigen musste und wie man den Franc abwertete.

Schlussfolgerung

Beenden wir diese Ausführungen über Verantwortung. Das Land soll urteilen.

Indem wir uns an allen Enden irrsinnig verschulden, vollenden wir unseren Ruin.

Clemenceaus Größenwahn war ein Verbrechen gegen die Kreditwürdigkeit Frankreichs. Der Wahnsinn der Ruhr war eher ein Vergehen gegen unsere französischen und ausländischen Gläubiger. Beinahe hätten wir ihn teuer bezahlt, fast ebenso teuer wie das Verbrechen von Monsieur Klotz im Jahr 1919. Eine Schuldnernation wie Frankreich muss bescheiden und fleißig sein und darf die Welt nicht mit ihrem Waffengeklirr belästigen, die Welt, die wenig an sie denkt, außer wenn sie von ihr gestört wird.

Poincaré ist jedoch ein anderer Mensch als Clemenceau oder Klotz. Er bemüht sich, seine Fehler zu korrigieren. Wir räumen es ein und wiederholen, dass Poincaré und, in einer letzten Aufwallung, der Nationale Block, in die Enge getrieben und unter dem Druck der Krise, endlich die Politik der Anleihen, das, was wir die »Rentenpapierinflation« nennen, aufgegeben haben. Sie sind zu einer gesunden Steuerpolitik zurückgekehrt. Diese Politik tadeln wir nur wegen ihrer Ursache, der Ruhraffäre, und wegen ihrer Anwendung des doppelten Zehnten. Aber sie stellt ein sinnvolles Prinzip auf, und Poincarés strenger und zwingender guter Wille ist mit der Leichtfertigkeit der Leute von 1918-1919 nicht zu vergleichen. Zwar vergessen wir nicht, dass derselbe Poincaré uns an den Rand des Abgrunds geführt hat, aber wir werden auch nicht vergessen, dass er den Mut hatte, gegen seine Interessen zu handeln und die Richtungsänderung vorzunehmen, die die siegreichen Linken früher oder später hätten vornehmen müssen.

Leserhinweis zum »Bolschewismus«-Text

Marcel Mauss hatte mit der russischen Revolution erstmals im Juli 1906 direkten Kontakt, als ihn Jean Jaurés nach Russland schickte. Gegenüber den Behörden gab Mauss offiziell an, zwei Wochen nach Moskau zu reisen, um in Museen und Bibliotheken ethnographische Texte und Artefakte zu studieren. Inoffiziell sollte er den aktuellen Stand der russischen Revolution für die sozialistischen Kreise in Paris auskundschaften. Als Nikolaus II. im Juli 1906 gewaltsam die als Folge der gesellschaftlichen Unruhen und Ackerlandenteignungen erstmals am 10. Mai 1906 eingerichtete Volksvertretung (*Duma*) auflösen lässt, ist Mauss Augenzeuge. Zurück in Paris hält ihn sein Onkel Émile Durkheim davon ab, einen Artikel über seine Erlebnisse zu verfassen, weil ihm die nötigen Kenntnisse des Russischen und Russlands fehlen würden.

Erst 15 Jahre später und nach dem Tod Durkheims wagt Mauss wieder den Versuch, sich der russischen Revolution wissenschaftlich zu nähern, und verfasst die »Soziologische Würdigung des Bolschewismus« (1924) unter dem Eindruck der neuen russischen Wirtschaftspolitik. Nach der Februar- und der Oktoberrevolution 1917 schwenken Lenin und Trotzki 1921 vom so genannten »Kriegskommunismus« auf das Konzept der »Neuen Politischen Ökonomie« (»Nowaja ekonomitscheskaja politika«, kurz: NEP*)* um. Den »Kriegskommunismus« kennzeichneten Lebensmittelzuteilung nur für Arbeitende, planwirtschaftliche Kontrolle der Produktion, Konfiszierung der landwirtschaftlichen Erträge und der Ersatz des Geldes durch Arbeits- und Genussscheine. Die NEP zeichnet sich hingegen durch den Versuch einer Vereinbarung von sozialistischen und marktwirtschaftlichen Prinzipien aus. Das Privateigentum an Produktionsmitteln wurde wieder erlaubt, ebenso die gewinnorientierte Produktion und das Geld. Außerdem wurde den Konsumgenossenschaften, deren Entwicklung in Russland Mauss in einem anderen Artikel intensiv untersucht,[1] relative politische Autonomie zugesprochen.

Die Wissenschaftlichkeit seiner Annäherung richtet sich hier nach den Maßstäben von Comtes Positivismus: analog zur Na-

1 Marcel Mauss, »Les coopératives russes«, in: *La Revue de Paris* 27.2 (1920), S. 96-121.

turwissenschaft soll Sozialwissenschaft eine Wissenschaft sein, die durch Beobachtung von Ähnlichkeit zwischen und Abfolge von tatsächlichen (positiven) Phänomenen in der Lage ist, Gesetzmäßigkeiten zu erkennen. Soziale Körper sind komplexe Kollektivindividuen (*individu collectif*), jedoch grundsätzlich mit den Erkenntnisobjekten der Naturwissenschaft vergleichbar und eignen sich demnach für Experimente, um die sozialen Bewegungsgesetze erkennbar zu machen. Entsprechend prüft Mauss, ob der Bolschewismus ein »Experiment« sei und belege, dass der Versuch, einen Sozialismus einzuführen, immer auf ein Unrechtsregime hinausläuft. Obwohl er dies verneint, könne man den Bolschewismus mit der positivistischen Methode »einschätzen« (*appréciation*) und so zugleich »würdigen« (*appréciation*), denn nicht nur Experimente, sondern auch von der Norm abweichende Fälle erlauben es gemäß Comte, Gesetzmäßigkeiten sichtbar zu machen. So scheitere der Bolschewismus, weil er nicht einer organischen Entwicklung entspringt, sondern den Sozialismus gewaltsam oktroyiert. Zweitens beweise er, dass moderne Gesellschaften nicht auf Markt, Geld und Individualismus verzichten können.

Im Vergleich zu Comte ist Mauss weitaus weniger fortschrittsgläubig und universalistisch. Wenn er von einer tatsachenbasierten »positiven Politik« (*politique positive*), vom »gesunden Menschenverstand« (*bon sens*) und einer »sozialen Kunst« (*art social*) mit einer bestimmten »Logik der Politik« (*logique politique*) spricht, übernimmt er nur vordergründig Comtes Vokabular. Eigentlich denkt er politisches Handeln im Sinn einer antiken *techné* und gerade nicht als Wissenschaft, das heißt: es herrschen Zufall und Klugheit, nicht Wissen und Notwendigkeit.

Mario Schmidt

Marcel Mauss
Soziologische Würdigung des Bolschewismus (1924)

Dieses Kapitel ist das letzte eines kurzen Werks, in dem wir versuchten, jenes zeitgenössische und schwerwiegende Ereignis zu »würdigen«, wie Auguste Comte es ausdrückte und wie auch Renouvier es ausdrückte: die bolschewistische Phase der russischen Revolution. Unter Würdigung verstehen wir einfach, ohne jede vorgefasste moralische, geschichtsphilosophische oder politische Meinung, einen Versuch der Bewertung dessen, was ein gesellschaftliches Ereignis an Neuem und Unerlässlichem – wir sagen nicht an Gutem und Schlechtem – in der Abfolge der sozialen Tatsachen bringt, von denen es ein Teil ist; wobei diese Tatsachen oder Tatsachensysteme selbst ohne jede Zweckbestimmtheit betrachtet werden müssen. Innerhalb welcher Grenzen führt das bolschewistische Experiment, wie die Kommunisten selbst es nennen, die russische Gesellschaft zu neuen Formen des gesellschaftlichen Lebens? Inwiefern erlauben seine Resultate den Gedanken, dass unsere westlichen Nationen auf derartige Formen zusteuern werden? Dies ist alles, woran uns in einer Analyse dieser gewaltigen gesellschaftlichen Umwälzung gelegen ist.

Da dieser Text jedoch zu einer Gesamtheit von Arbeiten gehört, die nicht in das Gebiet der reinen Soziologie, sondern der »Politikwissenschaft« oder, wenn man lieber will, der »angewandten Soziologe« fällt, enthält diese »Würdigung« praxisnahe Schlussfolgerungen, wie die Politik sie ohne jene Verzögerungen erwartet, die die Wissenschaft sich ungestraft erlauben kann, die das Handeln jedoch nicht duldet. Ebendiese Prinzipien, vermischt mit mehr oder weniger allgemeinen theoretischen Erwägungen, werden wir hier vorlegen. Wir fügen allgemeinpolitische – andere würden sagen rechtsphilosophische – Bemerkungen hinzu, die aber durchaus für die Praxis bestimmt sind; und schließlich enden wir mit den Prinzipien, einigen Lektionen über die Methodologie der Politik und der Logik dieser Kunst, die sich, wie wir glauben, aus der Analyse dieses beachtlichen gesellschaftlichen Experiments ergeben.

Wir hoffen, in Kürze die ganze Arbeit veröffentlichen zu können. Bis dahin möge man uns verzeihen, vorab die folgenden Seiten herauszulösen und sie dadurch vom Apparat der Belege, die sie eigentlich voraussetzen, zu trennen; ebenso möge man uns verzeihen, wenn wir nur andeuten, unter welchen Rubriken sie im ausführlichen Werk zu finden sein werden.

Die Überschriften der verschiedenen Kapitel werden genügen, den Weg unserer Beweisführung verständlich zu machen: I. Einführung; II. Inwiefern war das bolschewistische Experiment überhaupt ein Experiment, und inwiefern war es ein sozialistisches Experiment?; III. Die Phase des Roten Terrors; IV. Das moralische Scheitern; V. Das ökonomische Scheitern; VI. Die neue Phase: die Neue Ökonomische Politik; VII. Der politische Erfolg: Herausbildung eines modernen russischen Staats; VIII. Schlussfolgerungen.

Schlussfolgerungen

I
Hinweise in deskriptiver Soziologie und positiver Politik

Im Verlauf unserer Arbeit haben wir nun mehrere theoretische und praktische Lehren aus dieser langen Beschäftigung mit dem Bolschewismus in seiner ersten und zweiten Form gezogen. Wir rufen sie ungeordnet kurz in Erinnerung, indem wir die Prinzipien, nachdem sie geklärt wurden, mal der Doktrin des Bolschewismus, mal diversen anderen politischen Doktrinen gegenüberstellen. Aus diesem Vergleich ergeben sich wiederum andere Schlussfolgerungen.

I. In all seinen Aspekten, die er an Realismus und Empirismus bietet, *ist der Bolschewismus kein »Experiment«*. Er ist ein Ereignis, eine Phase der russischen Revolution, oder er bildet vielmehr nach dem Regime Kerenski (erste Phase) ihre zweite, »kommunistische« Phase sowie die dritte Phase, die »neue Etappe«. Diese Revolution war unbeabsichtigt. Sie ist aus dem Krieg entstanden, aus dem Elend und dem Sturz eines Regimes. Als soziale Revolution fand sie also die schlechtestmöglichen Bedingungen vor: sie trat die Nachfolge einer bankrotten Gesellschaft an. Noch unglücklicher war die

Art und Weise, wie sie dabei vorging. Sie war das Werk eines militärischen Bauernaufstands. Damit sich jedoch ein sozialistisches Regime praktisch und stabil entwickeln kann, müssen Dinge vorhanden sein, die sich sozialisieren lassen, und die gab es nicht. Auch muss die Übernahme in größter Ordnung vor sich gehen, und auch die gab es nicht.

Vor allem aber muss ein solches Regime gewollt sein, muss die Übernahme bewusst geschehen und in aller Klarheit von einer beträchtlichen Masse, wenn nicht von der Gesamtheit oder einer sehr großen Mehrheit aufgeklärter Bürger organisiert werden. Selbst ein populäres, aber der Nation aufgenötigtes Regime wird sich zunächst etablieren und dann akzeptiert werden können; schließlich kann es sozialistisch werden; in seinem tiefsten Innern aber ist es das nicht, weil es das nicht von Anfang an war. Tatsächlich war die Tyrannei der Arbeiter und Soldaten nicht notwendig und dem Wesen nach nicht sozialer und weniger antisozial als die der Aristokraten, der Offiziere und der Bourgeois.

Sagen wir daher, dass eine aus einer Katastrophe geborene sozialistische Gesellschaft unter schlechten Bedingungen zur Welt kommt und dass auch ein sozialistisches, von einer Minderheit aufgezwungenes Regime es nie mit irgendeinem Regime aufnehmen kann, das gewollt wurde. Der Definition nach *muss der Sozialismus das Werk des »allgemeinen Willens« der Bürger sein.*

II. *Jede soziale Revolution muss einen nationalen Charakter annehmen.* Dies zeigt sich an den schweren Nachteilen, die die folgenden Dinge für die Sowjets hatten: zuerst die Nichtanerkennung der russischen Auslandsschulden, sodann die entschädigungslose Konfiszierung des Eigentums ausländischer Staatsangehöriger. Das Embargo und der darauf folgende internationale Boykott waren die Konsequenzen dieser beiden schweren Fehler. Sosehr also ein Staat das Recht hat, das Gesetz, das er sich selbst gibt, auf seine Staatsbürger und auch auf die Ausländer anzuwenden, die ins Land kommen oder sich auf seinem Boden aufhalten wollen, so sehr muss er jeden Anschein von Ungerechtigkeit und einer Verletzung jener stillschweigenden internationalen Übereinkünfte vermeiden: des internationalen öffentlichen Rechts und des internationalen Privatrechts. Infolgedessen müssen die Enteignungen an den Grenzen aufhören, und im Innern muss das Recht ausländischer Personen gemäß jenen vorrevolutionären Gepflogenheiten geachtet werden, die herrschten, als sie ins Land kamen.

Die vollständige Enteignung ist nur dann verständlich, wenn eine soziale Revolution weltweit zur gleichen Zeit stattfände. Eine solche könnte in der Tat überall zur selben Zeit für die Nationen und für die Privatpersonen alle Schulden und alle internationalen öffentlichen oder privaten Kredite annullieren.

Man kann der Ansicht sein, dass diese Erwägung den Nationalismus und zugleich den Internationalismus beweist. Wie man will, denn es gibt kein Mittelding; *entschädigungslose Konfiszierungen können nur innerhalb nationaler Grenzen erfolgen und können nur unter der Voraussetzung total sein, dass sie sich auf die gesamte Menschheit oder zumindest auf die wichtigsten Nationen erstrecken.*

III. *Die zweite, die kommunistische und terroristische Periode der russischen Revolution ist nicht sozialistisch im eigentlichen Sinn.* Der Bolschewismus ist in bestimmten Punkten hinter dem Sozialismus zurückgeblieben; in anderen Punkten hat er sich neben dem Sozialismus entwickelt oder ihn überholt; in wieder anderen schließlich hat er zu regelrechten Rückschritten geführt.

Auf dem Land hat er nur eine individualistische Revolution vom Typ der Französischen Revolution herbeigeführt: er ließ die Bauern den Boden unter sich aufteilen, mehr nicht. Entweder zügelte er ihre Gelüste nur durch unwirksame und weit entfernte Gesetze, die der Nation Eigentumsrecht am Boden zugestanden; oder aber er fügte dieser individualistischen Politik lediglich einen Staatskommunismus hinzu, der sich in kompromisslosen Konfiszierungen und häufig sogar in militärischen Eintreibungen äußerte; diese wurden vom Bauern nicht verstanden und haben ihn entmutigt. Diese beiden widersprüchlichen Haltungen verursachten schließlich einen Rückgang der Landwirtschaft sowie das Verschwinden der Vorräte und führten zu einer Hungersnot.

In ihrer Industriegesetzgebung waren die Sowjets am sozialistischsten, als sie aufrichtig versuchten, den Berufsgruppen das Eigentum und die Verwaltung der verstaatlichten Industrien zurückzugeben. Aber diese Periode haben die Bolschewiki rasch hinter sich gelassen. Dann ließen sie, wegen ihres Scheiterns in Panik, die Großindustrie zugunsten der Kleinindustrie und des Handwerks zerfallen, wodurch die russische Wirtschaft zu veralteten Formen des Eigentums und der Industrietechnik zurückkehrte; oder sie versuchten, durch die »Arbeitsarmeen«, die »Staatstrusts« usw. ein nicht mehr sozialistisches und syndikalistisches, sondern ein kommunistisches und etatistisches Produktionssystem einzuführen: dem Produzenten war sein gesamter Konsum garantiert, aber er war an einen Berufsstand gefesselt, den er nicht selbst organisierte.

Dieser Individualismus und dieser Etatismus waren eine der Ursachen für das moralische und materielle Scheitern der Sowjets. Sie haben auf das notwendige moralische Instrument verzichtet: sie haben den Berufsgruppen Gewalt angetan und sie terrorisiert; sie haben sie nach und nach zerstört; sie haben diese Gruppen, die das eigentliche Mittel zur Revolution und der reale Träger der Produktion sowie der reale Inhaber des Eigentums sein sollten, geschwächt und verfehlten so das Ziel: die kollektive Organisation der Produktion.

Schließlich war der schwerste Fehler, in Bezug auf den Konsum den Kommunismus und nicht den Sozialismus einzuführen: zum Beispiel ein kommunistisches Wohnungswesen, einen Kommunismus jenes Objekts individuellen Konsums par excellence; aber auch den Kommunismus der Nahrungsmittelverteilung. Auch wenn die Rationierung von den Umständen, dem Embargo und der Hungersnot, erzwungen war, stellen wird doch fest, dass es im Allgemeinen ein für europäische Gesellschaften unerträgliches ökonomisches Verfahren ist.

Von allen diesen Tatsachen ist der Sozialismus nur für den fehlgeschlagenen Versuch verantwortlich, die Fabriken durch Arbeiterräte verwalten zu lassen.

Überall sonst sind andere Systeme, offenkundige Rückschritte gegenüber dem Individualismus oder, noch rückständigere, gegenüber dem Kommunismus für die begangenen Fehler oder für den Sieg archaischer Wirtschaftsformen verantwortlich.

IV. Der Kommunismus der Konsumtion ist absurd und muss aus der Praxis verbannt werden. *Aber noch absurder war, dass man, um ihn einzuführen, zerstören musste, was die Wirtschaft selbst ausmacht: den Markt.*

Denn allenfalls ist es vorstellbar, dass die Produktion bis zur Ankunft auf dem Markt, einschließlich der Lagerhaltung, reguliert wird; es ist sogar noch vorstellbar, dass man Interesse daran haben kann, dem Konsum Grenzen zu setzen, und weder Missbrauch noch Knauserei erlaubt. Aber eine Gesellschaft ohne Markt ist nicht vorstellbar. Mit diesem Wort meinen wir nicht die Markthallen, Börsen oder andere Stätten, die lediglich seine äußeren Zeichen sind, wir meinen ganz einfach die ökonomische Tatsache, dass sich der Preis durch die Unterschiede der frei »angebotenen und nachgefragten« Preise öffentlich von selbst festlegt; oder auch die rechtliche Tatsache, dass jeder, »der zur Stelle ist«, das Recht hat, ungestört zu kaufen, was er will, und nicht gezwungen werden kann, etwas zu kaufen, was er nicht will. Dieses System des Marktes, das sich in der Wirtschaftsgeschichte der Menschheit langsam entwickelte, regelt heute größtenteils die Produktion und den Konsum. Zwar wirken auch andere Systeme sozialer Tatsachen an derselben Aufgabe mit, und es lassen sich neue Systeme vorstellen, die auf effiziente Weise dazu beitragen, doch die Freiheit des Marktes ist die unbedingt notwendige Voraussetzung des Wirtschaftslebens. Es muss festgestellt werden – auch wenn es nicht nur die doktrinären Sozialisten, die Kommunisten oder berühmte Ökonomen wie Thorstein Veblen zur Verzweiflung bringen sollte –, dass die Sowjets »dem System der Preise nicht entkommen« konnten. Es ist also nicht sicher, ob irgendeine bekannte Gesellschaft gerüstet ist, in andere Sphären zu entschwinden. Im Augenblick und soweit es sich voraussehen lässt, *muss der Sozialismus – der Kommunismus – in der Organisation des Marktes und nicht in dessen Abschaffung seinen Weg suchen.*

V. *Die meisten sozialistischen Doktrinen sehen in eher abrupter und wenig klarer Form vor, dass die künftige Gesellschaft auf das Geld wird verzichten können. Das kommunistische Experiment wird das Gegenteil bewiesen haben.* Selbst in Russland, wo vor dem Krieg das Kapital und der Geldumlauf pro Kopf so gering wie nur möglich waren, ist der Versuch, darauf zu verzichten, vergeblich gewesen: man musste zum Goldgeld zurückkehren. Die ebenfalls eklatanten Beispiele aus Mexiko, Österreich, dann Deutschland und morgen Polen beweisen und werden beweisen, dass die derzeitigen Gesellschaften, seien sie so rückständig wie Mexiko oder Russland oder aber so hoch zivilisiert wie Deutschland, noch immer nur an das Gold glauben oder an die das Gold repräsentierenden Kredite oder an die in Gold handelbaren Waren. Das Gold und die verschiedenen Wertpapiere, die es repräsentieren, sind noch die einzigen Garantien, die das Individuum für die Ungebundenheit seiner Käufe hat.

Haben die Völker, die so denken, recht oder unrecht? Das ist eine andere Frage. Wir persönlich meinen nicht, dass es in absehbarer Zeit rein rationale Gesellschaften geben kann. Sowohl unsere Sprache wie unsere Technik, ganz zu schweigen von anderen sozialen Tatsachen wie dem Recht oder der Religion, werden noch lange Zeit nicht frei sein von Irrationalität und Gefühlen, von vorgefassten Meinungen und reiner Routine. Warum sollte der Bereich der Ökonomie, der Bereich der Bedürfnisse und Neigungen derjenige der reinen Vernunft sein? Warum sollte die so auf Werte erpichte Welt, in der die Faxen eines Clowns so viel wert sind wie Patente der schönsten Erfindungen, warum sollte diese Welt plötzlich auf ihren Wertmaßstab verzichten, auf ihr Recheninstrument (*ratio*), selbst wenn es schlecht ist, auf ihr Element der Vernunft, selbst wenn es absurd ist? Warum sollte sich diese Welt mit einem Mal durch das Märchen einer Intelligenz der Massen ordnen oder durch die Intelligenz, die die Magie und die Stärke einer kommunistischen Elite ihnen aufzwingen würde?

Es ist also besser, von den heutigen Gegebenheiten auszugehen und zu versuchen, sie in immer vernünftigere Formen zu bringen: ordnen, begrenzen, die Privilegien der Goldhändler beseitigen, sie der Gemeinschaft übertragen *und die Gemeinschaft so organisieren, dass sie der Hauptkreditgeber sein kann.* Die Sowjets scheinen im Übrigen in diesem Augenblick durch ihre Staats- und Genossenschaftsbanken dahin zu tendieren.

VI. Nicht allein die Freiheit des Marktes, sondern auch *die Freiheit der Industrie und des Handels sind für jede moderne Ökonomie unerlässlich.* Der Etatismus und die Bürokratie oder die autoritäre Leitung der Industrie, die gesetzliche Regelung der Produktion einerseits und die administrative Rationierung des Konsums andererseits, kurz, jede »Militärökonomie«, wie Herbert Spencer gesagt hätte, laufen der »Handelsnatur« des heutigen Menschen zuwider. Dieser arbeitet im Allgemeinen nicht für sich selbst, aber er arbeitet und handelt nur deshalb, um das beste Produkt oder die preiswerteste Dienstleistung zu erhalten oder um sein Erzeugnis oder seine Arbeit zum Höchstpreis zu verkaufen.

Der Markt, die Produktion (wir erinnern daran, dass wir unter diesem Terminus stets die Zirkulation verstehen) und der Konsum können reglementiert werden und sind im Westen bereits reglementiert: durch Privatverträge, Trusts und Arbeitergewerkschaften und Arbeitgeberverbände; oder aber durch Vereinbarung zwischen Konsumenten (Genossenschaften); oder durch Vereinbarung zwischen Industriellen, Finanzinvestoren und Händlern; oder durch das Gesetz und die öffentliche Ordnung; oder durch gemischte Organisationen aus Trustkapitalismus und Etatismus.[1]

Aber es gibt Grenzen, die selbst eine sozialistische Gesellschaft nicht zu überschreiten vermag. Diese sind erreicht, wenn, anstatt nach Verhandlungen zu bezahlen, eine schon erbrachte Dienstleistung oder ein schon übereignetes Gut eingefordert wird; sie sind es auch dann, wenn die Art, die Menge und die Qualität der öffentlich angebotenen Konsumgüter letztlich von anderen statt von den Individuen oder ihren freien Vereinigungen (Konsumgenossenschaften zum Beispiel) bestimmt werden.

Die sozialistischen Gesellschaften werden also nur jenseits und neben einer gewissen Menge an Individualismus und Liberalismus aufgebaut werden können, vor allem was die Ökonomie betrifft. Diese These wird die Anhänger Proudhons nicht und unter den Marxisten nur diejenigen verwundern, die törichterweise den Begriff der kollektiven Aneignung auf den Konsum ausgedehnt haben. Diese Grenze wird sogar in den einfachen »Schibboleths« der Partei ausgespart. Diese sehen nur die »Sozialisierung der Produktions- und Tauschmittel« vor; und andererseits bedeutet »kollektive Aneignung« nicht notwendigerweise die Aneignung durch den Staat oder die Tyrannei des Staats oder die Tyrannei der Gemeinschaft gegenüber kleineren Gemeinschaften, die nicht zu Eigentümern gemacht

1 Als Beispiel für diese Art Organisation sind zu nennen: die deutschen Gesetze von vor dem Krieg, die die Produktion und die Preise des Kalisalzes zugunsten des Staats und des Kalisalz-Trusts regelten; ebenso die chilenischen Gesetze und die chilenischen Gesellschaften zur Nitratgewinnung; schließlich jene gemischten Gesellschaften aus Staat und Kapitalisten, die sich die Produktion und die Preisfestsetzung des Erdöls in England gesichert haben (Anglo-Persian Oil Company, die allerdings in Auflösung begriffen ist). In Frankreich verbindet die jüngste undurchführbare und quasi sowjetische Regelung des nationalen Treibstoffs den Staat, die Mineralölkonzerne und die Alkoholdestillateure, bestimmt die Preise und zwingt die Techniker und die Konsumenten erbarmungslos dazu, sich eines »nationalen« Produkts zu bedienen!

wurden. Umgekehrt ist neben und zusätzlich zur Freiheit der Individuen – Freiheit, die Genossenschaft oder den Beruf zu wechseln, seinen Konsum zu verwalten usw. – Platz für eine weitere Freiheit im Handel und in der Industrie: die der Gemeinschaften selbst, der Genossenschaften, Berufsgruppen usw. Auch hier sind die Begriffe »Freiheit« und »kollektive Kontrolle« nicht widersprüchlich.

VII. *Diese intermediären Gemeinschaften zu respektieren und diese Institutionen zu entwickeln,* die in den meisten westlichen Gesellschaften schon jetzt vorhanden sind, *sind also wesentliche oder zumindest kluge und umsichtige Schritte jeder Periode des Übergangs* zu einem sozialistischen Regime. Vielleicht wird es nötig sein, sie beizubehalten. Besonders die Hypothesen, die Durkheim über den moralischen und ökonomischen Wert der Berufsgruppe aufgestellt hatte, werden durch den bolschewistischen Versuch bestätigt. Die Sowjets sind genau deshalb gescheitert, weil sie dieses entscheidende Organisationselement zerstört haben.

Gewiss ist es nicht absolut sicher, dass das, was Durkheim lange vor den anderen »Sozialismus der Institutionen« nannte, die notwendige und ausreichende Form jeglichen Sozialismus ist. Sogar das bolschewistische Scheitern beweist in keiner Weise, dass man unbedingt darauf warten muss, bis diese Berufsgruppen stark sind und ihre mögliche und vollständige Entwicklung beendet ist, um zu versuchen, die Gesellschaften zu reformieren. Doch in jedem Fall ist es überaus gefährlich, auf diese Institutionen zu verzichten.

Vor allem steht fest, dass man die Vergesellschaftung nicht mehr nur in einer Form konzipieren darf: der des Staats oder des Berufs. Lenin hat zugegeben, dass er sich in Bezug auf die Kooperation geirrt hatte.[2] Die Hoffnung, die er jetzt in diese setzt, beweist den Irrtum, der darin besteht, im Namen des Kommunismus – obligatorische Kooperation – die freie Kooperation zu bekämpfen.

Ebenso lag ein Irrtum in der Art und Weise vor, wie man alle freien Institutionen bekämpfte und alle betriebsführenden Verwaltungen zerstörte.

VIII. *In diesem Augenblick ist die russische »Neue Politische Ökonomie« endlich auf dem Weg zu einer Mischung aus Kapitalismus,*

2 Brief vom März 1923.

Etatismus, administrativem Sozialismus, freien Gemeinschaften und Individualismus.

Der russische Kommunismus ist vom Angriff zur Verteidigung übergegangen. Er kämpft nur noch gegen das handwerkliche und bäuerliche Kleinbürgertum, das er gegen seinen Willen geschaffen hat. Er möchte auch die Rechte des Staats fest beibehalten, das industrielle Kollektiveigentum und die Industriearbeiter vor dem ausländischen Kapitalismus schützen, den er vergeblich herbeiruft oder mit dem er sich verbindet, wenn er kann. Eine Aufgabe, die er in gewissem Maße erfüllt.

Im Grunde überlagert der dortige Sozialismus nur noch eine endlich entstehende moderne Gesellschaft mit ihrem üblichen Räderwerk: Geld, Kredite, Staat; mit Privatbesitz individueller Produzenten: Handwerker und Bauern; mit dem Staatseigentum, dem Kollektiv- oder Halbkollektiveigentum der Großindustrie; schließlich mit normalen öffentlichen Dienstleistungen.

In seiner neuesten Form ist das kommunistische Regime also zu dem zurückgekehrt, was uns zufolge die Norm im Sozialismus ist. Einerseits fügt es den übrigen Formen eine zusätzliche Eigentumsform hinzu; andererseits legt es – unseres Erachtens zu Recht – dem individuellen, sogar dem bäuerlichen Besitz ein nationales Eigentumsrecht zugrunde. Dies ist letztlich ein fiktives Recht, besonders in England, wo jeder Besitz vom König kommt, und das sollte anderswo ebenfalls die Regel sein, allerdings nicht nur fiktiv.

Wiederholen wir nicht noch einmal, dass es nicht mehr nötig sei, Russland nennenswert zu revolutionieren, um zur sozialistischen Norm zu gelangen, und dass unsere westlichen Gesellschaften sich mühelos in diesem Sinne vervollkommnen lassen. Folgern wir: Hier wie dort *darf der Sozialismus nicht darin bestehen, alle Formen von Eigentum zu beseitigen, um sie durch eine einzige Form zu ersetzen, sondern er muss den anderen eine bestimmte Anzahl von Eigentumsrechten hinzufügen: die der Berufsgruppe, die der lokalen Gruppe, die der Nation usw.* Verständlicherweise werden die Rechte, die den neuen widersprechen, das Rechtssystem beeinflussen müssen; denn das immer währende Erbrecht oder das individuelle Recht auf den Mehrwert des Bodens zum Beispiel können nicht neben einem wie immer gearteten Sozialismus bestehen bleiben. Im Übrigen sind diese Hinzufügungen und Aufhebungen, die die Sowjets tatsächlich vorgenommen haben, zweifellos der solideste Teil ihres Werks. Hätten sie es doch dabei bewenden lassen!

Es gilt also die von Lassalle inspirierte und von Emmanuel Lévy vorgeschlagene starke Formulierung: »Der Sozialismus ist der Kapitalismus ohne die erworbenen Rechtsansprüche.«[3]

II
Allgemeinpolitische Schlussfolgerungen

Doch jenseits dieser Fragen bezüglich des Sozialismus gibt es andere, allgemeinpolitische Fragen, zu denen uns die Ereignisse des Bolschewismus neue Zeugnisse, wenn nicht neue Erkenntnisse bringen; prinzipielle Fragen, über die seit der Gründung der Politikwissenschaften, der rationalen Moral und der Sozialwissenschaft ausführlich debattiert wurde und die noch immer von den jüngsten Soziallehren diskutiert werden: die Frage nach der Gewaltanwendung, die Frage nach der Macht der Verordnungen und Gesetze.

I. *Gefahren der Gewalt.* Wir haben an anderer Stelle[4] ausführlich die Bemerkungen dargelegt, die der systematische Gebrauch der Gewalt durch die Bolschewiki nahelegt. Wir kommen nur deshalb darauf zurück, um sein Scheitern zu signalisieren. Die Kommunisten haben die Gewalt, darin Georges Sorel[5] folgend, zu einem wahren politischen »Mythos«, zu einem Glaubensbekenntnis gemacht. Die ganze III. Internationale betrachtet sie nicht nur als das revolutionäre Mittel schlechthin; die Kommunisten empfehlen sie nicht nur als das Mittel, die bereits gemachte Revolution endgültig zu verwirklichen und die Gesetze anzuwenden, die die Diktatur des Proletariats erlässt, sondern sie ist für sie auch zu einer Art Zweck geworden. Sie haben eine Art riesige Fetischpuppe mit der »Kraft eines Geburtshelfers der Gesellschaften« (Marx) geschaffen. Da die Kommunisten die Macht gewaltsam ergriffen haben, da sie sie gewaltsam ausüben, da das im Übrigen von jeher das bolschewistische Programm und keineswegs improvisiert war, haben sie die Ausübung der Gewalt zum untrüglichen Zeichen der proleta-

3 Emmanuel Lévy, »Capital et Travail«, *Cahiers du socialiste*, 8, 1909.

4 M. Mauss, »Observations sur la violence«, *La Vie socialiste*, 1923.

5 G. Sorel, *Réflexions sur la violence*, Paris 1908 (dt.: *Über die Gewalt*, übers. v. Ludwig Oppenheimer, Frankfurt am Main 1969).

rischen Kraft und der Revolution gemacht. Einen Kommunismus erkennen sie nur dann an, wenn Gewalt und Terror herrschen.

Sie haben die Hebamme mit dem Neugeborenen verwechselt. Im Grunde verteidigen sie mit diesen großen Worten nur ihre eigene Regierungsmethode. Dieses Verfahren ist nicht einmal spezifisch kommunistisch, sondern spezifisch russisch, byzantinisch, uralt. Nachdem ihre Gewalttaten, ihr Wille, ihre Intrigen gesiegt, sie sich dann durch Terror, Polizei und Bespitzelung an der Macht gehalten hatten, glaubten sie, ihre Theorien hätten sich bewahrheitet, und sie hielten ihre Gewalt für eine Manifestation und ein Wundermittel der neuen und mächtigen sozialen Republik; sie glaubten, dass sie es war, die eine neue Gesellschaft einführte; folglich empfahlen sie sie ihrer III. Internationalen.

Selten sind eine Partei und Theoretiker einer Partei in der Geschichte einem größeren Irrtum über sich selbst erlegen. Was die Gewalt tatsächlich in Russland geschaffen hat, ist lediglich eine neue politische Form. Was die Bolschewiki dem russischen Volk aufgezwungen haben, ist keine neue Gesellschaft, sondern ein moderner Staat, ein russischer Staat. Und man versteht in der Tat, dass eine Regierung, eine Minderheit sich mit Hilfe des Zwangs und der Gewalt durchsetzen kann. In diesem Sinne hatte die Gewalt, ein normales Verfahren, anderswo und bei ihnen Erfolg, und wir behaupten nicht, dass ihre Anwendung ganz und gar verhängnisvoll war.

Aber die bolschewistische Gewalt, ein unvermeidliches Gegengewicht zur einstigen Gewalt der Zaren, hat nur in dem Maße gutgetan, wie sie das alte Übel zerstörte. An sich aber war sie ein neues Übel. Denn zur selben Zeit, wie sie aus dem gesellschaftlichen Gebäude alle Arten von Fäulnis herausriss, brachte sie ganze Wände zum Verschwinden und zermalmte unter ihren Trümmern massenweise Ideen. Sie tötete auch Menschen.

Vergeblich würde man suchen, was die bolschewistische Gewalt außerhalb des politischen Raums geschaffen hat. Man kann im Gegenteil mit Sicherheit sagen, dass sie es war, die die Sowjets in den Ruin geführt hat. Räumen wir ein, dass die gegen die Konterrevolutionäre geübte Gewalt legitim war; das Verbrechen der Bolschewiki bestand darin, sie gegen die ganze Nation angewandt zu haben. Sprechen wir von jener Gewalt, dank der man sich bei den Arbeitern, Handarbeitern und Intellektuellen, den Menschen in den Städten und denen auf dem Land angeblich Gehorsam verschaffte. Anders als erhofft, hatte sie den gegenteiligen Effekt. Statt eine Ökonomie, eine neue Welt auf die Beine zu stellen, verhinderte sie deren Ankunft. Aus Fanatismus verfolgten, massakrierten, verbannten und verbannen die Bolschewiki noch heute alle Sozialisten, die sie im Vergleich zu sich selbst als gemäßigt betrachteten. Auf diese Weise haben sie sich ihrer natürlichen Hilfskräfte beraubt. Eine soziale Revolution kann nie genug Anhänger haben. Außerdem war die Disziplin, die sie den Proletariern und Bauern auferlegten, wirklich blödsinnig. Unwilligkeit bei der Arbeit und beim Handel, oft Unehrlichkeit – genau dies haben sie hervorgerufen. Auf Befehl arbeitet man schlecht, außer angesichts des Feindes … und selbst dann nicht! »Arbeit ist nur im Frieden ein Freund«, sagte ein alter Spruch; fügen wir hinzu: in Freiheit, denn Sklaverei und Knechtschaft haben noch nie zu hoher Leistung geführt. Der gebieterisch erteilte Befehl und die Gewalt, die man einsetzt, damit er befolgt wird, verärgern und erschrecken, sie ermuntern die Schwachen, die sich zu entziehen suchen, zur List oder treiben diejenigen zum passiven Widerstand und zur Faulheit, die wissen, dass man sie nicht allzu brutal behandeln kann, und die hoffen, die Herrschenden, hätten diese auch hundertmal recht, zu zermürben. Die Gewalt der Bolschewiki hat zum allgemeinen Niedergang der Nation, der Produktions- und Schaffenskräfte geführt.

Im Gegensatz zur Gewalt hat die »Neue Politische Ökonomie« den Kommunisten, wie wir sahen, einen gewissen Erfolg beschert. Nach dem Roten Terror lassen die russischen Revolutionäre allmählich das Volk seine Sitten und seine Gesetze erarbeiten. Sie legen eine »neue Etappe« zurück; sie befinden sich, ob es ihnen passt oder nicht, in einer dritte Phase der Revolution, in der die Gewalt nur noch angewandt wird, um das Regime zu verteidigen, und in der man dieses Regime entstehen lässt. Wir wissen gut, dass in ebendem Augenblick, in dem wir schreiben, die Innenpolitik in Moskau noch zwischen verschiedenen Tendenzen und Cliquen hin- und herschwankt. Doch wir hoffen inständig, dass sie vielleicht zu einer vierten Phase gelangen, jener, in der sie die Gewalt nicht mehr um ihrer selbst willen ausüben werden, sondern um der Gesundheit der Gesetze willen. Im November 1923 wählt man die ersten Sowjets im Hinblick auf den nächsten Allrussischen Rätekongress und die Bildung der neuerdings zwei Exekutivräte, den der russischen Sowjets und den der Union der Sozialistischen Sowjetrepubliken. Die kommunistische Partei scheint den »Parteilosen« einen kleinen Teil an Delegierten zu erlauben. Wird sie diesen Weg weiterverfolgen? Nach und nach wird sie es wieder dem Volk überlassen können, über die Sowjets oder auf einem anderen Weg seiner Wahl in Ruhe seinen Geschäften nachzugehen. In dieser politisch abgemilderten Atmosphäre, in dieser unendlich weniger gewaltsamen und tyrannischen Phase, in dieser »Neuen Politik« ist eine wahre russische Renaissance angebrochen. Man kann sagen, dass Russland wieder in genau dem Maße zu leben beginnt, wie hier von neuem der Friede, die Ordnung und das Vertrauen erblühen.

Aus diesem Gegensatz erwächst eine Moral der Sanftmut und des Legalismus, und wir werden sagen: *Die Gewalt ist nur durch das Gesetz legitim, durch die rechtmäßige Ordnung, die sie herrschen lässt; sie ist nicht selbst die Ordnung und noch weniger das Gesetz.* Bei einer guten Politik darf es einerseits keinen anderen Zwang geben als den Zwang der Gesetze; und der Zwang darf nur dazu dienen, Sanktionen anzuwenden; und andererseits kann eine neue soziale Ordnung nur geordnet und im Enthusiasmus eingeführt werden. Die Erbauer künftiger Gesellschaften werden also gut daran tun, nur im äußersten Fall zur Gewalt zu greifen. Sie ist ein Feind der Arbeit und zerstört die Hoffnung, den Glauben an sich selbst und an andere, das heißt an das, was neben dem Bedürfnis die Menschen arbeiten lässt. Es gibt zahlreiche unsichtbare Bindungen, die in den Gesellschaften die Individuen vereinen und die Verträge, das Vertrauen, die Kredite, *res et rationes contractae* absichern. Auf diesem Boden kann der Eifer keimen und wachsen, die anderen zufriedenzustellen, deren man sicher wird.

Das ganze russische Leben dieser sechs Jahre beweist es; der Terror verbindet nicht, der Terror spornt nicht an: er bewirkt, dass die Menschen sich verkriechen, sich in sich selbst zurückziehen, fliehen und voreinander fliehen, in Panik geraten und nicht arbeiten. *Metus ac terror sunt infirma vincula caritatis*, »Furcht und Angst sind schwache Bande der Freundschaft«, sagt Tacitus,[6] und man muss es anlässlich der ersten sozialistischen Regierung der Geschichte wiederholen. Furcht und Angst erhalten allenfalls Staaten und Gewalt-

6 Tacitus, *Agricola*, 32, Rede an den bretonischen Anführer Calgacu.

herrschaften aufrecht; sie schaffen weder Güte unter den Menschen noch Liebe oder, wenn man lieber will, Aufopferung. Nun gibt es aber keine Gesellschaft, die es nötiger hat, positive Gefühle zu wecken, als diejenige, die die Gesellschaft der Arbeiter sein will, die sich für einander aufopfern.

Nie wird man Gesellschaften dieser Form durch rein materielle Kraft errichten. Auf die Gefahr hin, als altmodische Verkünder von Gemeinplätzen zu gelten, kommen wir auf den alten griechischen und lateinischen Begriff der *caritas* zurück, den wir heute so schlecht mit Nächstenliebe übersetzen, auf die Begriffe des φίλον und des κοινόν,[7] jener notwendigen »Freundschaft«, jener »Gemeinschaft«, Begriffe, die das auf Rücksicht beruhende Wesen der Polis ausmachen.

II. *Gefahren des politischen Fetischismus, geringe Wirkungsmacht der Gesetze.*

Nicht nur die Gewalt allein war zerstörerisch, sondern selbst wenn sie vom Gesetz begleitet wurde, waren beide zusammen häufig unzureichend; denn in vielen Fällen haben die Bolschewiki die Gewalt nur rechtmäßig im Dienst des Gesetzes, ihrer Gesetze angewandt. Es steht jedoch fest, dass sich sogar das von der Gewalt unterstützte Gesetz als ohnmächtig erwiesen hat, wenn es nicht von den Sitten getragen war oder sich nicht an hinreichend starken oder hinreichend traditionellen sozialen Praktiken orientierte.

Mehr als ihre Gewalt ist also ihr politischer Fetischismus Ursache für die Niederlage der Bolschewiki. Ihr Abenteuer beweist auf eklatante Weise diese andere politische Moral. Sie haben tatsächlich Gesetze gemacht: »Prikase«, »Ukase«, Dekrete oder Erlasse der Volkskommissare oder des Exekutivkomitees oder Gesetze der Rätekongresse; welchen Namen das öffentliche Recht in Russland dem Gesetz auch geben mag, fest steht, dass die Bolschewiki soziale Regeln, die den Namen Gesetz verdienen, erlassen oder sogar kodifiziert haben. Wenn wir Vorbehalte hinsichtlich ihrer legislativen Machtlosigkeit und Inkohärenz äußerten, dann nicht hinsichtlich ihrer Eigenschaft als Gesetz, als legale Organe der nationalen Souveränität. Seit sechs Jahren hat es in Russland keinen anderen Staat als den der Kommunisten gegeben; sie haben als reguläre Regie-

7 … τὸ φίλον ἀπώλεσαν καὶ τὸ κοινόν ἐν τῇ πόλει (Platon, *Leges*, 697 C).

rung ihres Landes gehandelt; man kann sogar sagen, dass sie jenen alten byzantinischen Traditionen nur allzu sehr gefolgt sind, denen zufolge das Gesetz nur »Sache des Fürsten« ist und deren direkter Erbe die russische Autokratie ist. Sie wurden sogar, zumindest drei Jahre lang, von der ordnungsgemäßen, gewählten Autorität des Allrussischen Rätekongresses unterstützt. Zwar behauptet man das Gegenteil, doch das ist schiere Heuchelei. Den Polemikern Europas und Amerikas, Ländern, in denen man es versteht, Volksabstimmungen und Wahlen zu manipulieren, steht es nicht an, alle russischen Wahlen für Farcen zu halten. Sie sind ehrlicher als Wahlen ... Der Allrussische Rätekongress und der Exekutivrat der Sowjets sind in kaum stärkerem Maße Tyrannisierungsmaschinen, in denen sich Klasseninteressen ausdrücken, als es die Zensusparlamente der Verfassungen vor dem allgemeinen Wahlrecht waren. Wenn die ersten Wahlen geheim und frei sein werden; wenn man aufgehört haben wird, den Räten der Städte gegenüber denen auf dem Land ein unverhältnismäßiges Übergewicht von drei Vierteln der Mandate zu geben; wenn die Kommissare der Regierungen, der Städte und des Volks, wenn die Kommunisten auf Praktiken, die denen spanischer Kaziken oder faschistischer Ras würdig sind, verzichtet haben werden; wenn die Versammlungs- und die Pressefreiheit wiederhergestellt sein wird, dann werden die legislative Verfassung und die Autorität der Räte anderen in nichts nachstehen. Sie sind bereits denen jener Nationen gleichwertig, die noch nicht den Reifegrad der unseren erlangt haben.

Es ist jedoch bemerkenswert, dass sogar diese rechtmäßigen Gesetze relativ machtlos waren, die kommunistische Gesellschaft zu schaffen. Zum einen waren diejenigen Gesetze, denen Folge geleistet wurde, fast ausschließlich solche, die Verboten galten, und nicht Verwaltungsgesetze oder Vorschriften für die Praxis und die Produktion. In den meisten Fällen verhinderte eher die Angst vor Gewalt und vor strengen Strafen dem Gesetz zuwiderlaufende Handlungen; in anderen Fällen gab es keine Schwierigkeit, es zu befolgen, weil es nicht darin bestand, etwas zu schaffen, sondern vor allem darin, nichts zu schaffen. Positive Gesetze können nur als Verneinungen existieren; so die Vergesellschaftungsgesetze. Sie werden in Russland befolgt, weil sie eher darin bestanden, einen Besitz oder eine Handels- und Vertragsform zu zerstören, als neue zu schaffen, und weil die Verfechter dieser rechtmäßigen Formen im Klassenkampf besiegt worden waren. Es ist immer leichter, etwas nicht zu schaffen, als etwas zu schaffen. Diese Willensbekundungen folgen dem Weg des geringsten Widerstands. Zum Beispiel sind die Verordnungen der Sowjets, die das große Prinzip »Wer nicht arbeitet, soll auch nicht essen« anwenden, wirklich sehr einfach: sie bestehen lediglich darin, den ehemaligen Bourgeois kleinere oder gar keine Rationen zu geben; derartige Gesetze können sich sogar ohne große moralische Autorität durchsetzen, jedoch unter der Voraussetzung, nur verneinend zu sein.

Dort dagegen, wo das Gesetz Taten verlangte, vor allem in der Verwaltung und der Betriebsführung, war es machtlos. Arbeiterräte, Staatstrusts, sowjetische Verwaltungen auf allen Stufen, besonders in den Städten; Konsumgemeinschaften; Oberster Rat für Volkswirtschaft, alle diese verschiedenen ökonomischen Institutionen der Sowjets haben in ihren Funktionen versagt. Arbeitsscheine, Konsumscheine, aufeinanderfolgende Papierrubel von drei Sorten und mehr bei jeder Emission, alle diese Mittel mit schuldtilgender Wirkung sind nacheinander nahezu wertlos geworden, bis schließlich der *Tscherwonez*, das von den Sowjets mit aller Kraft verteidigte Goldgeld, zuletzt diesem absurden Wertverfall entging. Vergeblich waren die Versprechen im Hinblick auf die Erziehung, die Kunst, die medizinische Versorgung, die Lebensmittel, die Maschinen und die technische Leitung. Die Dinge, die die Sowjets oder die Kommunisten tun sollten, sich vorstellten tun zu müssen, glaubten tun zu müssen oder glaubten getan zu haben und die nicht vollendet und manchmal gar nicht erst versucht wurden, diese Dinge lassen sich gar nicht zählen. Man erschrickt über die Anzahl ihrer Absichten.

Räumen wir ein, dass bei all dieser ungeheuren Machtlosigkeit etwas spezifisch Russisches im Spiel ist, denn unsere Freunde sind wenig begabt für Organisation und Gestaltung. Doch wir müssen feststellen, dass – obwohl die zusammen und nacheinander gesteckten Ziele höchst achtenswert und einige von ihnen zumindest in unseren Augen durchaus erreichbar waren – die Gesetze, mit denen die Volkskommissare ihre Ziele erreichen wollten, nicht anwendbar waren und nicht angewandt wurden. Was gibt es Schöneres als Kontrolle der Arbeiter über die Produktionsbedingungen? Allerdings muss die Arbeiterschaft sie auszuüben verstehen. Was ist einfacher und rationaler als die Konsumgemeinschaft, eine Art

Zwangskonsumgenossenschaft? Allerdings muss man sie verwalten, mit Nachschub versorgen; und es bedarf geeigneten Personals und treuer Kunden, die, wenn sie gezwungen sind, dorthin zu gehen, sich dort vielleicht nicht mit allem eindecken werden. Gibt es etwas Demokratischeres und Gerechteres, als jedem Kind uneingeschränkt so viel Bildung zu gewähren, wie es verdient? Doch wo waren die Professoren und Lehrer, wo die Bildungseinrichtungen, und was für Lehrpläne waren das? Ja sogar, was für Kinder waren das? Man rekrutierte sie vor allem in den Städten und aus jenem falschen Proletariat: aus der kommunistischen Partei; letztlich tat man fast nichts.

Die Kommunisten glaubten als naive Soziologen, die souveräne öffentliche Ordnung, das Gesetz könne, gleich dem Wort Gottes, etwas aus dem Nichts erschaffen, *ex nihilo.* Halluzinierend von revolutionären Träumen, glaubten sie, die ganze menschliche Gesellschaft umgestalten zu können, indem sie die Mitglieder der Konstituante und des Konvents kopierten. Sie haben sich gründlich getäuscht. Die französischen Revolutionäre sind kaum über das Mögliche hinausgegangen, und sie waren für die Aufgabe gerüstet: Pothier hatte sie im Recht geschult; Condorcet hatte sie in die Pädagogik eingeweiht; Carnot und Monge führten sie in die Industrie, die Kunst und das Gewerbe ein. Sie errichteten eine Gesellschaft nicht von Grund auf und ins Blaue hinein; sie hatten das materielle Kapital und die moralische Kraft dazu; sie besaßen das nötige Führungspersonal, und sie wurden vom ganzen Eifer eines patriotischen, verständigen, bereits reichen, aufgeklärten und gesitteten Volks unterstützt.

Die Kommunisten hatten weder das erforderliche Kapital noch die erforderliche Moral noch das erforderliche menschliche Praxiswissen. Aus diesem Grunde sind sie trotz ihrer Stärke, trotz ihrer Energie und ihrer Tapferkeit, trotz ihrer Macht, ihrer politischen Macht gescheitert.

Noch einmal, es muss wiederholt werden: das Gesetz erschafft nicht, es billigt. Die Verordnung kann Formen des Handelns vorschreiben, aber es kann dieses Handeln nicht veranlassen, ja nicht einmal leicht Anlässe dafür hervorrufen. Der Staat und das Gesetz erzwingen und beschränken eher, als dass sie anregen. Manchmal kann das Gesetz die gesellschaftliche Praxis ausdrücken und billigen und ihr Achtung verschaffen, sie kann sie zur Geltung bringen. Sie erschafft sie nur äußerst selten, in der reinen Politik, um festzulegen, wer der Souverän sein soll ... und selbst dann gibt es Ausnahmen. In Wirklichkeit bestehen die meisten Vorschriften des öffentlichen oder administrativen Rechts darin, den Ausführenden oder die Form, in der eine Handlung ausgeführt werden soll, zu schützen oder bestenfalls zu bestimmen, und nicht darin, die Notwendigkeit einer Handlung anzuordnen. Dieses ist Sache der Individuen, selbst wenn sie, ob Minister, Kommissare, Funktionäre oder Soldaten, nur die Diener der Öffentlichkeit oder die Hüter des Gesetzes sind. Die Handlung, sei sie ökonomischer oder moralischer oder anderer Art, lässt sich nicht oder nur schlecht vorschreiben; sie wird vollzogen, und die Regel ergibt sich aus der Praxis. Deshalb waren die schönsten Gesetze steril, wenn sie sich nicht von selbst aus dem Handeln entwickelt hatten. Deshalb wirkt das Gesetz nur dann, wenn es eine Moral hinter sich hat, die es billigt, und eine Mentalität, die es widerspiegelt; und wenn eine lebendige Gesellschaft in ihrem Rhythmus die Hoffnungen, die Erwartungen, die Kraft, die moralische Weisheit, das praktische und technische Können, das sie besitzt, ausdrücken kann.

Der »Arbeitsschein« lässt sich einer Gesellschaft, die nur an das Gold glaubt, nicht aufzwingen; diese oder jene Kunst ist wertlos für ein trauriges oder ungebildetes oder in fernen Dörfern isoliertes Volk, und wir nennen hier lediglich Beispiele für das Scheitern des kommunistischen Regimes. Man reformiert die Gesetze nur mit den Sitten, und auch die Sitten reformiert man nur in dem Maße, wie sich auch die technischen und ästhetischen Gewohnheiten, die Freude an der Arbeit und umso mehr die Bedürfnisse wandeln. Nach dem Gesetz zu verfahren und vom Gesetz auszugehen kann sogar bedeuten, weniger schnell und weniger sicher voranzuschreiten, als wenn man die Zeit und die Dinge wirken lässt. Die meisten Gesetze müssen also den Sitten hinterherhinken. Wenn einige ihnen vorausgehen, können sie nur das Milieu schaffen, in dem neue Generationen, die mit den alten Praktiken brechen, neue Handlungsformen erarbeiten werden. In diesem Fall ist das Gesetz nur langfristig wirksam; es muss dem Handeln viel Zeit lassen, damit es Früchte tragen kann. Glauben wir daher nicht mehr an die Allmacht des Staats und der Gesetze; das legislative Wunder muss aus der Politik unserer modernen Staaten verbannt werden. Diese Kunst kennt die Wunderkuren und die erstaunlichen Chirurgien noch nicht, die unsere Praktiker bereits am Lebendigen vornehmen.

Man sollte also aufhören, ständig zu wiederholen, die »Ergreifung der politischen Macht« sei das Allheilmittel sämtlicher Übel. »Machtergreifung«: um 1846 verstanden Proudhon und auch Marx darunter einfach das allgemeine Wahlrecht und die Volksgesetzgebung. Später kamen die Marxisten überein, dass Ersteres nur ein Instrument sei, und zwar das beste. Doch seit sechzig Jahren leben die Sozialdemokratien von der Illusion, dass die mit dem Wahlrecht bewaffneten und endlich überzeugten Arbeiterklassen die Macht erobern und von diesem gepriesenen Gipfel herab die Gesetze der sozialen Arbeiterrepublik diktieren werden. Die Bolschewiki, romantische Marxisten, haben den sozialistischen Fehler lediglich geteilt; sie waren zu sehr Sklaven der alten Doktrin; sie glaubten, die politische Macht, das Gesetz, die Verordnung könnten die neue Gesellschaft schmieden, vorausgesetzt, dass sie sie verkünden. Welch ein Irrtum! Die politische Macht ist für die Arbeiter nötig, die gemeinsam die Nation bilden wollen; aber sie wird nicht ausreichen; die Arbeiter selbst müssen bereit sein und zumindest eine Vorstellung von ihren Institutionen und vor allem eine entsprechende Mentalität haben. Denn sogar ein so starker Staat wie der bolschewistische konnte eine moralisch und geistig so schwache Gesellschaft wie die russische nicht zwingen, seinen Gesetzen Folge zu leisten.

Der Philosoph, der Moralist und der Politiker müssen zusammen mit dem Soziologen diese Tatsache untersuchen. Das Gesetz der Sowjets, das in seinem eigenen Bereich der Gesetzgebung, der reinen Administration und der Politik wirksam war und fähig, einen Staat zu schaffen und sogar bestimmte Rechte zu definieren; das immerhin die Vererbung von Eigentum beseitigen und verkünden konnte, dass es nur Besitzrechte am Boden geben kann, dieses Gesetz der Sowjets hat sich anderswo als machtlos erwiesen: das Goldgeld abzuschaffen oder ein anderes zu etablieren; dort eine kollektive Produktion zu organisieren, wo nur eine individuelle möglich war; die Institutionen freier Vereinigung wie die Genossenschaften durch obligatorische Organisationen zu ersetzen; den Markt abzuschaffen. Entweder haben zu starke Kräfte Widerstand geleistet, oder es offenbarten sich materiell, technisch bedingte Unmöglichkeiten. Es nutzt nichts, einem Dorf einen Motor zu geben, wenn man ihm kein Benzin und keinen Mechaniker gibt. Was heißt das anderes, als dass von allen gesellschaftlichen Bereichen die Ökonomie und die Technik gerade diejenigen sind, die sich am leichtesten und vollständigsten, sogar am heftigsten dem Einfluss der Politik und sogar der Moral entziehen? Nicht, dass das Ökonomische, das in diesem Jargon mit der Technik verwechselt wird, vorherrscht; diesen Irrtum haben wir bereits festgestellt. Aber es sind vom Bereich des Gesetzes unabhängige Bereiche. Hier kann es nur Sachverhalte sanktionieren, Rechte regeln; es kann nichts erzwingen: weder das Geld noch die Kredite noch das Sparen lassen sich verordnen; auch nicht die kollektive Vereinigung von Anstrengungen; die Fron ist das Gegenteil der fröhlich oder auch nur der ökonomisch akzeptierten Arbeit. In der Ökonomie wie in der Technik kann das Gesetz eine Zeitlang nur zerstören, nicht einmal sehr lange: das Gesetz kann nicht erfinden. Es kann verbieten, Geld zu verwenden, aber sie kann keines liefern, das gut ist; sie kann den Gebrauch eines Werkzeugs untersagen; aber sie kann keines im Voraus herstellen, es oft nicht einmal beschaffen. Deshalb darf das Gesetz den Sitten nicht vorausgehen, erst recht nicht der Ökonomie und der Technik, sondern es muss ihnen folgen.

III
Schlussfolgerungen hinsichtlich der politischen Methode

Der Politikwissenschaftler muss also gegenüber der Kunst, deren Theorie er zu entwickeln versucht, eine gewisse Skepsis an den Tag legen. Mehr noch als die Medizin ist er in sehr engen Grenzen gefangen. In tausend Fällen ist der Staatsmann machtlos, weil unwissend; selbst dann, wenn er zuweilen deutlich die Ursachen erkennt oder wenn seine Befürchtungen richtig sind, erkennt und fühlt er seine Machtlosigkeit. Jedenfalls müssen der Politiker und der Theoretiker sich sogar zum Preis der Unpopularität damit abfinden, häufig ihre Schwäche und ihre physische, intellektuelle oder moralische Unfähigkeit einzugestehen. Nichts ist unredlicher als jene Reklame der Parteien, die verkünden, sie seien imstande, den Nationen das Glück zu bringen. Zum Beispiel konnte nichts, wie man jetzt zu spät sieht, den russischen Bankrott abwenden. Es war nicht der geringste Fehler der Bolschewiki, der Liquidatoren des russischen Börsenkrachs, dass sie glaubten oder sagten und glauben machten, sie würden in diesem unendlichen Elend und durch diesen Bürgerkrieg den Reichtum schaffen, während dieser nur mit den Jahren, der Arbeit und dem Frieden entstehen kann.

Eine weitere Lektion. Wenige Doktrinen sind von den schrecklichen Ereignissen der letzten zehn Jahre mehr erschüttert worden als die des »historischen Materialismus«. Das liegt jedoch daran, dass sie einen Anfangsfehler hatte, den sie im Übrigen mit anderen politischen Doktrinen teilt. Man muss für immer dieser ganzen Sophistik misstrauen, die darin besteht, dieser oder jener Stufenfolge sozialer Phänomene den Vorrang zu geben. Weder die politischen noch die moralischen noch die ökonomischen Dinge haben in irgendeiner Gesellschaft etwas Dominierendes, noch weniger die Künste, die sich auf sie beziehen. Das alles sind im Grunde lediglich Konzepte und Kategorien unserer noch in den Kinderschuhen steckenden Sozialwissenschaft, und es sind lediglich Wortklaubereien, durch die sie unterscheidbar werden. Das Geld, eine ökonomische Sache, wird von einer Nation, einer politischen Sache, geprägt, und man hat dabei Vertrauen, es erweckt Glauben und Glaubwürdigkeit, ein Phänomen, das sowohl ökonomisch als auch moralisch ist – oder sogar eher noch geistig, traditionell und habituell. Jede Gesellschaft ist eine Einheit – mit ihrer Moral, ihrer Technik, ihrer Ökonomie usw. Die Politik, die Moral und das Ökonomische sind nur die Elemente einer Kunst des Sozialen, der Kunst, in Gemeinschaft zu leben. Erkennt man das, dann werden einem plötzlich all diese Widersprüche in den Ideen und all diese Abhandlungen über Benennungen nutzlos erscheinen. Die soziale Praxis ist der einzige Stoff, mit dem die sich überschneidenden Handlungen des Moralisten, des Ökonomen und des Gesetzgebers sich beschäftigen. Oder besser gesagt, in dieser Kunst ist kein Platz für drei Arten von Technikern. Diejenigen, die darin Experten sein wollen, dürfen weder durch Gesetze die Sitten übergehen noch im Namen einer rein praktischen Vernunft die technischen, ökonomischen und geistigen Gewohnheiten des Volks kritisieren. Korrigieren kann man sie nur, wenn man sie durch andere Gewohnheiten ersetzt, die von anderen Ideen und Gefühlen und vor allem von anderen Taten inspiriert sind, deren Erfolg es gestattet, dass sie Präzedenzfälle bilden. Die Kunst der Künste: »τεχνή, τεχνῆς ὑπερφεροῦσα«, nannte Sophokles die Tyrannei; die Politik, in der höchsten Bedeutung des

Wortes, muss also nicht nur sehr bescheiden bleiben, sondern darf sich auch niemals von ihren Schwestern trennen, der Moral und der Ökonomie, mit denen sie im Grunde identisch ist.

Der alte Traum des Sokrates vom weisen, sparsamen, tugendhaften Bürger und Hüter des Gesetzes, der vor allem umsichtig und gerecht ist, ist also noch immer das Vorbild des Tatmenschen. Will der verantwortungsvolle Politiker sich daran halten, wird er sich weit mehr in der Nähe der praktischen Wahrheit aufhalten, als wenn er sich jenen Anfällen von Zynismus und Materialismus überlässt, jenen Ausschweifungen der Lüge, der Gewalt, denen je nach Zeit und Ort zu viele hochmütige Völker – reaktionäre wie revolutionäre – applaudieren. Im Augenblick haben in Russland, in Italien, in Spanien, vielleicht in Deutschland die autoritären Staats- und Gewaltstreiche, die politische Gewalt, scheinbar Erfolg, aber es sind lediglich Erschütterungen, Beben, Fieberanfälle und Symptome schwerer Krankheiten des Gesellschaftskörpers. Nicht diesen unglücklichen Völkern gehört die Zukunft: sie gehört den Nationen, deren aufgeklärte Bürger geschickte, redliche und starke Abgeordnete zu ihrem Nutzen auszuwählen und sie dennoch in jedem Augenblick zu kontrollieren wissen. Denn niemand kennt seine Interessen und seine Gedanken besser als das Volk, wenn es weise ist.

Alle diese politischen Moralappelle eines Soziologen werden vielleicht zu präzise oder zu fern erscheinen: die einen scheinen allzu deutlich zu sagen, was in unseren modernen Nationen möglich und unmöglich ist; die anderen scheinen den Sozialisten und den verschiedenen Fortschrittsparteien zu allgemein und zu reichlich Sanftmut, Frieden und Voraussicht zu predigen.

Doch man täusche sich nicht. Diese präzisen Betrachtungen gehören durchaus hierher: wenigstens zu etwas wird das russische kommunistische Experiment gedient haben, nämlich den Nationen, die sich reformieren wollen, die Art und Weise zu lehren, wie sie vorgehen müssen und wie nicht. Sie müssen den Markt und das Geld beibehalten; sie müssen alle möglichen kollektiven Institutionen entwickeln; sie dürfen keine Unvereinbarkeit zwischen den freien Vereinigungen und dem Kollektivismus behaupten, ebenso wenig zwischen dem Vereinigungsrecht einschließlich des Rechts der Mehrheit und dem Individualismus. Diese »soziologische Würdigung« hat also ebenden doppelten Wert, den wir ihr geben wollten: einen wissenschaftlichen, denn es ist eine Beschreibung unserer modernen Gesellschaften, und bei einer von ihnen zeigt sie die wesentlichen Teile, auf die heute keine wird verzichten können; und einen praktischen, denn hier werden die sozialistischen Theorien von einer bestimmten Anzahl scharfer aphoristischer Urteile, utopischer Ansichten und Illusionen über die Allmacht der Parteien und Klassen gereinigt.

Im Übrigen sind diese Appelle zur Vorsicht keineswegs dazu bestimmt, das Handeln zu dämpfen oder zu verlangsamen. Es muss einen im Dienst des Gesetzes stehenden Zwang geben; vielleicht muss er, sicher muss er angewandt werden; denn ebenso wenig wie die religiösen Gesetze lassen sich die bürgerlichen Gesetze bei allen in gleichem Maße durchsetzen. Die Sozialdemokratien, das heißt jene, die im Namen ihres Rechts und ihrer Interessen ihre Ökonomie kontrollieren wollen, werden keine Schafherden sein, deren Hirten die Wolle zu scheren und diejenigen auszuwählen wissen, die man essen wird. Zudem wird ihr Handeln, wenn frei von Gewalt, nicht zwangsläufig langsamer sein. Hüten wir uns, zu prophezeien. Häufig gebietet die Klugheit auch, schnell zu sein, die Hindernisse zu überspringen, die Widerstände zu brechen, solange Zeit dazu ist, häufig kann sie auch raten, abzuwarten, bis sich die Formen des sozialen Lebens, die das Gesetz sanktionieren soll, voll entwickelt haben. Das heißt, dass die Gewalt, sollte die nötige politische Macht allein nicht ausreichen, nur »die Letztbegründung der Gesetze« sein darf.

IV
Schlussfolgerungen über die Logik der Politik

Aber diese Schlussfolgerungen in Gesellschaftspolitik usw., wird man einwenden, sind nicht die, die wir von einem Soziologen erwarteten; sie befassen sich nicht mit der Frage, die sich alle stellen: »Geht der Sozialismus bewiesen oder unbewiesen aus dem bolschewistischen Experiment hervor?« Man wird uns sagen: »Der Sozialismus, der Kommunismus sind, wenn man so will, eine beachtliche, auf die Probe der Fakten gestellte Doktrin; Sie sagen uns, wie sie gereinigt werden muss, aber Sie sagen nicht, ob sie wahr oder falsch ist. Sehen Sie sie siegreich, wie die Kommunisten, oder sehen Sie sie besiegt, wie die liberalen oder reaktionären Doktrinäre behaupten?« Darauf werde ich antworten: »Weder bestätigen noch widerlegen die Ereignisse in Russland den Sozialismus.«

Nehmen wir an, den Kommunisten wäre es gelungen, die soziale Republik ihrer Träume durchzusetzen – was nicht der Fall ist –, was würde das beweisen? Dass man in einer kaum zum öffentlichen und industriellen Leben erwachten Nation ein sozialistisches Regime einführen oder vielmehr Vorkehrungen gegen das kapitalistische Regime treffen kann, die dieses unmöglich machen. Entweder würde dieser Erfolg beweisen, dass nach einer nationalen sozialen Revolution – und hierzu ist bis zur universellen Revolution eine gewisse Dosis an aus dem Ausland kommendem Kapitalismus nötig – eine starke sozialistische Regierung deren Gefahren auf ein Minimum beschränken kann. Das versucht derzeit die NEP (Neue Ökonomische Politik). Oder aber: Wenn wir feststellen, dass der Krieg und der Bürgerkrieg, gefolgt vom Embargo und vom Kommunismus, Russland im Dezember 1921 ökonomisch an einen *Nullpunkt* gebracht haben, wie man es nennen könnte, sofern man eine Kurve des nationalen Reichtums zeichnen würde; wenn wir sodann willkürlich und wohlwollend annehmen, dass dieses Russland wieder zu vollem Leben und zur vollen Stärke aufleben wird; wenn wir uns überdies vorstellen, dass diese Auferstehung ganz unter dem Zeichen des Kommunismus erfolgen wird, dann könnten wir allenfalls zu dem Schluss kommen, falls wir mit allem reinen Tisch machen, mit der Politik, dem Recht, den politischen Voraussetzungen, nachdem alles ruiniert war und von einem Nullpunkt ausging – und zwar in einem Land, das sich über einen Kontinent erstreckt, der von der Natur mit unbegrenzten Ressourcen ausgestattet ist, von einem riesigen Volk bewohnt wird und für seine Größe dennoch dünn besiedelt ist –, kurz, unter diesen außergewöhnlichen Umständen könnten wir zu dem Schluss kommen, dass eine junge und ungemein zukunftsträchtige Nation sich den Luxus eines Bankrotts leisten kann, dem ein kommunistisches Regime folgt.

Der Erfolg des Sozialismus oder vielmehr des Kommunismus in Moskau würde nichts zugunsten des unseren beweisen. Alte industrielle Demokratien mit einem mächtigen Kapitalismus und einem Großbürgertum, das die öffentliche Meinung beherrscht und hin und wieder die notwendigen Konzessionen macht; mit einem vielköpfigen Kleinbürgertum; mit einer oft reichen und zum großen Teil grundbesitzenden Bauernschaft; mit einer Arbeiterklasse voll bürgerlicher Anstandsideale – solche Demokratien sind weder für eine Diktatur noch für einen Kommunismus bereit. Vor allem sind sie nicht bereit, zum elementaren und einfachen Leben zurückzukehren, wie es unter verschiedenen Erscheinungsformen im Grunde die russische Revolution getan hat, wo der Bauer triumphiert und das verfeinerte und morsche Gebäude der reichen Aristokratie und des schwachen Kapitalismus des alten Regimes zusammenbricht.

Unsere großen Nationen von Europa und Amerika sind nicht mehr in der Verfassung, sich auf so riskante Abenteuer wie diese einzulassen: die Stadt zu zerstören, um sie wieder aufzubauen. Das ist nur in Russland möglich. Keine würde frohen Herzens, wie Russland es mutig getan hat, den Schrecken des Embargos und der Hungersnot trotzen, um dem Ausland und den Königstreuen Widerstand zu leisten. Sie begreifen den Sozialismus als Bewahrer des nationalen Wohlstands, als den besten Verwalter der zu bewahrenden Güter und nicht als Architekt im Land Ikarien.

Und umgekehrt beweist der relative Misserfolg des Kommunismus in Russland nichts, weder für noch gegen einen Sozialismus in unseren westlichen Gesellschaften. Wenn der Sozialismus eines Tages seinen Überbau hinzufügt oder wenn er durch seine bloße Präsenz die Zusammensetzung unserer Gesellschaften verändert, wird es weder durch die Gewalt noch während einer Katastrophe geschehen, die beide lediglich Unglücksfälle wären. Was er errichten wird, wird durch das klare, bewusste Handeln der Bürger aufgebaut werden. Außerdem werden diese Staatsbürger nicht nur der Klasse der Industriearbeiter angehören, selbst dort nicht, wo sie in der Mehrheit sind, auch wenn sie sich zum Teil dieser Tatsache nicht bewusst ist; sie werden zu allen anderen nichtparasitären Klassen gehören, die den Arbeitern konzertiert Hilfe leisten. So wird, was den unglücklichen Muschiks [Bauern] und den russischen »Genossen« unmöglich war, vielleicht den gebildeten und einsichtigen Mitgliedern unserer Gewerkschaften, unserer Genossenschaften, unserer bescheidensten Stadträte möglich sein. Dieses Argument wird gewöhnlich von unseren westlichen Kommunisten verwendet, die den »Massen«, die ihnen angeblich folgen, eine bessere und einfachere Revolution als die russische versprechen. Es ist darum nicht weniger korrekt, nur weil es dazu dient, einen Fehler zu verschleiern und einzugestehen, dass die ganze russische Aktion verfrüht war. Das ist richtig: Nichts am russischen Experiment erlaubt zu beweisen, dass morgen die englische Arbeiterpartei, eine legale politische Partei, die aus einer organisierten, gebildeten, vielköpfigen Demokratie hervorgegangen ist, ihr Programm nicht, vielleicht erfolgreich, teilweise in die Tat wird umsetzen können. Dieses Beispiel wird, falls es eintritt, sicher ansteckender und zuträglicher sein als das Abenteuer, in das die russischen Kommunisten eine Zeitlang die ganze Nation, die sie regieren, hineingezogen haben.

Unsere Nationen haben nicht nur ein anderes Personal als die russische Nation, sondern dieses Personal wird jeden Tag fähiger, neben der politischen Demokratie auch die soziale und industrielle Demokratie zu organisieren. Sie haben nicht nur eine unbestreitbare juristische Reife, sie haben auch bereits ein ganz anderes Stadium der ökonomischen und geistigen Entwicklung erreicht, und von diesem Stadium können sie ausgehen, um Dinge zu verwirklichen, die in Russland unmöglich sind. Es kann sogar sein, dass sie ihrem Ziel näher sind als heute die Russen, die den sogenannten kurzen, geraden, direkten und leichten Weg der Revolution eingeschlagen haben, der in Wirklichkeit ein gefährlicher, schwindelerregender Weg ist und vielleicht im Abgrund endet. Wenn wir ihn richtig begreifen, besteht der Sozialismus darin, den Markt, den Kredit, den Verkehr und infolgedessen, nicht aus Prinzip und nicht sofort, die Produktion zu organisieren. Einen Beweis für diese These liefert das russische Experiment selbst. Ebendahin gelangen jetzt die Kommunisten der Neuen Ökonomie mit ihren *org* (Organisationen),[8] Organisationen aller Rangstufen und alle Arten von nationalen Trusts, mit ihren Staatsbanken, ihren Volksbanken usw. Wir werden also sagen: »Eine Gesellschaft wie Großbritannien, wo die Güter des Staats und die öffentlichen Körperschaften riesig sind; wo der kommunale und administrative Sozialismus seit langem en vogue ist; wo Vermögenstransaktionen der verschiedenen Sozial- und Privatversicherungen diejenigen der Ökonomie der ganzen Sowjetrepublik übersteigen; wo die Trusts sich und die Industrie organisieren; wo die Arbeiterklasse und die Öffentlichkeit für die industrialisierte Verstaatlichung der Bergwerke schon

8 Um das zu bezeichnen, haben sie nichts anderes gefunden als ein französisches Wort. Z. B.: *vuechtorg*, Organisation für den Außenhandel, *optorg* usw.

derart bereit sind, dass diese in einem nationalen Schiedsgerichtsverfahren[9] vorgeschlagen wurde, eine solche Nation hat andere sozialistische Möglichkeiten als das arme und landwirtschaftliche Russland.« In England wird man sogar mühelos einen großen Teil von Grund und Boden verstaatlichen können, weil es oftmals nur darum geht, den in moralischer Hinsicht prekären Besitz des Adels, der Kirchen und der Körperschaften zu beseitigen, und weil man dort ganz legal das Eigentumsrecht des Königs vollständig wird verwirklichen können. In einem solchen Land kann man mühelos die Bergwerke samt dem Boden, den sie im dortigen Recht begleiten, verstaatlichen; man kann die industrialisierte Eisenbahn, die der Staat bereits kontrolliert, verstaatlichen. Vielleicht kann man ebenso nutzbringend andere Industrien zusammenlegen, sie, wie es aufgeklärte Industrielle und Beamte bereits vorschlagen, auf nationaler Ebene gegen die Arbeitslosigkeit, gegen die Krisen usw. organisieren.[10] Und der Unterschied zwischen dieser Organisation und einer sozialistischen Organisation wird sehr klein werden.

Träumen wir einen Augenblick. Wenn Deutschland ... wie weit könnte es sein? Sein Staatssozialismus, seine städtischen, provinziellen und staatlichen Betriebe, seine Versicherungen, seine vertikalen und horizontalen Organisationen, Kartelle, Trusts und Konzerne, seine Arbeitergewerkschaften, seine Genossenschaften, die in dem unsäglichen Chaos noch fortbestehen, alles tendierte hier zur Organisation.

Und wer kann sagen, welche Wirkung in einer Gesellschaft die Abschaffung oder die zeitliche und den Verwandtschaftsgrad betreffende Begrenzung des Erbrechts haben könnte? Wer könnte sagen, welche Folgen irgendwelche anderen Pseudoreformen haben könnten, die in Wirklichkeit die Revolution selbst wären, das heißt die schonungslose Korrektur zu Unrecht erworbener Rechte?

Daher darf man die russische Revolution weder als Beispiel hinstellen, dem man folgen müsse, noch sie als Schreckgespenst verteufeln. Alles geschieht dort nach anderen Plänen, als wir sie hier im Westen finden. Sehr wenige der dortigen Ereignisse entkräften oder bestätigen irgendetwas von den Doktrinen, die bei uns die verschiedenen Interessen und die vielfältigen und wechselnden Ansichten der Bürger zusammenfassen.

9 Schiedsspruch von Richter Sankey, 1920.
10 Unter anderen Sir Lynden Macansey, M. Pybus.

Schließlich muss diese Würdigung des Bolschewismus mit einer Warnung des Soziologen an die Adresse der Öffentlichkeit enden. Diesmal müssen wir eine einfache Lehre der Logik und des gesunden Menschenverstands daraus ziehen.

Die Argumentationen der Politik sind von allen anderen diejenigen, die am meisten von den Trugbildern des Marktplatzes und der Gattung erfüllt sind, am meisten durchdrungen von »Ethos und Pathos«, von Vorurteilen und Leidenschaften, die alles vergiften. Zudem konstruiert man sie gewöhnlich, wie Plädoyers von Verteidigern, anhand einer »Ursache« und nicht anhand von Tatsachen oder Gründen. Daher bestehen hier die Debatten darin, in einem ständigen Sophismus das Recht und die Tatsache zu vermengen wie vor einem Gerichtshof.

Doch unter diesen Argumenten, die man häufig sowohl in den Räten wie in den Parlamenten und Kongressen verwendet, sollte eines besonders geächtet werden, nämlich das Argument mittels historischer oder politischer Analogie. Im Allgemeinen schließt man von einem Präzedenzfall auf den anderen. Der Arzt macht es ebenso und begeht deshalb häufig Irrtümer, aber er hat kein anderes Verfahren, solange die biologischen und pathologischen Wissenschaften ihn nicht aufklären. In der Politik jedoch hat die Verfehlung keine Entschuldigung. Es ist nicht erlaubt, hier nur *de homine ad hominem* zu argumentieren. Und eine Frage in der Art jener, die man uns stellt, geht davon aus, dass man von einem kollektiven Individuum auf ein anderes kollektives Individuum schließen kann, beispielsweise von Russland auf Frankreich und umgekehrt. Man hat eine vage Vorstellung, dass die Gesellschaften keine Individuen sind und dass man anhand eines Präzedenzfalles Regeln von allgemeiner Tragweite erlassen kann, die den Mitgliedern einer anderen Gesellschaft nützen. Darin täuscht man sich. Die Gesellschaften sind Individuen, oft sehr ausgeprägte und sehr widerstandsfähige Individuen. So diejenigen, die die Juden um den Tempel bildeten, oder jene unglücklichen polynesischen Eingeborenen auf den Chatham-Inseln, die lieber untergingen, als auf ihre Tabus zu verzichten. Nur wenige Gemeinschaften, wenige Zivilisationen sind sogar noch merkwürdiger individualisiert als die sehr alte und immer sehr junge riesige homogene Masse der Großrussen. Das Mögliche und das Unmögliche sind für sie und für uns unterschiedlich. Erst wenn eine bestimmte Einförmigkeit des materiellen Fortschritts, eine bestimmte Einheit der Mentalität und des Denkens erreicht ist, kann man versuchen, Institutionen eines Landes auf ein anderes zu übertragen, wie es die Römer und Napoleon taten. Hüten wir uns also vor diesem Missbrauch der historischen und politischen Argumentationen. Das sehr weit verbreitete und sehr ungenaue Wissen der Journalisten täuscht; das der Diplomaten, der Politiker und der Juristen ist nicht weniger gefährlich; es ist durch Historie verdorben und mit zu vielen Präzedenzfällen gespickt.

Trotzdem sollte man sich daran gewöhnen, nicht mehr in der Vergangenheit und neben der Gegenwart zu urteilen, sondern versuchen, bei jeder Frage so zu argumentieren, als stellte sie sich allein, und man sollte sich bemühen, direkt und mit Sinn für das Gesellschaftliche die praktische Lösung zu finden.

Noch aus einem andern Grund ist die gewöhnliche politische Argumentation fehlerhaft. Meist orientiert sie sich noch immer am maßlosen Rationalismus der vergangenen Jahrhunderte, der in diesem Bereich nicht von einer guten experimentellen Methode korrigiert wurde. Die Scholastik, die noch heute in den Schulen des Rechts und in den Argumenten der Parteien Zuflucht findet, behauptet, alles Gesellschaftliche und Politische ableiten zu können. Für sie beruhen die Gesellschaften, da sie lediglich ideale Dinge, Ideen von Individuen seien, selbst wieder auf Ideen und Prinzipien. Diese Prinzipien kenne man und übersetze sie metaphysisch mit Wörtern auf »ismus«: Kapitalismus, Sozialismus, Individualismus, Egalitarismus, Nationalismus und andere; man fabriziere von ihnen, so viel man wolle. Die Gesellschaften hätten nichts anderes zu tun, als diese Prinzipien anzuwenden, und ihre Gesetze hätten keine andere Berechtigung, als diese Ideen und diese Systeme zu verwirklichen. Noch wunderbarer: sie könnten die Prinzipien wechseln. So lehrt man es in den Schulen, und so spricht und debattiert man in den Parlamenten und den gelehrten Zeitschriften oder auf Volksversammlungen. Die Sophisten aller Parteien stellen nach Herzenslust Prinzipien gegen Prinzipien, Wörter auf »ismus« gegen Wörter auf »ismus«, und die Interessen bleiben verborgen. Nur wenige Irrtümer waren verhängnisvoller, und wenn die vorliegende bescheidene Arbeit den Nutzen hätte, ein weiteres Mal die Gutwilligen vor diesen Formen der Argumentation zu warnen, dann hätte sie ihr Ziel erreicht. Nein, es gibt keine ausschließlich kapitalistischen Gesellschaften, und vermutlich wird es auch keine rein sozialistischen geben. Es hat keine Gesellschaften gegeben, die nur feudalistisch oder nur monarchistisch oder nur republikanisch waren. Es gibt lediglich Gesellschaften, die ein System oder vielmehr – was noch komplizierter ist – mehr oder weniger charakteristische Systeme der Wirtschaft und der politischen Organisation haben; sie haben Sitten und Mentalitäten, die man mehr oder weniger willkürlich durch das Vorherrschen dieses oder jenes dieser Systeme oder dieser Institutionen definieren kann. Das ist alles. Wie man zum Beispiel den Charakter von jemandem charakterisieren kann, indem man sagt, er sei gallenkrank, was aber nicht heißt, dass sein Herz nicht wie das der anderen funktioniert. Normalerweise wird eine Gesellschaft, ein Wesen mit tausend Dimensionen, ein Milieu aus lebendigen und denkenden Milieus, sogar von allen möglichen, oft widersprüchlichen Strömungen in allen Richtungen durchzogen: die einen fließen noch in den Tiefen der Vergangenheit, sogar der prähistorischen; andere entsprechen Ereignissen, die langsam sogar ohne das Wissen derer entstehen, die morgen ihre Verursacher oder Dulder, Nutznießer oder Opfer sein werden. In einer Gesellschaft geschieht nichts wie in einem Kettenschluss von Juristen oder in einem Sophismus auf dem Marktplatz. Hören wir damit auf: diese Debatten über Termini auf »ismus« sind nichts weiter als Wortspiele und Spiele der Parteien. Früher bekämpften sich Reiche und Kirchen wegen eines dem Wort *filio* hinzuzufügenden *que*. Der Kampf zwischen den Dogmen war lediglich der Schein, das Akzidentelle; das Wesentliche, die Tatsache, das Ziel war die Schlacht. Jetzt geht es um soziale Dogmatiken, wenn sich einerseits gestürzte Regime, die wegen des Erbrechts, der Geldzinsen parasitären Klassen und die abgestumpften Massen empören und sich andererseits die unglücklichen Proletariate oder diejenigen empören, die, schon besser ausgestattet, zum noch Besseren aufsteigen wollen, die demokratischen und unabhängigen Völker oder die noch abhängigen und tyrannisierten Völker. Es ist bereits ein Fortschritt, dass man nur noch über das Staatswesen selbst debattiert und dabei keine Metaphysik und keine Religion mehr ins Spiel bringt, wie es noch vor kurzer Zeit üblich war. Aber dieser Fortschritt reicht nicht aus; ein weiterer ist nötig. Die Politik wird erst an dem Tag eine rationale Kunst werden, an dem sie sich von dieser Metaphysik löst und im erforderlichen Maße die Wörter auf »ismus« wie Kapitalismus, Liberalismus und andere, den ganzen spitzfindigen Substanzialismus fallen lässt. Dann wird sie sich ihrerseits außerhalb jeglichen Systems befinden. Dann wird sie sicherlich ein weiteres Mal auf jedes Problem die Lösung anwenden oder anzuwenden versuchen – wie der Ingenieur (der Erfinderische) es tut –, die die genaue Kenntnis der Tatsachen und die Einschätzung, wenn nicht die Gewissheit ihrer Gesetze ihr eingeben.

Im Übrigen wird sich diese kindische und gefährliche Dogmatik vielleicht früher abnutzen, als man glaubt. Fast alle heutigen politischen Schulen rühmen sich über Gebühr ihres Realismus. Der Realismus der russischen Neuen Ökonomie ist nicht sehr weit entfernt von jenem »Sozialismus ohne Doktrinen«, der vielleicht der beste ist.

Jedenfalls müssen der Philosoph, der Soziologe, der Moralist anderen die Verantwortung für diese kategorischen Formeln und diese schlecht geprägten und gefühlsbeladenen Begriffe überlassen, die die Gesellschaften so oft ins Abenteuer stürzen. Ihre Rolle ist es, die anderen daran zu gewöhnen, bescheiden und praktisch zu denken, ohne System, ohne Vorurteil und ohne Gefühl. Die Denker müssen die Völker dazu erziehen, sich ihres gesunden Menschenverstands zu bedienen, der in diesem Fall, der Politik, auch ein Sinn für das Soziale, anders gesagt: für das Gerechte ist.

Eine bescheidene Schlussfolgerung, wird man sagen, zu logisch, akademisch. Bei dem Wort Gerechtigkeit wittern die Politiker die Ideologie. Aber sie sind es doch, die sich großer Worte bedienen; sie sind es, die übereilte Verallgemeinerungen zu Systemen aufbauschen. Sie sind schlechte Ideologen. Mögen sie also lernen, »richtig zu denken«. Das russische Beispiel erschreckt sie! Hoffen wir, dass es ihnen dazu dienen wird, eine Anstrengung in Logik und gesunder gesellschaftlicher Praxis zu unternehmen.

Geld im Ganzen der Gesellschaft
Was Teile bei Mauss zu erkennen geben
Nachwort von Mario Schmidt und Emanuel Seitz

Es bleibt noch mein eigenes theoretisches Werk übrig. Es scheint diskontinuierlich zu sein. Aber dies ist reiner Schein. Es hat seine logische Einheit.
Marcel Mauss[1]

1. Logik und Klassifikation: Geld im Baum des Wissens

Staunen erregt der Anspruch von Marcel Mauss, sein Werk bilde eine logische Einheit, wo er doch wiederholt abstritt, ein theoretisches System entwickeln zu wollen.[2] Diese Einheit besteht aus wiederkehrenden Grundbegriffen, die in philosophisch geschulter und stets kollektiver Arbeit gewonnen wurden. Die individuellen Forscher der Durkheim-Schule verpflichteten sich zu »freiwilliger Anonymität«[3] in einer Art Labor, und Mauss, Leenhardt und Simiand bildeten darin sozusagen eine lose Arbeitsgruppe,[4] die in gegenseitigen Verweisen und Bezugnahmen einen gemeinsamen Grundbegriff des Geldes entwickelte, auf dem sie aufbauten und den sie umbauten, wenn es galt, den verschiedenen Geldbegriffen in unterschiedlichen Kulturen nachzuspüren. Fundament aller terminologischen Anstrengung war nicht die reine Reflexion, sondern das Bewerten von Daten, die als objektive Fakten galten. Denn objektive Wissenschaftlichkeit zielt bei Mauss, Leenhardt und Simiand, die sich selbst als Positivisten bezeichneten, auf Deskription

1 Marcel Mauss, »Mauss' Werk, von ihm selbst dargestellt«, in: Stephan Moebius, Christian Papilloud (Hg.), *Gift. Marcel Mauss' Kulturtheorie der Gabe,* Wiesbaden 2006, S. 351.

2 Vgl. Hans Peter Hahn, »Mauss als Ethnologe. Einleitung«, in diesem Band S. 9-24.

3 Mauss, »Mauss' Werk, von ihm selbst dargestellt«, S. 345.

4 Vgl. neben Mauss' Selbsteinschätzung auch Durkheims Erinnerung an Mauss, dass er »Mitarbeiter in einem Kollektiv« sei; zitiert in: Philippe Steiner, »Religion und Wirtschaft. Mauss, Simiand und das Durkheim'sche Programm«, in: *Berliner Journal für Soziologie* 22 (2013), S. 476-477.

und Klassifikation.[5] Angemessen beschreiben kann jedoch nur, wer sich auf das Beobachten versteht und weiß, worauf er sehen muss. Als das Ziel der Ethnologie nennt Mauss die »Kenntnis der sozialen Tatsachen«,[6] und für den Erwerb solcher Kenntnisse denkt er durchaus nicht zwingend an Autopsie, sondern an ein intellektuelles Studium. Mauss übersetzte hierfür zunächst die Bereiche einer Gesellschaft in ein System von Kenntnissen und stellte dieses figürlich in einem Baum des Wissens dar; er erinnert an die Darstellung des »Systems der Kenntnisse des Menschen« in der großen französischen *Enzyklopädie* von Diderot und d'Alembert (vgl. Abb. 1).[7] Zusammen mit Instruktionen zum Erlernen des intellektuellen Sehstudiums hat sich dieses System in einer Sammlung stenographierter Vorlesungsmitschriften erhalten, die Mauss' Schülerin Denise Paulme 1947 unter dem Titel *Manuel d'Ethnographie* herausgab.[8] Mauss bezeichnet dort das Beobachtbare als *soziale Phänomene*, die sich in die Bereiche Morphologie, Physiologie und generelle Phänomene unterteilen. Woran diese Phänomene aufscheinen, ist eine »Menschenmasse«, die sich geographisch, linguistisch oder juridisch eingrenzen lässt.[9] Wie der »Bolschewismus«-Text zeigt, versteht Mauss Gesellschaften als »kollektive Individuen«, als Subjekte mit eigenem Charakter, in denen organische Prozesse arbeiten.[10] Werden die sozialen Phänomene, die zunächst als rein deskriptive Kategorien erscheinen, in der Realität zu Kräften, die wirken, so werden sie zu sozialen Tatsachen. Mauss' Konzeption von Gesellschaft gleicht damit dem, was Peter Sloterdijk treffend als »politischen Großkörper« bezeichnet hat.[11]

Mit entsprechend biologistischer Benennung fallen die ökonomischen Phänomene unter die Physiologie und damit unter die Körperfunktionslehre dieses Kollektivindividuums. Geld bestimmt Mauss mit direkter Bezugnahme auf Leenhardt und Simiand als

5 Mauss, »Mauss' Werk, von ihm selbst dargestellt«, S. 345-348.

6 Marcel Mauss, *Handbuch der Ethnographie*, Paderborn 2011, S. 47.

7 Zum Vorbild: Denis Diderot, Jean le Rond d'Alembert, *Encyclopédie ou Dictionnaire raisonné des sciences, des arts et des métiers*, Bd. 1, Paris 1751, S. 59.

8 Marcel Mauss, *Manuel d'Ethnographie*, Paris 1947; dt. Mauss, *Handbuch der Ethnographie*.

9 Mauss, *Handbuch der Ethnographie*, S. 65-66. Mauss selbst spricht von »Menschenmasse«, ebd., S. 55.

10 Marcel Mauss, »Würdigung des Bolschewismus«, in diesem Band S. 212.

11 Peter Sloterdijk, *Stress und Freiheit*, Berlin 2011, S. 10.

eine Unterkategorie des Ökonomischen.[12] Eine solche Aufteilung der Kulturphänomene wäre nicht weiter auffällig, wenn Mauss nicht einige Verschiebungen vornähme, mit denen er sich bewusst von der Lehre des Grenznutzens österreichischer Prägung entfernt. Wo Wert ist, ist Wirtschaft – so lautet sein Credo, doch Wert entsteht bei Mauss nicht aus Bedürfnis (*besoin*) und Nutzen (*utilité*), sondern aus dem Geschmack (*goût*).[13] Gegen den methodischen Individualismus der Marginalisten propagiert Mauss einen methodischen Kollektivismus, denn er setzt an die Stelle des Geschmacks des Einzelnen den Geschmack der Masse, der sich im Wert kristallisiert. Ein jeder Großkörper legt dabei einen individuellen Geschmack an den Tag, als würde er nicht nur wie ein Organismus funktionieren, sondern sei auch ein mit Willen ausgestattetes Subjekt. Wirtschaft lässt sich daher nur jeweils anhand einer gegebenen Gruppe beschreiben, nämlich als Gesamtheit der jeweiligen Werte (*ensemble des valeurs*) und der damit verbundenen Institutionen.[14]

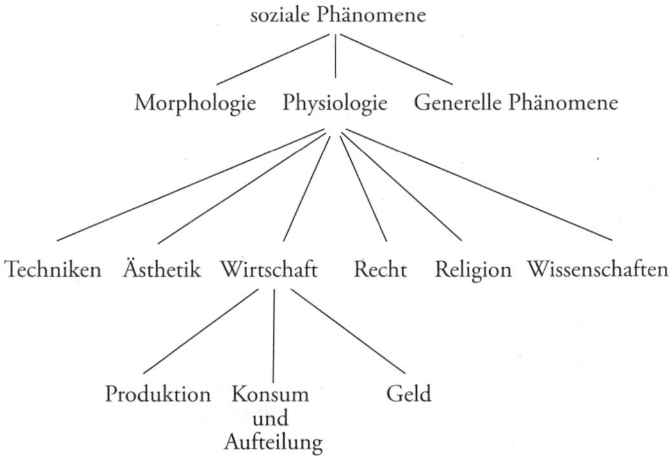

Abb. 1: Geld in Mauss' System sozialer Kenntnisse (nach dem *Handbuch der Ethnographie*)

12 Vgl. in diesem Band S. 51.
13 Mauss, *Handbuch der Ethnographie*, S. 176.
14 Ebd., S. 178.

Wirtschaft besteht bei ihm nicht aus Produktion, Distribution und Konsum, sondern aus Produktion, Konsum und Geld.[15] Wie die Güter aufgeteilt sind (*répartition*), gehört zur Ordnung des Konsums, während der Tausch (*échange*) kein Tauschhandel (*troc*), sondern bloß ein Verschieben von Gütern ist – und damit nie ein Teil des Wirtschaftssystems. Zwischen Produktion und Konsum vermitteln der Wert und das Geld als dessen Maß und Ausdruck.[16] Deren Leistung bestimmt Mauss' als »Anpassung« (*ajustement*), ein Ausdruck, der auch als Einrichtung, Justierung oder Regulierung verstanden werden kann. Wo es einen Begriff von Wert und verbindliche Preise gibt, existieren laut Mauss auch Geld und ein Geldsystem, das heißt Wirtschaft im eigentlichen Sinne. Dessen Ursprung ist ein System der totalen Leistungen als eine nichtmonetäre Form der Anpassung und somit als ein nicht rein wirtschaftliches, sondern anderweitig geregeltes Verschieben von Gütern (*échange*), das mit dem Geldtausch nur verwandt ist. Hiermit verortet Mauss sich theoretisch weit jenseits der heute noch in den Wirtschaftswissenschaften gängigen Meinung, dass Geld zur Erleichterung des Tauschhandels entstanden sei.[17] Ganz im Gegenteil: Nicht der Tausch im Sinne eines Tauschhandels (*troc*), sondern das Geld ist bei Mauss und auch bei Simiand die primäre Kategorie, anders ausgedrückt: ohne Geld und Geldmittel (*moyen monétaire*) kein Handel und keine Wirtschaft. Was in der historischen und ethnologischen Forschung seinerzeit als Primitiv- oder Vorläuferform des Geldes galt, hält Mauss für ebenbürtige und notwendige Formen des Geldes, die aber nicht in einem Geldtausch verwendet werden. Er unterscheidet also zwei Typen: der erste Typ ist vormodernes Geld, das aus wertvollen Objekten mit magisch fundierter Kaufkraft besteht (Geld als zwischen Menschen herumgereichtes Zauberding). Nach einiger Zeit werden diese Objekte auch zur Wertmessung des Reichtums verwendet und bilden so die Grundlage, um überhaupt zu einem Tausch im eigentlichen

15 Die Auflösung der klassischen Triade verbindet ihn mit Simiand, vgl. Philippe Steiner, »Religion und Wirtschaft. Mauss, Simiand und das Durkheimsche Programm«, S. 478-479.

16 Mauss, *Handbuch der Ethnographie*, S. 185-186; vgl. auch in diesem Band S. 188-202.

17 Siehe exemplarisch Carl Menger, »Geld«, in: Johannes Conrad u. a. (Hg.), *Handwörterbuch der Staatswissenschaften*, Band III, Jena 1892, S. 730-757.

Sinne zu kommen. Der zweite Typ ist modernes Geld, das in einem rein wirtschaftlichen Tausch zirkuliert und als Wertmaßstab fungiert. Die Wertmessung ist jedoch von ihrer Bindung an einzelne Gruppen und Individuen losgelöst und setzt an deren Stelle das Großkollektiv. Als eine erste Sehschule für das Phänomen des Geldes bietet Mauss' *Handbuch der Ethnographie* also eine historische Typenlehre desselben.[18]

Mauss bleibt allerdings nicht bei dieser kulturübergreifenden Klassifizierung stehen, sondern kennzeichnet Geld auch als eine *soziale Tatsache,* die ihren Ursprung in einer *totalen* sozialen Tatsache habe. Beides nähert sich dem Problem von Ganzheit und Gesellschaft aus unterschiedlicher Richtung. Wenn soziale Phänomene in einzelnen Gesellschaften als Ganzes ineinander verzahnt auftreten, können sie das Gebilde einer sozialen Tatsache werden. Jede soziale Tatsache ist dabei ein soziales Phänomen, aber nicht jedes soziale Phänomen ist eine soziale Tatsache. Was unter einer sozialen Tatsache zu verstehen ist, dürfte Mauss wenigstens zum Teil von seinem Onkel Émile Durkheim übernommen haben. Dieser bezeichnete sie als »jede mehr oder minder festgelegte Art des Handelns, die die Fähigkeit besitzt, auf den Einzelnen einen äußeren Zwang auszuüben; oder auch, die im Bereiche einer gegebenen Gesellschaft allgemein auftritt, wobei sie ein von ihren individuellen Äußerungen unabhängiges Eigenleben besitzt«.[19] Während ein Physiologe seine Fakten einfach nur abfotografieren muss, ist der Soziologe gezwungen, Tatsachen zu konstruieren, wozu er die Phänomene in ihren Verknüpfungen untereinander beschreibt.[20] Eine soziale Tatsache ist also gemacht und nicht gegeben; sie zeigt sich erst in der kombinatorischen Kunst des Sozialwissenschaftlers, seiner Fähigkeit, mit den zuvor erarbeiteten Beobachtungsinventaren auch umzugehen.

Kombinatorik heißt in diesem Fall jedoch nichts anderes als die Klärung, wie sich ein Teil zum Ganzen verhält. Darin unterscheiden sich die Arbeiten von Mauss, Leenhardt und Simiand erheblich, obwohl ihnen eine ähnliche Idee zugrunde liegt: Empirische

18 Zur Nähe von Geschichtsschreibung und soziologischer Methode: Mauss, *Handbuch der Ethnographie*, S. 61.

19 Émile Durkheim, *Die Regeln der soziologischen Methode,* Neuwied 1970, S. 114.

20 Zur Methode: Marcel Mauss, Paul Fauconnet, »Sociologie«, in: Victor Karady (Hg.), *Marcel Mauss Œuvres 3: Cohésion sociale et divisions de la sociologie*, Paris 1969, S. 139-174.

Beobachtungen fügen sich wie einzelne Bauteile zu einer Architektonik des Wissens und zu einem gesellschaftliche Getriebe zusammen. Die Rede von einem Ganzen bezieht sich daher entweder auf das Wissen oder das Funktionieren, und dies muss voneinander unterschieden werden.

2. Totalität, Gesamtheit und Systemdenken im Allgemeinen

2.1. Ethnographische Enzyklopädie bei Leenhardt

Maurice Leenhardt frühstückte in Paris jeden Donnerstag mit Marcel Mauss, teilte dessen Interesse für Politik und für Religion und näherte sich seinen Kulturen auch aus einem ganzheitlichen Blickwinkel, selbst wenn er sich auf Studien in Melanesien beschränkte.[21] Er hatte als Missionar der Kanaken von 1902 bis 1927 in Neu-Kaledonien gearbeitet und seine wissenschaftlichen Publikationen dürften Mauss aufgrund von Leenhardts Kenntnissen der indigenen Sprache und der geographischen Bedingungen als beispielhafte Ergebnisse einer intensiven Feldforschung gegolten haben. Leenhardt schreibt archivarisch penibel und vernachlässigt nicht ein Detail der untersuchten Phänomene, so als ob er die Forderungen aus Mauss' *Handbuch* umsetzte. Aus der intensiven Feldforschungsmethode resultiert bei der Erfassung des Ganzen in dem hier abgedruckten Artikel[22] eine extensiv ausufernde Enzyklopädie, die wie ein Wörterbuch Bedeutungs- und auch Verwendungsnuancen von Geld (*monnaie*) in Neo-Kaledonien gleichberechtigt nebeneinanderstellt, aber vor jeder Deduktion zurückschreckt. Das sich daraus ergebende Ganze besteht zunächst aus 18 verschiedenen Beobachtungen zur Verwendung des Geldes, die Leenhardt schließlich zögernd zu drei Verwendungsweisen bündelt: 1) im Austausch mit hierarchisch Höherstehenden ist Geld beschwichtigendes Opfer, sichert die familiären Beziehungen und hat nur mythischen Wert; 2) im Austausch auf Augenhöhe tauscht man gleiches Geld; und 3) beim Kauf ist Geld eine Sonderform von

21 Zum Frühstück: James Clifford, *Person and Myth. Maurice Leenhardt in the Melanesian World*, Durham 1992, S. 153 f.

22 In diesem Band S. 55-63.

Objekten, die nicht unter den Tauschhandel fallen. In all diesen Typen fungieren die Geldobjekte als »Siegel«, die »dazu dienen, [...] in den familiären und sozialen Beziehungen den Rhythmus des Lebens abzusichern«.[23] Erst die Einführung westlichen Geldes (*argent*), deren Konsequenzen einzuschätzen Leenhardt sich nicht traut, bindet Geld an einen Vertrag zwischen Individuen und nicht an größere soziale Einheiten.

Obwohl Leenhardt also erkennbar eine sozialintegrative Funktion betont, umkreist er eher den Begriff des Geldes, als ihn auf eine einheitliche Form zu bringen. Wegen dieses Zauderns registriert Leenhardt einige Dinge nur als akzidentelle Eigenschaften von Geld, die Mauss in seinem Vortrag über den Ursprung des Begriffs des Geldes[24] zu substanziellen Merkmalen erhebt, nämlich Magie und Vertrag. Wenn Geld auf diese Art religiöse und juristische Phänomene miteinander vereint, erweise es sich als eine soziale Tatsache und sei überhaupt keine Angelegenheit physischer Objekte mehr. Als ein Problem der Kollektivpsychologie erhalte es stattdessen seinen Wert auf der Grundlage eines Vertrauens oder eines Glaubens – und damit auf der Grundlage einer sozialen Institution.[25] Wenn Geschmack und Glauben, wodurch sich Geld definiert, pathologisch werden, entwickeln sie sich zu einer Manie und einem Aberglauben. Das deutet Mauss an, als er in der Diskussion zu Simiands Artikel »Das Geld, eine soziale Realität«[26] zurückfragt, ob Geld denn etwas anderes sei als ein »Fetisch« für uns.[27] Er spielt auf Simiands Postulat an, dass Geld nicht nur ein passives Werkzeug sei, das in Tauschbeziehungen vermittelt, sondern als soziale Realität wie ein Akteur auf die Wirtschaft einwirke.

23 Vgl. in diesem Band S. 62. Ausführlich zur Siegel-Problematik: Mario Schmidt, *Wampum und Biber. Fetischgeld im kolonialen Nordamerika: eine maussche Kritik des Gabeparadigmas*, Bielefeld 2014, S. 83-85.

24 In diesem Band S. 27-33.

25 Ebd., S. 32 f.

26 In diesem Band S. 120-142.

27 François Simiand, »La monnaie, réalité sociale«, in: Jean-Christophe Marcel, Philippe Steiner (Hg.), *Critique sociologique de l'économie*, Paris 2006, S. 259. In diesem Band S. 120.

2.2. Simiand: Einheit durch Geschichte

François Simiand trägt bei seiner Analyse von Geld[28] eine Form des Positivismus zur Schau, die stark an Auguste Comte erinnert. Zwar verstand sich auch Mauss als Comtes geistiger Enkel,[29] aber Simiand begreift die Forschungsgeschichte viel expliziter als einen Fortschritt im Weltwissen und verwendet hierfür – wie schon Comte – mit Vorliebe Drei-Stadien-Gesetze. Seine Wirtschaftswissenschaft ist immer auch eine Geschichtsphilosophie; seine Methode gleicht der historischen Schule der Nationalökonomie mehr als der klassischen und neoklassischen Lehre.[30] Totalität findet sich bei ihm nicht in den einzelnen Erscheinungsformen des Phänomens, sondern in der Gesamtschau des menschlichen Wissens und Handelns.

Um das Problem des Geldes zu lösen, parallelisiert Simiand drei Drei-Stadien-Lehren: (1) eine, die sich mit der Entwicklung der Wirtschaftstheorie allgemein beschäftigt, dann (2) eine Skizze der Entwicklung des Glaubens und schließlich (3) eine Entwicklung der Geldtheorie, die zuletzt abgehandelt wird. Ziel einer theoretischen Betrachtung von Wirtschaft war demnach im ersten Stadium die Erlangung von Reichtum, wobei Reichsein gleichbedeutend war mit dem Besitz von Edelmetallen. Der Wert des Geldes war nichts weiter als sein Edelmetallgehalt als feste, natürliche Größe.[31] Während der Preisrevolution im 16. Jh. verlor das Gold in den Schatzkammern plötzlich an Wert, und es wurde erkennbar, dass der Edelmetallwert nicht fest, sondern inflationären Schwankungen unterworfen war. Damit begann die Geldtheorie des ersten Stadiums zu verfallen und wurde in einem zweiten Stadium durch eine Lehre ersetzt, nach der die Geldobjekte nur Repräsentanten

28 Ebd., S. 68-119.

29 Zur geistigen Genealogie der beiden in Selbstdarstellung: Dirk Käsler, *Soziologische Abenteuer. Earle Edward Eubank besucht europäische Soziologen im Sommer 1934*, Opladen 1985, S. 135-141, 148-156.

30 Zur Grundlegung: François Simiand, *La méthode positive en science économique*, Paris 1912, S. 153-206.

31 Zur Konsequenz: Wert = Preis siehe Emanuel Seitz, »Der Wert des Menschen und sein Preis – Das Verhältnis von Person und Eigentum bei Brautpreis, Wergeld und Sklaverei«, in: Annabel Bokern, Clare Rowan (Hg.), *Embodying Value? The Transformation of Objects in and from the Ancient World*, Oxford 2014, S. 11-22.

oder Symbole für Wert und nicht selbst Wert seien. An die Stelle der Gleichung Wert = Reichtum = Gold setzte Adam Smith die gesellschaftliche Arbeit als Substrat der Wert-Repräsentanten und als eigentliche Quelle des nationalen Wohlstandes. Seitdem ist Wert zu einer überindividuellen, eben sozialen Angelegenheit geworden, und die Ökonomie beschäftigt sich nunmehr weniger mit der Kunst des Geldverdienens als mit der Wirtschaft als sozialem Körper.[32] Simiand versteht seine eigene Theorie als das dritte Stadium: Im Gegensatz zur Repräsentationstheorie behandelt die positivistische Wirtschaftsforschung die Repräsentiertheit des Wertes nicht als Illusion, sondern als konkrete Realität und Faktum.[33]

Die Religion entwickelte sich ähnlich wie die Wirtschaftstheorie und die Theorie des Geldes: zunächst galt ein simpler Glaube an Gott und Götter, dann diskreditiert die Aufklärung – in Frankreich etwa Voltaire – den Glauben als Illusion und falsche Vorstellung, bis der Positivismus ihn schließlich als soziale Tatsache akzeptiert und eine laizistische Religion fördert.[34] Dem Stadium des simplen Glaubens in der Religion entsprach auf der Ebene des Geldes der Glaube an einen absoluten Wert der münzfähigen Edelmetalle. Der erste Voltairist der Geldtheorie, der diesen Glauben als Illusion entlarvt, sei Aristoteles mit seiner These gewesen, Geld existiere nicht von Natur aus, sondern durch Brauch und Gesetz (διὰ τοῦτο τοὔνομα ἔχει νόμισμα, ὅτι οὐ φύσει ἀλλὰ νόμῳ ἐστί).[35] In diesem zweiten Stadium hat Geld keinen natürlichen Wert mehr, sondern entspringt etwa einer Übereinkunft des gesunden Menschenverstands (*bon sens*) in der Theorie des Geldes als Tauschwerkzeug, ab dem 18. Jahrhundert einem Gesellschaftsvertrag oder einer sozialen Konvention. Den Ursprung des Geldes in menschlicher Bequemlichkeit (*commodité*) zu suchen, hält Simiand aber – typisch soziologisch – für zu einfach.[36] Eine positivistische Synthese auf einer dritten Stufe überwindet den Gedanken der Repräsentation und

32 Vgl. zu einer rezenteren Wiederholung desselben Gedankens: Michel Foucault, *Die Ordnung der Dinge*, Frankfurt 1971, S. 211-264.

33 In diesem Band S. 115-119.

34 In diesem Band S. 83 f. Vgl. Auguste Comte, *Catéchisme positiviste ou sommaire exposition de la religion universelle en treize entretiens systématiques entre une femme et un prêtre de l'humanité*, Paris 1890.

35 Aristoteles, *Politik*, 1257a-1258a; ders., *Nikomachische Ethik*, 1133a-1134a; die klassische Formulierung steht in *Nikomachische Ethik* 1133a 31.

36 In diesem Band S. 85.

betrachtet zunächst die Fakten, das heißt die Geschichte. Da frühe Formen des Geldes als Schmuck und Opfer verwendet wurden und ihnen magische Kraft (*pouvoir magique*) innewohnte, sei es legitim, in Geld nicht nur ein Objekt der Wirtschaft, sprich eine Ware zu vermuten, sondern außerökonomische Faktoren genauso ernst zu nehmen. Gleichzeitig bewiesen nämlich diese Frühformen, dass Geldobjekten keine intrinsischen Qualitäten zukommen, die als Merkmale eines Gattungsbegriffs dienen könnten (etwa: teilbar, haltbar und transportabel). Wenn das Geldobjekt zur Akzidenz geworden ist, bleibt als Substanz nur noch eine Angelegenheit der kollektiven Psychologie zurück: Treue, Glauben und Vertrauen (*foi, croyance et confiance*). Geld ist also nach Simiand nicht einfach ein neutraler Schleier[37] über einem zugrunde liegenden Tauschhandelsverkehr, sondern als Gefühl fester Bestandteil des Wirtschaftssystems – eine Art »Kollektivglaubensding« mit arbiträrer Form.[38] Der Wert des Geldes entspricht demzufolge der »Gefühlslage« der Gesellschaften, in denen es verwendet wird: Traditionale Gesellschaften mit festen Werten kennen stabile Preise, moderne Gesellschaften zeigen ihre Progressivität in volatilen Kursen.[39] An der Denkfigur des Religiösen zeigt sich der Geldglaube als ein kollektivpsychologischer Mechanismus, dessen Struktur der Psychologie des Götterglaubens gleicht, aber das soll nicht heißen, Geld selbst sei eine rein religiöse Sache. Das Sentimentale, nicht das Sakrale entscheidet bei sozialen Tatsachen.[40]

37 Der neutrale Schleier ist die Position der Klassik und Neoklassik. Knut Wicksell, *Geldzins und Güterpreise*, Jena 1898. Friedrich August von Hayek, »Über ›neutrales‹ Geld«, in: *Zeitschrift für Nationalökonomie* 4.5 (1933), S. 659-661.

38 Zur Verzahnung von Kollektivpsychologie und Wirtschaftswissenschaften: Simiand, *La methode positiviste*, S. 9-39.

39 Die Dichotomie erinnert an die von »heißen und kalten Gesellschaften« bei Claude Lévi-Strauss, *Das wilde Denken*, Frankfurt 1970, S. 270 f.

40 Einer der größten Rezeptionsfehler von Durkheims Theorie besteht darin zu glauben, er würde dafür plädieren, dass Wirtschaft ein religiöses Phänomen ist. In ihr wirken nur psychologische Mechanismen, die denen ähneln, die in den Religionen wirken (und die von der Religionssoziologie aufgedeckt werden). Zur Analyse von Geld und Wirtschaft taugt die Religionssoziologie selbst gar nichts. So aber Philippe Steiner, »Religion und Wirtschaft. Mauss, Simiand und das Durkheim'sche Programm«.

Was heißt es aber, wenn Mauss den Ursprung des Geldes in einer so genannten *totalen* sozialen Tatsache vermutet? Was er mit Totalität meint, definiert Mauss widersprüchlich, und so konkurrieren in der modernen Auslegung zwei Deutungen, von denen die erste an ein Phänomen denkt, das viele Teilbereiche einer Gesellschaft umgreift, wie etwa Mythologie, Politik, Technik und Recht. Wird Totalität in dieser Weise verstanden, bilden diese Phänomene eine Art Gliederpuppe, bei der gewisse Teile wie Hand und Fuß mit dem Körper verleimt sind, aber abgetrennt werden könnten, sodass es für das Ganze zwar einen Schaden, nicht aber den Tod bedeuten würde.[41] Wahrscheinlich verwendet Mauss für solch eine Kombination von Phänomenen aber den Begriff einer ›generellen Tatsache‹.[42] Die zweite Deutung begreift Totalität als einen Begriff der Vereinheitlichung, als sei im Tausch die »Gesellschaft selbst *in actu*« präsent,[43] sodass das Ganze selbst gefährdet wäre, wenn sich etwas verändert. Die Puppe wird zum Körper. Aus dieser logischen Doppeldeutigkeit haben sich historisch in beiden Richtungen Schulen entwickelt, die den Begriff Holismus beanspruchen können, aber von jeweils anderen Ganzheiten ausgehen: Der zweite Weg führt zu den Strukturalisten wie Lévi-Strauss, der erste zu eher breit angelegten Beschreibungen wie etwa bei Clifford Geertz, die sich an der von Mauss geforderten Detailgenauigkeit ergötzen.

Ein willkürliches Geschmacksurteil eines Interpreten über diese beiden Alternativen unterschätzt, dass der Begriff des Totalen in der Tradition der klassischen Metaphysik angesiedelt ist und sich mit dem Verhältnis des Teils zum Ganzen auseinandersetzt. Am Beginn der modernen Philosophie definierte Kant Totalität als eine »Vielheit als Einheit betrachtet«.[44] Wir stoßen hier also

41 Zur Körperlichkeit vgl. auch Schmidt, *Wampum und Biber*, S. 96-101.

42 Marcel Mauss, »Fragment d'un plan de sociologie générale descriptive«, in: Victor Karady (Hg.), *Marcel Mauss Œuvres 3: Cohésion sociale et divisions de la sociologie*, Paris 1969, S. 303-308.

43 Maurice Merleau-Ponty, »Von Mauss zu Claude Lévi-Strauss«, in: Alexandre Métraux, Bernhard Waldenfels (Hg.), *Leibhaftige Vernunft. Spuren von Merleau-Pontys Denken*, München 1986, S. 16.

44 Immanuel Kant, *Kritik der reinen Vernunft*, B III.

nicht auf die logische Einheit, sondern müssen versuchen, die Logik der Einheit im Werk von Mauss zu erfragen.

Etwas Allgemeines kann auf drei Arten als Ganzes (griech. *holos*) bezeichnet und so zur Einheit werden:[45]

1. Wenn es vollständig ist und keines seiner Teilglieder fehlt.

2. Wenn es umfassend ist, sodass das Umfasste wie eine Einheit wird. Entweder entsprechen die Elemente des Umfassten selbst schon der Einheit, oder es entsteht aus ihnen eine Einheit.

3. Wenn es alles und jedes ist und somit die Gesamtheit (griech. *pan*) bezeichnet wird.

Der erste Begriff von Ganzheit ist qualitativ und nicht numerisch gedacht: Ein Schnürsenkel oder eine Sohle sind zwar Teile des Schuhs, aber sie sind von anderer Qualität als der Schuh selbst, das heißt, ohne sie ist der Schuh kein ganzer Schuh, während der Schnürsenkel eben nur Schnürsenkel ist und nicht Schuh. Der dritte Begriff – die Gesamtheit – gleicht einer modernen Mengenlehre und macht keinen qualitativen Unterschied. Wer einem Eimer Wasser Flüssigkeit entnimmt, erhält eine Flüssigkeit, die selbst ganz Wasser ist, und behält im Eimer ebenso Wasser, nur eben eine Schöpfkelle weniger. Der zweite Begriff von Ganzheit bezeichnet eine Einheit, die sich aus einer Zusammenstellung ergibt. Als eine Auswahl ist sie weder alles noch vollständig, sondern in sich geschlossen und kontinuierlich. Tiere, Menschen und – wenn es sie gibt – Götter können etwa zur Gattung Lebewesen zusammengefasst werden oder Punkte zu einer Linie. Wird von einer Totalität geredet, kann das Ganze zudem entweder *vor* oder *in* oder *nach* den Teilen zu finden sein.[46] Die logische Lage des Totalen bestimmt seine Messbarkeit und erhellt weiter die Unterschiede der wissenschaftlichen Denkstile von Mauss, Leenhardt und Simiand, die auf den Totalitätsbegriff von Durkheim zurückgehen.

Wenn Durkheim von einer sozialen Tatsache spricht, bezeichnet der Begriff etwas, das ›allgemein‹ (*général*) ist, aber auch immer etwas, das sich zu einer ganzen Einheit fügt. Er wehrte sich stets, das Ganze durch die Teile zu erklären. Zur Lage der sozialen Tatsache

45 Adaptiert nach Aristoteles, *Metaphysik* V 1023b-1024a. Gegliedert nach Martin Heidegger, *Platon: Sophistes*, Frankfurt 1992, S. 79-82 (GA 19). Mauss beruft sich für Quantität und Qualität auf Aristoteles; vgl. in diesem Band S. 122.

46 Die Terminologie entstammt Proklos Diadochus, *Kommentar zum platonischen Parmenides*, Würzburg 2010, S. 598 (VI 1101 f.).

heißt es: »Er ist in jedem Teil, weil er im Ganzen (*dans le tout*) ist, und er ist nicht im Ganzen, weil er in den Teilen ist.«[47] Das Ganze gerät bei Durkheim zu einer übersummativen Metakategorie, die mit der Gesellschaft identisch ist: »Der Begriff der Totalität ist nur die abstrakte Form des Begriffs der Gesellschaft. Sie ist das Ganze, das alle Dinge umfasst, die oberste Klasse, die alle anderen Klassen umschließt.«[48] Totalität herrscht demnach *vor* und dadurch *in* den Teilen und bezeichnet die Gesamtheit auch immer mit.

Wenn Mauss den Begriff ›total‹ gebraucht, nutzt er ihn jedoch gerade nicht im Sinn einer generellen Gesamtheit, sondern bezeichnet damit eine Ganzheit im Gegensatz zu einem Gegenstand, der sich in jeder Kultur findet (das wäre ein *phénomène général*). Diese Ganzheit hat eine Umgrenzung auf eine bestimmbare Zahl von Phänomenen, doch diese Phänomene sind selbst wieder Ganzheiten der jeweiligen Gesellschaft. Das Totale ist gleichsam die Einheit aus Einheiten. Diese Einheit steht bei Mauss nicht *nach* den Teilen, wie es Leenhardt in seiner Synthese nach einer enzyklopädischen Aufzählung suggeriert, und sie steht auch nicht als Theorie *vor* den Teilen, wie es bei den Deduktionen von Durkheim und Simiand zu beobachten ist – die Einheit ist vielmehr *in* den Teilen zu finden, nicht aber notwendigerweise im Ganzen. Diese Immanenz begründet Mauss' Methode.

2.4. Immanenter Holismus und Methode

Aus der Prämisse, dass in den Teilen das Ganze steckt, folgt mit logischer, jedoch paradoxer Notwendigkeit, dass jedes Teil »empirisch zu durchmessen und zu gewinnen ist«.[49] Mauss propagiert eine Rückkehr zu den Dingen selbst und hat ein großes Misstrauen gegenüber Denksystemen, die für jede Erscheinung eine Sortierung parat haben. Mit einem sichtbaren Seitenhieb gegen die Idealtypenlehre Max Webers sagt er etwa, dass »viel von jener so genannten deutschen Gelehrsamkeit nichts als dummes Zeug« ist.[50]

47 Durkheim, *Die Regeln der soziologischen Methode*, S. 111.

48 Émile Durkheim, *Die elementaren Formen des religiösen Lebens*, Frankfurt am Main 1994, S. 590.

49 Martin Heidegger, *Einleitung in die Philosophie*, Frankfurt am Main 1996, S. 280.

50 Dirk Käsler, *Soziologische Abenteuer*, S. 154.

Gegen die Verdummung in rein theoretischen, unbrauchbaren Systemen setzt Mauss eine »brauchbare Verallgemeinerung«, die empirisch rückversichert ist.[51] Wie aber funktioniert eine solche Verallgemeinerung? Wer die ganze Zeit auf das Gegebene schaut, stößt automatisch auf Widersprüche und Inkohärenzen. Mauss entwickelt hierfür eine erstaunliche Duldsamkeit: Primitives Geld bezeichnet er an einer Stelle – ganz ähnlich wie Leenhardt – im Sinne des ethnologischen Symbolismus als »verdichtete Reichtümer«.[52] An anderer Stelle bestimmt er Geld mit den wirtschaftswissenschaftlichen Begriffen von numerischer Kalkulation, Kommensurabilität und Güterallokation durch einen Markt. Tauschobjekte außereuropäischer Kulturen wie die im Kula zirkulierenden Schmuckstücke (*vaygu'a*), die Kupferplatten der kanadischen Kwakiutl oder indianisches Wampum nennt er an einer Stelle Paradebeispiele für Geld, an anderer Stelle heißt es, sie seien nur Talismane.[53] Monetäre Terminologie wie Schuld, Zahlung und Wucherzins verbindet er ohne Zögern mit scheinbar nichtmonetären Phänomenen.[54] Zum Teil werden solche Widersprüche über evolutionäre Schemata aufgelöst, ansonsten gehört ein Ertragen der logischen Widersprüche zu Mauss' Wissenschaftsethos, denn ein »einfacher logischer Widerspruch [sei] noch lange kein Zeichen für eine reale Unvereinbarkeit der Tatsachen«.[55]

Tatsachen dienen ihm als einzige legitime Grundlage für die wissenschaftliche Begriffsfindung – doch wie findet er die Tatsachen? Nach den methodologischen Vorbemerkungen zu seiner unvollendeten Dissertation über das Gebet besteht das Vorgehen aus drei Schritten:

1. Kritisches Abarbeiten an vergangenen Analysen.
2. Entwicklung einer Arbeitsdefinition anhand Sichtung ausgezeichneter Fälle.
3. Analyse weiterer Fälle mit dem Ziel der Festlegung einer

51 Ebd. vgl. auch Hahn, »Mauss als Ethnologe«, in diesem Band S. 9.

52 Marcel Mauss, *Die Gabe: Form und Funktion des Austausches in archaischen Gesellschaften*, Frankfurt 1990, S. 57, Fußnote 29. In diesem Band S. 48.

53 In diesem Band S. 49.

54 Vgl. in diesem Band S. 34ff.

55 Marcel Mauss, »Das Gebet«, in: Stefan Moebius (Hg.), *Marcel Mauss: Schriften zur Religionssoziologie*, Frankfurt am Main 2012, S. 468-600, 502.

»rationalen Ordnung«[56] zwischen ihnen und zwischen ihnen und anderen sozialen Tatsachen.[57]

Es ist ein Missverständnis, wenn man glaubt, Mauss arbeite als Analytiker, dem es um das Verständnis einzelner Völkerschaften ginge – was ihn interessiert, ist ein eher sokratisches Fragen: Was ist Geld? Was ist Gabe? Sein Fundament ist die Empirie, sein Interesse aber ist die theoretische Begriffsbildung – das Finden einer adäquaten Definition. Das Vorgehen ist von den Maßgaben der Philosophie bestimmt: Bei einem Begriff muss zunächst unterschieden werden, welche Eigenschaften akzidentiell sind und nur zufällig unter den Begriff fallen und welche Merkmale substanziell das Wesen des Objektes bestimmen. Mauss empirische Forschungen gleichen einer Eigenschaftssammlung, deren Wert für die Begriffsfindung sich erst noch beweisen muss. Insofern spricht er seinen Theorien stets nur »heuristischen Wert, einen Entdeckungswert« zu.[58] Die Anmerkung über Geld in seinem *Gabe*-Essay[59] mag das vielleicht illustrieren: Um von Geld zu sprechen, können die Zahlungsmittel gemünzt, entpersönlicht und von Personen (kollektiven wie individuellen) losgelöst sein, wie es auch eine Vorstellung von Maß und Zahl geben sollte. Der Leser wird aber vergeblich danach forschen, welches dieser Merkmale nun die *differentia specifica* ist, die Geld etwa generell von Schmuck unterscheidet.

Eine solche Folgerung wäre nach Mauss wohl eine unzulässige Herrschaft des abstrakten Begriffs über das Konkrete der Fakten. Das Allgemeine der Begriffe ist, obwohl sich Mauss immer daran abarbeitet, den »konkreten Ganzheiten« nachgeordnet.[60] Mauss bedient sich bei der Ableitung des Allgemeinen eines eigentlich unzulässigen Schlussverfahrens, das Charles Sanders Peirce mit dem Begriff der Abduktion adelte. Normalerweise müsste ein gültiger Schluss von einer Einzelbeobachtung die folgende Form annehmen: Die Prämissen »Einige Tauschobjekte sind Talismane« und »Jedes Tauschobjekt ist Geld« führen zur Schlussfolgerung »Einige

56 Ebd., S. 504.
57 Ebd., S. 477-511.
58 Mauss, *Handbuch der Ethnographie*, S. 48.
59 In diesem Band S. 48 ff.
60 Ausdruck von Maurice Halbwachs, vgl. Marcel Fournier, *Marcel Mauss*, Paris 1994, S. 538

Talismane sind Geld« (Modus Datisi) oder »Ein Teil von Geld sind diese Talismane« (Modus Disamis). Mauss dreht das Mittelglied um und schließt aus den Prämissen »Diese Tauschobjekte sind Talismane« und »Jedes Geld ist Tauschobjekt« zu »Diese Talismane sind Geld«, wenn nicht gar »Geld ist Talisman«. Beides springt von einer konkreten Beobachtung zur Formulierung eines allgemeinen Begriffes und verknüpft inkongruente Ebenen miteinander. Wie Peirce mahnte, ist derartig abduktives Schließen ohne die Notwendigkeit einer Deduktion und kann nur Möglichkeiten aufzeigen.[61] Zwar betont Mauss an vielen Stellen, nur derartige Möglichkeiten von Definitionen zu bieten, aber gleichzeitig springt er so selbstverständlich zwischen Begriffsebene und Empirie hin und her, dass sich mancher Leser an »terminologische Zaubertricks«[62] erinnert fühlt.

Dass die Begriffe von Mauss nur vorläufig sind und sein sollen, sieht man an den Wörtern für Begriff, die er verwendet. Vorwiegend benutzt er *notion*, das ist ein noch unstrukturierter Vorbegriff, der nur eine erste Kenntnis des Gegenstandes vermittelt.[63] Er vermeidet den Begriff *concept*, der wie das lateinische *conceptus* in der philosophischen Tradition einen strukturierten Begriff bezeichnet, der zur Aneignung von Wissen geeignet ist. Der Neffe übt hierbei indirekt Kritik an seinem Onkel Émile Durkheim, dem es in seiner Pragmatismus-Vorlesung von 1913/1914[64] um die Bildung von *concepts* ging, ohne auf das reine Denken im Sinne des Idealismus zurückgreifen zu müssen. Statt sich um einen klaren, eindeutigen, einfachen und abgegrenzten Begriff zu bemühen, sieht Mauss vorwiegend auf den Gebrauch und befördert per Abduktion ein erstes Vorverständnis von dem betroffenen Gegenstand (*notion*), wobei jedoch nicht notwendigerweise derjenige, der das Wort gebraucht, dieses Vorverständnis besitzen muss. Aus dem Postulat der Ganzheit in den Teilen folgt eine Begriffsbildung durch Handeln statt

61 Charles Sanders Peirce, »Lectures on Pragmatism«, in: Charles Hartshorne, Paul Weiss (Hg.), *Charles Sanders Peirce Collected Papers*, Bd. 5 (1931), S. 171.

62 Erhard Schüttpelz, *Die Moderne im Spiegel des Primitiven. Weltliteratur und Ethnologie 1870-1960*, München 2005, S. 283.

63 So handelt der hier abgedruckte Artikel über den Geldbegriff auch nur von der *notion de la monnaie*. Vgl. in diesem Band S. 27-33.

64 Émile Durkheim, »Pragmatismus und Soziologie« in: Hans Joas (Hg.), *Émile Durkheim. Schriften zur Soziologie der Erkenntnis*, Frankfurt am Main 1987, bes. S. 53-61, 165-168.

durch Denken und ein wissenschaftlicher Pragmatismus statt eines strengen Systemdenkens.

Im Effekt sieht dies so aus, als ob die indigenen Benennungen sozialer Phänomene (*mana*, *potlatch*, *dzo*) zu analytischen Begriffen werden und analytische Begriffe, die unserer Kultur entstammen (Geld), zu indigenen Benennungen sozialer Phänomene, die keine analytische Kraft haben. Doch handelt es sich hierbei um für die jeweilige Kultur charakteristische Kategoriensprünge, die nachzuzeichnen Mauss als seine Aufgabe als Wissenschaftler begreift, denn er versteht fremde Kulturen als Grammatiken, das heißt als zusammenhängende und sich radikal voneinander unterscheidende Ganzheiten (»Mit ein paar Meilen Land verändert sich alles«[65]), und jede Grammatik kennt ihre eigenen Hierarchien, die sich nicht als Universalgrammatik darstellen lassen: Was für eine Kultur ein Gattungsbegriff ist, ist für die nächste nur eine Unterart, was allgemein erscheint, ist anderen ein Konkretes, was Teil ist, wird Ganzes (und umgekehrt). Diese Leugnung einer universalen Kategorienstruktur stellt Mauss vor das Problem des infiniten Regresses, insofern Wissenschaft für ihn nur ein kombinatorisches »Spiel mit den Kategorien«[66] ist, das ihn aber keiner Wahrheit näher bringt. Als Folge besitzt Mauss' Methode einen räumlichen wie zeitlichen Unendlichkeitscharakter, weil man nie im Voraus wissen kann, zu welchen Figuren sich die Kategorien auffächern. Der Wissenschaftler muss daher umfassend forschen und beispielsweise »alle ozeanischen Gesellschaften, die meisten amerikanischen und afrikanischen Gesellschaften und einige asiatische Gruppen«[67] untersuchen, wenn er auch nur zu einem Phänomen eine brauchbare Verallgemeinerung liefern will. Ein weiteres Qualitätsmerkmal von Forschung ist Präzision, und so mahnt er die Ethnographen eindringlich, »kein Detail [zu] vernachlässigen«.[68] Mit modernen ethnologischen Fallstudien, die vielleicht präzise, aber nicht umfassend sind, hätte Mauss wenig anzufangen gewusst, weil ihr Anspruch zu wenig allgemein ist, als dass sie zum Erkenntnisgewinn

65 Mauss, Marcel, »Über den Unterricht in der Religionsgeschichte der nichtzivilisierten Völker«, in: Stephan Moebius (Hg.), *Schriften zur Religionssoziologie*, Frankfurt am Main, S. 225-238, S. 232.

66 Mauss, *Handbuch der Ethnographie*, S. 263.

67 Mauss, »Über den Unterricht«, S. 229.

68 Mauss, *Handbuch der Ethnographie*, S. 50.

taugen könnten. Sie gehen im Gegensatz zu Mauss nur auf das bereits Vereinzelte, nicht auf den einzelnen Teil als Ganzes.

Der infinite Regress ist also nicht Anlass zur Skepsis, sondern Grund zur wissenschaftlichen Spielfreude, sodass alle seine Texte – sei es zum Geld oder auch der *Essai sur le don* – eigentlich nicht fragmentarischen Charakter haben, sondern schlicht nicht fertig gestellt werden können. Auch die starre Systematik in seinem *Handbuch der Ethnographie* darf nicht als enzyklopädisches Wissenssystem missverstanden werden; es ist nur ein Vorwissenssystem, an dem die Begriffe erst ausgebildet werden müssen. Kulturforschung wird so zu einer Prozesswissenschaft, die unvollendbar, nicht unvollendet ist. Moderne anthropologische Arbeiten über die Gabe sind in diesem Forschungsverständnis lediglich Verlängerungen von Mauss' Text in neuen Kombinationen. Analoges gilt für die hier vorliegenden Schriften: Sie behandeln Gelder, nicht Geld, und sollen fortgeschrieben werden. Marcel Mauss betreibt Wissenschaft wie ein Glasperlenspiel, und seine Begriffsarbeit lässt die Eigenart der Indigenen funkeln wie die farbigen Muster bei einem Blick durch ein Kaleidoskop. Begriffe wie Geld und Gabe verweisen rekursiv aufeinander, definieren sich gegenseitig und ordnen sich, wenn wir sie von Kultur zu Kultur betrachten, immer wieder zu neuen Mustern, ohne dass sich ihre tatsächliche Größe, ihre Gestalt oder ihr Umfang erkennen ließen. Das Umzirkeln des Begriffes ist für Mauss Wissenschaft, nicht dessen Dingfestmachung. Da er sich damit von der Fiktion epistemischer Souveränität verabschiedet, läuft seine Wissenschaft Gefahr, schöne Literatur zu werden, und seine Theorie, Bekenntnischarakter anzunehmen. Denn was er im Labor über Geld denkt, hat wenig Auswirkung auf sein Handeln außerhalb des Labors.

3. Politik und Wissenschaft

Eine Theorie des Geldes ist aufgrund seiner kaleidoskopischen Epistemologie für Mauss eine Theorie gegen einen einheitlichen Begriff des Geldes, und genau aus diesem Grund darf man Mauss nicht als *politischen Denker* missverstehen, sondern muss ihn als als Politiker *und* Denker sehen. Liest man aus den verstreuten Bemerkungen eine Theorie des Geldes heraus, die Geld als Produkt der Gesellschaft versteht, so macht man aus Mauss' eigenen Texten eigenartige Sammelbecken für empiristische und eklektische Beobachtungen und spricht lediglich eine, leider falsche, Binsenwahrheit der Sozial- und Kulturwissenschaft aus, dass nämlich Symbole irgendeine konstitutive Rolle für die Selbstrepräsentation von Kulturen spielen, die durch diese Symbole im Grunde die gleichen Probleme verhandeln. Mauss interessiert sich für Symbole jedoch nicht als semiotisches Phänomen, sondern nur als Teil kausaler Ordnungen und zwingend wirksamer Mechanismen zur Steuerung menschlichen Handelns und Verhaltens in einer jeweils gegebenen Gesellschaft. Das Symbol ist keine Frage der Repräsentanz, die einem »eigentlichen«, gleichbleibenden Kern vorgeblendet ist, sondern produziert »kausale Obligationen«, die kulturspezifisch sind. Für Mauss symbolisieren unterschiedliche Gesellschaften nicht unterschiedlich, sie bewegen sich anders. Die Beschäftigung mit dem Fremden führt also gerade nicht dazu, modernes Geld nun ebenso zu verstehen wie primitives Geld, zum Beispiel als religiöse Verblendung. Er behandelt es wie jeder moderne Wirtschaftswissenschaftler als eine Ware, die ihren Preis hat, denn wie er selbst schreibt, sei es ein Sozialist »sich schuldig, Grundkenntnisse in Politischer Ökonomie [...] zu haben«.[69]

Wie Mauss zu politischem Engagement und zur zeitgenössischen Geldpolitik stand, lässt sich in seinen Beiträgen in der Zeitung *Le Populaire* ablesen, die hier zum ersten Mal, wenn auch nur zum kleinen Teil, in deutscher Sprache abgedruckt werden.[70] In den Jahren 1922 bis 1924 kommentierte er die Währungskrise der 1920er Jahre in diesem sozialistischen Propagandablatt, das während des Ersten Weltkrieges mit dem programmatischen Untertitel *Journal-revue hebdomadaire de propagande socialiste et internationaliste* (»Wochenjournal für sozialistische und internationalistische Propaganda«) gegründet worden war. Doch aus diesen umfassenden Bemerkungen lassen sich hernach keinerlei fertigen Schlüsse zum politischen Handeln *heute* ziehen. Sie sind vielmehr Überlegungen, die formal aufzeigen, was politische Kritik als solche sein und leisten kann: eine akribische Analyse zeitgenössischer Phänomene, die nicht davor zurückschreckt, zugleich parteilich Stellung zu beziehen. Hätten Mauss' wissenschaftliche Analysen den Anspruch, auf moderne Politik zu antworten, müsste sich jeder Rezipient fra-

69 Vgl. in diesem Band S. 160.
70 In diesem Band S. 147-181.

gen, wenn er aus Mauss' Gaben- und Geldtheorien Gegenentwürfe zum kapitalistischen System herauslesen will, warum Mauss selbst in diesen fast wöchentlichen Tiraden gegen die Währungsspekulation und die dafür verantwortlichen Personen nicht ein einziges Mal ethnographische Gegenbeispiele herbeizitiert. Doch was genau hat die Währungskrise, die vor allem als Folge des Ersten Weltkriegs und der daraus folgenden Umverteilung wirtschaftspolitischer Macht zwischen Europa und den USA verstanden werden muss,[71] in den Augen Mauss' ausgelöst? Und wie kann man seiner Meinung nach einen fortschreitenden Wertverlust der Währungen vermeiden?

Mauss macht zum einen auf individuelles Fehlverhalten aufmerksam. Sowohl den französischen Ministerpräsidenten der Jahre 1917 bis 1920, Georges Clemenceau, als auch dessen Finanzminister Louis-Lucien Klotz rügt Mauss wegen ihres in seinen Augen absurd nationalistischen Verständnisses der Reparationszahlungen der Deutschen: Es gehe nicht darum, dass Deutschland, komme was wolle, zahle, sondern um die Möglichkeit, ein Nachkriegseuropa zu schaffen, dass auf gegenseitigem Vertrauen gründet. Auch Klotz' Weigerung, Zinsen an die USA zu zahlen, ist für Mauss eher ein Zeichen des Chauvinismus, der zum Krieg geführt hat, als eines für ökonomischen Sachverstand. Zinszahlungen würden nämlich als ein Indikator für die Kreditwürdigkeit Frankreichs Tor und Tür öffnen für neue Kredite, und darum sollte es sich – seines Wohlstandes wegen – bemühen: »ein Volk wird reicher, wenn es seine Schulden bezahlt«.[72] Das Einzige, was an seine Forschungen auf dem Gebiet der Kollektivpsychologie erinnert, ist seine Aussage, die wahren ökonomischen Fakten seien durch »menschliche Phänomene, [...] kollektive Psychologie, [...] Imponderabilien, Glaubensvorstellungen« verdeckt, was sich letzten Endes in »nervösen Kapitalisten«[73] manifestiert. Da ihn aber die harten Fakten, die Zahlen der Devisen- und Rentenmärkte interessieren, ist Mauss weit entfernt von der illusionistisch-symbolistischen Annahme, dass Geld nur religiöser Zauber sei.

Mauss schlägt dezidiert nicht vor, die marktwirtschaftlichen

71 Ausführlich Grégoire Mallard, »The Gift Revisted: Marcel Mauss on War, Debt, and the Politics of Reparations«, in: *Sociological Theory* 29 (2011), S. 225-247.

72 Mauss, *Écrits politiques*, S. 614 (Übers. Mario Schmidt).

73 In diesem Band S. 165 f.

Steuerungsprozesse der modernen Gesellschaft durch sozialistisch inspirierte Allokationsmechanismen zu ersetzen, die durch Gaben gesteuert sind, und der Gesellschaft so eine Gabenwirtschaft überzustülpen. In Teilen seiner ebenfalls in diesem Band abgedruckten *Appréciation sociologique du bolchevisme*[74] lobt er sogar die Fähigkeit des Marktes und des Geldes, Allokationsprobleme der modernen Wirtschaft gut lösen zu können. Was Mauss als Wirtschaftsmodell vorschwebte, lässt sich zum Teil an seiner politischen Position ablesen. Er war Anhänger des Sozialisten Jean Jaurès, ein Weggefährte Léon Blums und Mitglied in der sozialistischen *Section française de l'internationale ouvrière* (SFIO). Zu seinen Studienzeiten las und diskutierte er Marx' *Kapital*, doch als er im *Populaire* über die wirtschaftlichen Missverhältnisse schrieb, empfahl er zu deren Korrektur systemimmanent zu bewältigende Maßnahmen: vor allem eine Restrukturierung der Verteilung von Kapital und eine Demokratisierung jener Prozesse, die über dessen Wiederverwendung entscheiden. Zum einen verlangt er also eine Mitbeteiligung der Arbeiter an der Redistribution des Gewinns. Zum anderen fordert er in Anlehnung an die Arbeiten seines Onkels zur Berufsmoral eine erneute Verdichtung und Durchdringung wirtschaftlicher Interessengruppen mit einem ihnen eigenen Ethos und Verpflichtungsgefühl. Dieses Verpflichtungsgefühl sollte jedoch keiner äußeren, entfremdend wirkenden Macht, sondern einem Netz an verinnerlichten und durch die geteilte Lebenszeit gefestigten kollektiven Repräsentationen entspringen. Da Mauss stark von den sozialistischen Ideen der britischen Fabian Society und der Genossenschaftsbewegung der Geschwister Webb beeinflusst war, schlug er hierfür die Einführung von Konsumgesellschaften vor, die in Frankreich erst 1901 legalisiert wurden.[75] Solche Konsumgesellschaften folgen keineswegs nichtmarktlichen Organisationsprinzipien, sondern können wegen ihrer Nähe zum Verbraucher dessen realen Bedarf besser einschätzen und die tatsächliche Nachfrage nach lebenswichtigen Gütern zügiger und exakter auf dem Markt befriedigen, da sie durch konzentrierte Kapitalbildung liquider sind.

Mauss nimmt also an, dass die Lösung wirtschaftlicher Proble-

74 In diesem Band S. 184-215.

75 Marcel Fournier, *Marcel Mauss. A Biography*, Princeton 2006, S. 107-110; 124-127.

me durch eine »bewusste Lenkung« zentraler Momente innerhalb der Marktwirtschaft, durch eine »Politik im sokratischen Sinn des Wortes«,[76] möglich ist. Es gilt – ganz im Sinne der sokratischen Wende –, nicht in abstrakten Ideengebäuden universell gültige Antworten in Form starrer Anwendungsmaximen zu finden (seien dies mathematische Modelle oder kultureller Relativismus), sondern durch das stetige Hinterfragen bereits scheinbar gegebener Antworten zu einer je fallspezifischen Problem- und Lösungsfindung zu gelangen. Hierin liegt die Parallele zwischen dem Denker Mauss und dem Politiker Mauss: Sowohl politisches Handeln wie wissenschaftliches Arbeiten verlangen die Fähigkeit zum Denken des »auch anders Möglichen«. Allerdings gehorchen politisches Wissen und wissenschaftliches Wissen bei Mauss durchaus anderen Logiken – und das hat er den meisten »kritischen Wissenschaftlern« von heute voraus: die Arbeit im Labor, die Arbeit am epistemischen Wissen, ist endlos und unbegrenzt, während die politische Arbeit ohne Verallgemeinerung kluge Fallentscheidungen verlangt, zu einem festumrissenen Zeitpunkt im Hier und Jetzt.[77]

76 Mauss, *Die Gabe*, S. 183.

77 Zur unterschiedlichen Zeitlichkeit von Klugheit und Wissen: Aristoteles, *Nikomachische Ethik*, Buch VI.

Textnachweise

Zitiert wird der jeweilige Erstabdruck sowie das Erscheinen in maßgeblichen Editionen. Soweit vorhanden und den Herausgebern bekannt, werden die verfügbaren deutschen Ausgaben mit aufgeführt, wie auch der Abdruck in Sammelwerken. Die Schriften aus *Le Populaire* wurden zudem in ihren digitalen Reproduktionen der französischen Nationalbibliothek geprüft und der Textstand Fourniers gegebenenfalls ergänzt.

Folgende Werkausgaben werden in Siglen zitiert:

Œuvres I – Victor Karady (Hg.), *Marcel Mauss. Œuvres, Bd. 1. Les fonctions sociales du sacré*, Paris 1968.

Œuvres II – Victor Karady (Hg.), *Marcel Mauss. Œuvres, Bd. 2. Représentations collectives et diversité des civilisations*, Paris 1969.

Œuvres III – Victor Karady (Hg.), *Marcel Mauss. Œuvres, Bd. 3. Cohésion sociale et divisions de la sociologie*, Paris 1969.

Écrits politiques – Marcel Fournier (Hg.), *Marcel Mauss. Écrits politiques*, Paris 1997.

Soziologie und Anthropologie – Marcel Mauss, *Soziologie und Anthropologie: Bd. 2: Gabentausch – Todesvorstellung – Körpertechniken*, Wiesbaden 2010.

Zu den einzelnen Texten in der Reihenfolge ihrer Wiedergabe:

– Die Ursprünge des Begriffs von Geld (1914)

Marcel Mauss, »Les origines de la notion de monnaie, communication présentée à l'Institut français d'anthropologie«, in: *Comptes rendus des séances*, Bd. II.1, Supplement zu *L'Anthropologie* 25, S. 14-19. [Œuvres II, S. 106-112]

– Besprechung zu Swantons Werk über die Haida (1910)

Marcel Mauss, »Rezension von J. R. Swanton, *Contribution to the Ethnology of the Haida (Leyde, 1906); Social Conditions, Beliefs of the Tlingit Indians* (Washington, 1908)«, in: *L'Année sociologique* 11, S. 294-297. [Œuvres III, S. 31-33]

– Eine alte Form des Vertrages bei den Thrakern (1921)

Marcel Mauss,«Une forme ancienne de contrat chez les Thraces«, in: *Revue des études grecques* 34, S. 388-397. [Œuvres III, S. 35-43]

– Der wirtschaftliche Tausch auf den Celebes-Inseln (1921)

Marcel Mauss, »Rezension von A. C. Kruyt, ›Koopen in Middlen Celebes‹ (*Mededeelingen der Koninklijke Akademie van Wetenschappen, Afdeeling Letterkunde* 56, série B, n 5, DeeL, 1923)«, in: *L'Année sociologique,* n. s. 1, S. 671-673. [Œuvres III, S. 95-97]

– Grundlegende Anmerkung zum Gebrauch des Begriffs von Geld (1923/24)

Marcel Mauss, »Essai sur le don. Forme et raison de l'échange dans les sociétés archaïques«, in: *L'Année sociologique,* n. s. 1, S. 68-69. [Nicht in den *Œuvres*, Claude Lévi-Strauss (Hg.), Marcel Mauss, *Sociologie et Anthropologie*, Paris 1950, S. 178-179, Anm. 1, deutsch: *Soziologie und Anthropologie*, S. 42-45, Marcel Mauss, *Die Gabe. Form und Funktion des Austauschs in archaischen Gesellschaften*, Frankfurt am Main 1999, S. 57-58]

– »Geld« aus dem *Handbuch der Ethnographie* (1947)

Marcel Mauss, »Monnaie«, in: Denise Paulme (Hg.), *Marcel Mauss. Manuel d'Ethnographie*, Paris 1947, S. 107-108. [Deutsch: Marcel Mauss, *Handbuch der Ethnographie*, hg. von Iris Därmann und Kirsten Mahlke, Fink Verlag, Paderborn 2013, S. 85-87]

– Das Geld in Neukaledonien (1922)

Maurice Leenhardt, »La Monnaie Néo-Calédonienne« in: *Revue d'Ethnographie et des Traditions Populaires* 12, S. 326-333.

– Das Geld, eine soziale Realität (1934)

François Simiand, »La monnaie, réalité sociale«, in: *Les Annales Sociologiques*, série D, fascicule 1, S. 1-58. [Wiederabgedruckt in: Jean-Christophe Marcel, Philippe Steiner (Hg.), *Critique sociologique de l'économie*, Paris 2006, S. 213-259]

– Debatte über die Funktionen des Geldes (1934)

François Simiand, »La monnaie, réalité sociale«, in: *Les Annales Sociologiques,* série D, fascicule 1, S. 58-86. [Wiederabgedruckt in: Jean-Christophe Marcel, Philippe Steiner (Hg.), *Critique sociologique de l'économie*, Paris 2006, S. 259-279]

– II. Eine Politik; ein katastrophales Beispiel, Österreich (1922)

Marcel Mauss, »Les Changes II. Une politique; un exemple sinistre, l'Autriche«, in: *Le Populaire*, 5. Dez. 1922, S. 1-2. [Écrits politiques, S. 480-483]

– III. Die Gefahr willkürlicher Maßnahmen (1922)

Marcel Mauss, »Les Changes III. Danger des mesures arbitraires«, in: *Le Populaire*, 9. Dez. 1922, S. 2. [Écrits politiques, S. 484-487]

– V. Wie liquidieren; wie stabilisieren (1922)

Marcel Mauss, »Les Changes V. Comment liquider; comment stabiliser«, in: *Le Populaire*, 13. Dez. 1922, S. 1-2. [Écrits politiques, S. 495-498]

– VI. Für die Brüsseler Konferenz; ein Präzedenzfall (1922)

Marcel Mauss, »Les Changes VI. Pour la conférence de Bruxelles«, in: *Le Populaire*, 17. Dez. 1922, S. 2. [Écrits politiques, S. 499-501]

– Die Inflation des Franc (1924)

Marcel Mauss, »Les Changes. L'inflation des francs«, in: *Le Populaire*, 27. Febr. 1924, S. 1-2. [Écrits politiques, S. 596-599]

– Die Inflation: Entwertung im Innern (1924)

Marcel Mauss, »Les Changes. L'inflation: la dépréciation intérieure«, in: *Le Populaire*, 29. Febr. 1924, S. 1-2. [Écrits politiques, S. 600-603]

– Die Inflation. Wer hat den Franc inflationiert? (1924)

Marcel Mauss, »Les Changes. L'inflation. Qui a inflationné le franc«, in: *Le Populaire*, 1. März 1924, S. 1-2. [Écrits politiques, S. 604-607]

– Die Rentenpapierinflation. Die schwebenden Schulden. I. Die monetäre Lage Frankreichs (1924)

Marcel Mauss, »Les Changes (IIIe série). L'inflation rentière. La dette flottante. I. Figure de la situation monétaire en France«, in: *Le Populaire*, 14. Apr. 1924, S. 1-2. [Écrits politiques, S. 665-669]

– Die schwebenden Schulden. Verantwortung. Wer hat die schwebenden Schulden inflationiert? (1924)

Marcel Mauss, »Les Changes (IIIe série). La dette flottante. Responsabilités. Qui a inflationné la dette flottante?«, in: *Le Populaire*, 15. Apr. 1924, S. 1-2. [Écrits politiques, S. 670-674]

– Soziologische Würdigung des Bolschewismus (1924)

Marcel Mauss, »Appréciation sociologique du bolchevisme«, in: *Revue de métaphysique et de morale*, 31, S. 103-132. [Écrits politiques, S. 537-566]

Personenglossar

Vincent Auriol (1884-1966), französischer Staatsmann und Sozialist. 16. Präsident der Vierten Republik (1947-1954).

Henry Bérenger (1867-1952), französischer Autor und Politiker. Einflussreicher Senator von 1912 bis 1945. Botschafter in den USA (1926-1927).

Léon Blum (1872-1950), französischer Jurist, Schriftsteller und Sozialist. Mehrmals Premierminister der Dritten Republik (1936-1937, 1937-1938) sowie der Übergangsregierung (1946-1947).

Ulrich Graf Brockdorff-Rantzau (1869-1928), deutscher Diplomat und deutscher Außenminister (1918-1919). Trat vom Amt aufgrund des Versailler Vertrags zurück.

Lord Castlereagh (1769-1822), eigtl. Robert Stewart, 2. Marquess of Londonderry, britisch-irischer Staatsmann. Fraktionsführer der Tories im britischen Unterhaus (1812-1822) und wichtigster britischer Diplomat beim Wiener Kongress 1814-1815.

Georges Benjamin Clemenceau (1841-1929), französischer Politiker und Premierminister (1906-1909 und 1917-1929). Als einflussreiches Mitglied der bürgerlichen *Parti radical* bedeutend für die politische Situation während der Dritten Republik. Zudem maßgeblich an der Ausarbeitung des Versailler Vertrages beteiligt.

Marcel Cohen (1884-1974), französischer Linguist, Schüler von Antoine Meillet. Einer der Begründer der Soziolinguistik, engagiert in der Arbeiterbewegung, dem antifaschistischen Widerstand. Schrieb außerdem Sprachglossen in *L'Humanité.*

Paul Doumer (1857-1932), französischer Staatsmann und vorletzter Präsident der Dritten Republik (1931-1932). Mehrfach Finanzminister (1895-1896, 1921-1922, 1925-1926).

Frédéric François-Marsal (1874-1958), französischer Bankier und Politiker. 1919 wirkte er bei den Versailler Friedensverhandlungen als Finanzexperte der französischen Delegation mit. Während der Dritten Französischen Republik Finanzminister (1920-1921, 1924).

Marcel Granet (1884-1940), Sinologe und Soziologe; Schüler Durkheims. Studierte mit Marc Bloch, dem Begründer der Annales-Schule, mit Georges Davy, Marcel Mauss, Louis Gernet und Maurice Halbwachs. Promotion von James Frazer betreut. Mitgründer der neuen Serie der *L'Année Sociologique*.

Edward Mandell House (1858-1938), US-amerikanischer Diplomat, Politiker und außenpolitischer Berater von Präsident Woodrow Wilson.

Alexander Fjodorowitsch Kerenski (1881-1970), politischer Führer der gemäßigten *Trudowiki* (Partei der Arbeit). Nach der Februarrevolution 1917 zunächst Rechts- und Kriegsminister, dann Premierminister der Russischen Provisorischen Regierung (Februar-Oktober 1917).

Louis-Lucien Klotz (1868-1930), französischer Politiker und Journalist. Finanzminister vor und während des Ersten Weltkriegs (1910-1913, 1917-1920). Verantwortlich für die Verhandlung der Reparationszahlungen Deutschlands.

Charles de Lasteyrie du Saillant (1877-1936), französischer Finanzinspektor der *Inspection générale des finances*, Bankdirektor und Finanzminister (1922-1924).

Louis Loucheur (1872-1931), französischer Politiker der Dritten Republik. Politischer Berater Clemenceaus während der Pariser Friedenskonferenz 1919.

Louis Marin (1871-1960), französischer Politiker. Abgeordneter der Nationalversammlung (1905-1940) sowie Minister für die befreiten Gebiete (1924), Minister für Pensionen (1926-1928) sowie Minister für öffentliche Gesundheit und Leibeserziehung (1934).

Andrew William Mellon (1855-1937), US-amerikanischer Bankier, Politiker und Philanthrop. Unter den Präsidenten Harding, Coolidge und Hoover Finanzminister der Vereinigten Staaten (1921-1932).

Édouard Mestre (1883-1950), französischer Gelehrter, ab 1931 Lehrstuhl für die Religion Indochinas an der EPHE. Schüler von Marcel Granet und Marcel Mauss. Zuvor Zollkontrolleur an der chinesisch-vietnamesischen Grenze.

Alexandre Millerand (1859-1943), französischer Staatsmann der Dritten Republik. Von September 1920 bis Juni 1924 Staatspräsident.

Raphaël Milliès-Lacroix (1850-1941), französischer Politiker, Minister für koloniale Angelegenheiten (1906-1909), Vizepräsident des Senats (1929-1933) und Vorsitzender der Haushaltskommission (*commision du budget*, 1920-1924).

William Oualid (1880-1942), französischer Jurist, spezialisiert auf die Verteidigung des Rechts der kolonisierten Völker. Im ersten Weltkrieg arbeitete er zusammen mit Simiand und Halbwachs für das Kriegsministerium unter dem Sozialisten Albert Thomas.

Paul Painlevé (1863-1933), französischer Mathematiker und Politiker. Zweimal Premierminister der Dritten Republik (1917, 1925).

Jean Victor Guislain Parmentier (1883-1936), französischer Funktionär, Finanzberater und Diplomat.

Roger Picard (1884-1950), französischer Jurist. Besorgte zusammen mit Celestin Bouglé eine Gesamtausgabe von Proudhon. Gehörte nach seiner Emigration 1940 zu den Gründern der *École Libre des Hautes Études* in New York, eines Emigrantenverbands, der nach seiner Rückkehr die *École des Hautes Études en Sciences Sociales* (EHESS) gründete. Mitherausgeber der *Révue socialiste*, Mitglied des SFIO.

Gaëtan Pirou (1886-1946), französischer Ökonom. Schrieb über die Geschichte der Doktrinen und des französischen Geldes.

Raymond Poincaré (1860-1934), französischer Staatsmann. Präsident von 1913-1920, Premierminister von 1922-1924 und 1926-1929.

Charles Louis Auguste Jacques Seydoux (1870-1929), französischer Diplomat und Autor. Leiter der *Sous-direction des relations commerciales* und zuständig für die Frage der Reparationen. Nahm in leitender Funktion an den verschiedenen Reparationskonferenzen teil, die in den Dawes-Plan mündeten.

Albert Thomas (1878-1932), französischer Sozialist. Nach dem Versailler Vertrag erster Generaldirektor der Internationalen Arbeitsorganisation (IAO).

Register

Die Register dokumentieren die terminologische Verwendung nach der Sinneinheit, sprich: unter »total« wird auch »Totalität« gelistet, unter »Aristoteles« auch »aristotelisch«. Bei Zusammenrückungen wie »Geldbegriff« werden auch Stellen für »Begriff des Geldes« mit aufgeführt.

Personenregister

Sachregister